신의
기록

신의
기록

THE WRITING OF THE GODS

에드워드 돌닉 지음

이재황 옮김

책과함께

일러두기

- 이 책은 Edward Dolnick의 THE WRITING OF THE GODS(Scribner, 2021)를 우리말로 옮긴 것이다.

- 〔 〕는 옮긴이가 덧붙인 해설이다.

- 원서에 나오는 주요 용어인 'hieroglyph'와 'demotic'은 보통 '신성문자'와 '민중문자'로 번역되지만, 이 책에서는 '성체자(聖體字)'와 '속체자(俗體字)'로 옮겼다. 관련한 상세 내용은 〈옮긴이의 말〉에 있다.

- 지은이는 영미권 독자를 대상으로 이 책을 집필했기 때문에, 고대 이집트어와 그 문자에 대해 설명하면서 영어의 자모·단어·문장을 예로 들어 이해를 돕는다. 그런데 많은 경우 그 단어나 표현의 '의미'가 아니라 그 형태나 소리 등을 빗대 풀어놓은 것이다. 이에 대해 보통의 경우처럼 그 의미만 우리말로 옮겨놓을 경우 지은이의 의도를 오히려 왜곡하게 되고, 한국어판 독자도 이해하기 어려울 수 있다. 그래서 여러 가지 방식으로 지은이의 의도와 뉘앙스를 한국어판 독자가 최대한 직관적으로 이해할 수 있도록 원문을 일부 수정하거나 추가 해설 등으로 보충했다. 이를테면 영문자나 영문을 앞세우고 우리말 번역을 보충으로 달아놓은 경우, 직관적으로 이해되지 않는 언어유희적 비유에 대해 보충 해설을 덧붙이거나 다른 비유로 바꾼 경우 등이 있다.

그래서 우리는 이집트에 왔습니다. 파라오의 땅, 프톨레마이오스의 땅, 클레오파트라의 왕국에. ··· 머리를 당신의 무릎만큼이나 반들거리게 밀고, 긴 담뱃대에 담배를 피우며 긴 의자에 기대 커피를 마십니다. 무슨 말을 할까요? 당신에게 보내는 편지에 여기에 대해 뭐라고 쓸 수 있을까요? 나는 처음의 놀람에서 거의 깨어나지 못하고 있습니다.

— 귀스타브 플로베르, 1850

프롤로그

지금으로부터 수천 년 뒤의 한 고고학자를 상상해보자. 그의 모종삽이 흙 속에 묻힌 무언가 딱딱한 것에 부딪혀 쨍 소리를 낸다. 이 먼 시대에는 아무도 한때 미국이라는 나라가 있었음을 확실하게 알지 못한다. 아무도 영어를 하지 못한다. 영어로 쓴 것이 약간 남아 있지만 아무도 그것을 읽지 못한다.

모종삽 아래의 돌은 부분적으로 매끄러워 보인다. 그러나 척 보니 그것은 한때 커다란 덩어리였던 것이 깨져 남은 일부분일 뿐임이 감지된다. 그러나 매끄럽다는 것만으로도 맥박이 뛰게 하기에 충분하다. 자연 상태로는 그렇게 깔끔한 경우가 드물다. 자세히 보니 더욱 가능성이 높아진다. 돌에 새겨진 이 곧고 굽은 선들. 이건 어떤 새김글이 아닐까?

연구팀이 몇 주고 몇 달이고 그 새겨지고 이지러진 표시들을 힘들여 추적한다. 끝없이 거기에 대해 생각하고, 알 수 없는 부호 속에서 그 의미를 추측하려 애쓴다. 어떤 것은 알아보기 힘들 정도로 뭉개지거나 닳았고, 어떤 것은 완전히 없어져버렸다.

OUR SC　E AN　SEV

어떤 학자들은 이것을 뒤에서부터 읽어야 한다고 생각한다.

VES　NA E　CS RUO

이 추적은 어떻게 진행될까? 영어를 모른 채, 미국 역사를 모른 채 그들은 한때 신전에 있었던 이 돌에 새겨진 내용이 이런 말로 시작되는 것임을 알아낼 수 있을까?

FOUR SCORE AND SEVEN YEARS AGO

〔'87년 전'. 링컨의 게티스버그 연설 첫머리 부분이다.〕

차례

I

3천 년 동안
존속한 나라의 문자

1799년, 로제타석이 발견된 이 해에 이집트는 무덥고 가난한 오지였다. 괜찮다. 서방을 매료시킨 것은 '고대' 이집트였다. 그리고 이곳은 결코 그 매력을 잃지 않았다.

'역사학의 아버지' 헤로도토스는 이집트의 경탄스러움을 묘사한 첫 외부인이었다. 그는 서기전 440년에 쓴 책에서, 모든 측면이 낯선 나라에 대한 이야기로 독자들을 매료시켰다. 이집트는 "어느 나라와도 다른 기후"와 "다른 모든 강들과는 다른 모습을 보여주는" 강을 자랑하고 있었다. 이집트인도 "태도와 관습이 거의 모든 부분에서 다른 사람들과 정반대"인 사람들이었다.[1]

이집트는 주변 수천 킬로미터의 사막에 둘러싸인 가느다란 녹지라는 점에서 다른 나라들과 달랐다. 나일강은 남쪽에서 북쪽으로(자연과는 반대되는 듯하게) 흐른다는 점에서, 그리고 더욱 중요하게는 비가 거의 오지 않는 이집트에서 해마다 범람한다는 점에서 다른 강들과 달랐다. 홍수가 지나가면 비옥하고 검은 땅이 남고, 그것은 농사에

안성맞춤이었다.

고대 세계의 중심은 농경이었다. 대부분의 세계에서 농업은 불안정한 사업이었다. 비가 내리면 풍족함을 누릴 수 있지만, 비가 오지 않으면 농작물이 자라지 못하고 가족들은 굶주렸다. 반면 신으로부터 축복을 받은 이집트는 그런 걱정이 별로 없었다. 하늘은 일 년 내내 맑지만 범람은 거의 언제나 찾아왔고, 언제나 찾아올 터였다. 올해도, 내년에도, 그리고 영원히. 더욱이 이곳은 안전했다. 적들은 동쪽과 서쪽은 사막에 의해, 북쪽은 바다에 의해, 남쪽은 세찬 급류에 의해 차단된다. 이집트는 안전과 번영을 보장받았다. 세계가 부러워하는 곳이었다.

그렇지만 무엇보다도 이집트가 부러움을 산 까닭은 상상을 초월할 정도로 부유했기 때문이다. 투탕카멘(재위 서기전 1334?~1325?) 시절 이웃 아시리아의 한 왕은 "이집트에는 사막의 모래만큼이나 많은 금이 있다"라고 말했다.² 그것은 사실에 가까웠다. 투탕카멘은 별 볼 일 없었다. 파라오 가운데 밀러드 필모어(1850년에 미국 대통령의 급사로 대통령직을 승계하고, 2년 뒤 다음 선거에서 패배) 같은 사람이었다. 그러나 그와 함께 묻힌 귀중품은 오늘날까지도 박물관을 찾는 사람들의 탄성을 자아낸다. 그는 관 속의 관 속의 관에 묻혔다. 세 겹의 관 가운데 맨 안쪽의 관은 순금이고 무게가 100킬로그램이다. 그 안에 아마포로 싸인 투탕카멘의 미라가 놓여 있다. 그의 머리와 어깨는 우아하고 아련한 빛을 내는 황금 가면으로 덮였다. 그것이 3천 년 동안 발견되지 않고 있었다.

이집트는 모든 고대 문화 가운데서 가장 유명하고 가장 오래 지속

된 나라다. 그 지속 기간은 가늠하기 어려울 정도다. 파라오는 대략 서기전 3100년부터 서기전 30년(클레오파트라가 자살한 해다)까지 통치 했다. 미국의 역사는 채 300년이 되지 않지만, 이집트의 존속 기간은 3천 년이 넘는다.

이집트의 연대표를 들여다보면 현기증이 일어난다. 이집트의 가장 유명한 유적인 기자 피라미드와 스핑크스는 영국 남부에 있는 스톤 헨지보다 오래됐다. 이집트의 두 유적은 서기전 2600년 무렵의 것이 고, 스톤헨지는 아마도 서기전 2400년의 것으로 보인다.• 이들이 세 워질 때 이집트는 이미 500년의 역사를 갖고 있었다. 피라미드의 시 대로부터 클레오파트라의 치세까지는 클레오파트라로부터 라이트 형제까지의 기간보다도 더 길다. 그리고 그 오랜 시간의 거의 대부분 동안 이집트는 세계의 정상에 있었다.

그다음 2천 년, 즉 클레오파트라와 카이사르의 시대로부터 오늘날 에 이르기까지 이집트의 신비로운 매력은 결코 사그라지지 않았다. 1671년, 한 튀르크인 여행자는 그곳에서 "놀랍고도 이상한 일을 수 도 없이" 보았다고 썼다. "그것들을 볼 때마다 우리는 놀라움에 완전 히 넋이 나갔다."3

오늘날, 한때 강력했던 아시리아나 바빌로니아 같은 왕국들을 염 두에 두는 사람은 아무도 없지만, 이집트는 언제나 그리고 여전히 그 광채를 뿜내고 있다. 그것은 나폴레옹이 군대를 이끌고 이집트에 갔

• 세계에서 가장 유명한 구조물의 연표에는 파르테논 신전(서기전 450년 무렵), 로마 콜로세움 (서기 100년 무렵), 앙코르와트(1100년 무렵), 중국의 만리장성(1400년 무렵), 성베드로 대성전 (1600년 무렵), 타지마할(1650년 무렵)이 포함될 것이다.

던 18세기의 끄트머리에 가장 강렬했다.

나폴레옹이 이집트를 침공한 배경에는 보다 간단한 동기가 있었다. 알렉산드로스 3세와 율리우스 카이사르가 이집트를 정복했으니 자신도 같은 일을 해야 한다는 것이었다. 그는 학자와 예술가 무리를 함께 데리고 갔다. 그들의 임무는 이집트를 연구하고 거기에 프랑스 문명의 축복을 내리는 것이었다. 그들이 본 경이로운 것들에 대한 숨 가쁜 기록은 이집트광狂.Egyptomania으로 불리게 되는 열광을 자극하게 된다.

유럽인들에게 이집트는 클레오파트라의 아름다움과 피라미드의 장엄함과 스핑크스의 수수께끼를 뒤섞어놓은 어떤 것이었다. 여기에 덜덜 떨리는 공포의 기미가 가미되어 흥분을 고조시킨다. 바로 미라다! (나폴레옹은 프랑스로 돌아온 뒤 아내인 황후 조제핀에게 미라의 머리를 선물로 주었다.[4])

초기에는 아주 대담한 유럽인들만이 이 먼 나라를 탐험했다. 그들은 현지 사람들에게는 해가 뜨고 지는 것만큼이나 일상적인 광경을 보고 깜짝 놀랐다. 윌리엄 뱅크스라는 영국인 여행가는 1815년 이렇게 썼다.

내가 처음 와서 나일강을 보았을 때는 강물이 가득 찼지만 흘러넘치지는 않았다. 그로부터 한 달 뒤에 보니 이집트 온 천지가 바다처럼 변했고, 마을들이 그 표면에서 헤엄을 치는 것처럼 보였다. 사람도 소도 여기저기 떠다녔다.

신의 기록

서방 사람들의 눈에는 모든 것이 놀라웠다. 거대한 황갈색 화폭에 가는 실 같은 녹색의 나일강은 물론이고 야자나무, 신기루, 메뚜기, 끝없이 펼쳐진 사막의 모래도 마찬가지였다. 뱅크스는 이렇게 썼다. "우리 앞에 있는 것은 또 다른 기후가 아니라 또 다른 자연이었다."[5]

그 경외감은 성체자聖體字, hieroglyphs로 이어졌다. 고대 이집트의 인상적인 쓰기 체계다. 로제타석의 비밀이 풀리기 이전의 그 오랜 시간 동안 이 문자의 수수께끼는 모든 이집트 방문자의 면전에 고개를 내밀었다. 이집트의 유적들과 무덤들은 매혹적이고 화가 치밀도록 정교한 그림문자로 뒤덮여 있었지만(한 초기 탐험자의 말을 빌리자면 "끝없는 성체자"[6]) 그 해독解讀 방법은 아무도 몰랐다.

신전들의 벽에는 긴 글이 있었고 그 신전의 모든 기둥과 천장에도, 들보와 심지어 들보 밑면에도 있었으며, 오벨리스크들도 마찬가지였다. 무수한 파피루스 낱장과 미라를 넣은 관, 심지어 미라를 감은 붕대에도 있었다. 1183년 바그다드에서 온 한 여행자는 "어떤 형상이든 조각이든 알 수 없는 어떤 문자가 들어 있지 않은 곳은 송곳이나 바늘구멍만 한 공간도 찾기 힘들다"라고 말했다.[7]

헤로도토스는 그 글들을 이해하지 못한 채로 바라보았다. 그 이후 시대(꼬박 2천 년 동안이다)의 학자들은 정복자들이 고국으로 가지고 오거나 여행자들이 꼼꼼하게 베껴 온, 오벨리스크에 새겨진 글들을 자세히 살펴보았다. 그들은 알 수 없는 갈지자 모양과 새, 뱀, 반원 등에 머리가 하얘지고 당혹스러웠다.

그 알 수 없는 표시를 단순한 장식이라고 폄훼했을 법도 하지만,

이집트 어디에나 있는 성체자 기록.

오히려 그들은 정반대였다. 유럽의 저명한 학자들은 성체자가 다른 모든 것보다 뛰어난 신비로운 문자 형태라고 주장했다. 성체자는 보통의 글에 나오는 부호들처럼 문자나 소리를 나타내는 것이 아니라 '생각'을 나타낸다고 이 학자들은 단언했다. 이는 담배 위에 붉은 사선을 그은 '금연' 표시처럼 단어 없이 의미를 전달한다는 뜻이 아니라, 성체자가 심오하고 보편적인 진실을 담고 있다는 것이었다.

언어학자들과 역사가들은 이 이상한 부호들이 다른 문화에서 자주 보이는 자모字母와는 관계가 없다고 주장했다. 그리스나 로마에서 사용된 것과 같은 보통의 자모는 연애편지라든지 세금 영수증에나 쓰면 충분하겠지만, 성체자는 더 고상한 목적이 있었으리라는 것이었다. 학자들은 성체자가 일상적인 내용이나 목록에 사용되었을 가능성을 배제했다. 모든 성체자 기록은 우주와 시간의 본질에 관한 명상이었다는 굳건한 믿음을 가진 것이다.

성체자의 아름다움은 이런 그릇된 존경심을 품게 된 이유 가운데 하나일 것이다. 특히 동물 부호는 문자라기보다는 작은 미술 작품에 더 가까워 보인다. 가장 훌륭한 사례는 생물학자의 현장 기록을 가져온 것처럼 보일 정도다.

언어학자들이 모든 고대 문자를 그렇게 대한 것은 아니다. 이전에 조금 덜 인상적인 다른 문자들을 연구했을 때, 그들은 완전히 반대의 방식으로 오류를 범하곤 했다. 그 휘갈기고 긁은 것들은 글자나 단어를 적은 것처럼 보이지 않았다. 예컨대 가장 오래 사용되고 가장 중요한 초기 문자 가운데 하나에 '쐐기문자cuneiform'라는 이름을 붙인 학자는 사실 그것이 문자라고는 전혀 생각하지 않았다.

흡사 생물학자의 현장 스케치인 듯한 성체자 기록.

　토머스 하이드는 고대 언어들에 관한 권위자였고(옥스퍼드대학의 히브리어·아라비아어 교수였다) 1700년에 고대 페르시아에 관한 두꺼운 책을 출판했다. 그는 페르시아 각지의 수많은 점토판에서 발견된 화려한 쐐기 모양의 표시를 무시했다. 하이드는 이것이 일부 학자들이 주장하는 것과 달리 글자가 아니라 그저 장식적인 쐐기와 화살을 꼼꼼하게 나열한 것이라고 설명했다.

　나중에 밝혀졌듯이 쐐기문자는 서로 다른 여러 형태로 3천 년 동안 서아시아의 여러 언어들을 기록하는 데 사용된 것이었다. 현대의 한 전문가가 판단하기에 하이드가 유일하게 남긴 장기적인 학문적 공헌은 "한 학자가 얼마나 틀릴 수 있는지를 보여주는 두드러진 사례"를 제공한 것이었다.[8] (대다수 학자들의 평가에 따르면 쐐기문자는 모든 문자들 가운데서 가장 이른 것이었다. 그것은 서기전 3100년 무렵에 처음 나타났다. 서기전 3000년 무렵까지 거슬러 올라가는 이집트 성체자보다 약간 앞선다. 중국의 가장 이른 문자는 서기전 1200년 무렵의 것이다.)

또 하나의 엄청나게 중요한 고고학적 발견도 처음에는 비슷하게 냉소적인 무시를 당했다. 거의 같은 이유였다. 초기 그리스어를 기록한 '선형문자 B'라는 문자가 1880년대 크레타섬에서 발견됐는데, 그것은 커다란 돌 토막 위에 새겨져 있었다. 크레타는 신화와 역사가 풍부한 곳이었다. 이카로스와 다이달로스 부자가 깃털 날개를 달고 하늘로 뛰어들어 탈출하기 전에 갇혔던 곳이 바로 크레타였다.

서기전 1450년 무렵의 것인 선형문자 B는 유럽에서 쓰인 가장 이른 문자로 판명된다. 하지만 처음에 전문가들은 선형문자 B로 쓰인 글을 보고 그것이 "석공의 표시"라는 판정을 내렸다.[9]

그러나 성체자를 경멸적으로 바라본 사람은 거의 없었다. 신전 벽과 오벨리스크에 새겨진 그것들은 깊숙한 곳에 있는 자연의 핵심을 슬쩍 비춰주는 것으로 환호를 받았다. 현대 사회에서 이에 해당하는 것은 상하이와 시카고의 물리학자들이 같은 방식으로 쓴(그리고 이해한) $e=mc^2$ 같은 진실들일 것이다. 거의 2천 년 동안 유럽의 학자들은 고대 이집트 성직자들을, 오늘날 우리가 과학자를 생각하듯이 생각했다. '이 현인들은 암호를 만들었다. 그것을 아는 사람들에게는 결정적인 통찰을 제공하고, 그 비밀을 모르는 사람들에게는 아무것도 알려주지 않는다.'

3세기 철학자 플로티노스는 이집트의 필사공들이 "글자, 단어, 문장의 전체 과정을 거치지 않았다"라고 말했다. 이집트의 현자들은 훨씬 나은 접근법을 발견했다. 부호를 그려서 생각을 전달하는 것이다.

각 개별 부호는 그 자체로 하나의 지식이고, 하나의 지혜이고, 하나의 현실이다.[10]

그러나 이는 추측이었다. 이집트에는 수없이 많은 전달 사항이 있었고, 그 하나하나는 말이 없었다.

성체자가 몰락하도록 쐐기를 박은 것은 기독교의 등장이었다. 서기 300년대 초 로마 황제 콘스탄티누스 1세가 기독교로 개종했다. 세계사에서 아주 중요한 진로 변경의 시작이었다. 이 4세기에 기독교는 로마의 공식 종교가 되었고, 그 세기 말이 되자 이 미미했던 신흥 종교는 경쟁 종교들을 불법화하기에 충분할 정도의 강한 세력으로 성장했다.

391년, 로마 황제 테오도시우스 1세는 이집트의 모든 신전을 허물도록 명령했다. 기독교를 모독한다는 이유였다(이전의 다른 종교의 신들을 숭배하는 것에 대한 벌은 죽음이었다. 설사 자신의 집에서 남들이 보지 않게 했더라도 마찬가지였다).[11] 394년, 나일강을 한참 올라간 곳에 있는 섬 필라이의 신전 벽에 마지막 성체자 글이 새겨졌다.

테오도시우스의 칙령은 새로운 것이었다. 전쟁과 박해는 인류의 역사만큼이나 오랜 것이었지만, 한쪽이 다른 신을 믿는다는 점이 문제된 경우는 별로 없었다. 다신교가 거의 일반적이었던 시대에 새로운 영토를 차지한 정복자들은 현지의 신들 역시 흡수하게 마련이었다. 이미 수십 명의 신들을 숭배하고 있다면 몇 명 더 넣을 자리를 만드는 것은 문제도 아니었다.

그러나 일신교가 나타나고 진정한 하나의 신만 믿게 되자 모든 것이 바뀌었다. 이집트학자 바버러 머츠는 이렇게 말했다. "그리스인들과 로마인들은 (콘스탄티누스의 개종 전에 믿었던) 옛날 신들을 섬겼다. … 그러나 일신교는 본질적으로 이미 관용적일 수 없었다."[12]

성체자는 사악한 옛 방식의 상징이었으므로 특히 비난의 대상이 되었다. 그것들은 금지되고, 곧 기억에서 사라졌다.

로마는 흥성했다가 쇠락했지만, 성체자는 여전히 그 비밀을 유지했다. (로마는 이집트에 매우 집착해 정복자들이 성체자로 장식된 거대한 오벨리스크 열세 개를 로마로 가지고 왔다. 지금도 이집트 오벨리스크는 이집트보다 로마에 더 많다.) 중세가 되자 유럽 곳곳에 하늘을 찌를 듯한 대성당이 들어섰다. 이들은 4천 년 만에 처음으로 피라미드들보다 더 높이 만들어진 인공 구조물이었다. 그리고 그 시기 내내 성체자 해독에는 아무런 진전이 없었다. 이윽고 르네상스와 함께 '과학의 시대'가 왔고 현대 세계가 탄생했다. 그러나 여전히, 아무것도 없었다.

알려지지 않은 문제는 책이 덮여 있기 때문이라고 흔히들 말하지만, 이집트는 달랐다. 이집트는 펼쳐진 책이었다. 갈피마다 그림들이 있었다. 다만 아무도 어떻게 읽는지 몰랐다.

2
로제타에서 발견된 돌

로제타석을 찾아 나선 사람은 아무도 없었다. 거기에 그런 것이 있음을 안 사람도 없었다. 여행자들과 학자들이 오랫동안 있기를 꿈꿔오긴 했지만 말이다. 이 돌은 거의 2천 년 동안 눈에 띄지 않은 채로 있었다. 영원히 잊힌 채로 있는 것도 무리가 아니었다.

그것은 1799년 7월의 어느 무더운 날에 번성하지만 외진 이집트 소도시 라시드의 잡석 더미에서 튀어나왔다. 프랑스는 1798년에 이집트를 침공했다. 프랑스군의 선두에는 막 명성을 날리기 시작한 젊은 장군 나폴레옹 보나파르트가 있었다. 곧 온 세계가 그를 알게 되고, 그 이름을 경외감 속에 떠올리거나 두려움과 함께 속삭이게 된다 (영국에서는 어린아이들이 조용히 잠자리에 들지 않으면 '보니'가 침대에서 낚아채 잡아먹는다고 겁을 주었다).[1]

프랑스 병사 한 무리가 나일강 삼각주 라시드의 무너진 보루를 다시 세우라는 임무를 받았다(프랑스인들은 그 소도시를 로제타라고 불렀다). 요새는 낮지만 인상적인 모습으로 서 있었다. 한 변이 70미터이고,

한쪽에는 포대가, 가운데에는 탑이 서 있었다. 그러나 그것은 수백 년 동안 버려져 있었고, 프랑스인들이 도착했을 때에는 긴급 보수가 필요했다. 현지 지휘관은 나폴레옹에게 언제든 공격당할 수 있을 것으로 예상된다고 편지를 썼고, 나폴레옹은 곧바로 부하들을 작업에 투입해 이 잔해를 막사와 튼튼한 성벽을 갖춘 제대로 된 요새로 변모시켰다.[2]

정확히 누가 로제타석을 발견했는지는 알 수 없다. 진짜 발견자는 이집트인 일꾼일 가능성이 높지만 그 이름은 기록되지 않았다.

이를 발견한 것으로 지목되는 사람은 공사 책임을 맡고 있던 장교 피에르프랑수아 부샤르 중위다. 누군가가 비슷한 돌들이 쌓여 있는 무더기에 있는 크고 깨진 돌판에 대해 부샤르에게 알려줬다. 돌의 검은 표면 먼지 아래에는 이상한 부호가 그려져 있었다. 이게 뭘까?

군인이기 이전에 과학자였던 부샤르는 곧바로 그 무거운 돌의 한쪽 면에 글자가 가득 씌어 있음을 발견했다. 돌에는 한 줄 한 줄 부호들이 가득 새겨져 있었다. 더욱 가슴을 뛰게 만든 것은 그 새김글이 서로 다른 모양의 세 가지 글자로 새겨져 있다는 점이었다.

돌의 윗부분에는 열네 줄의 성체자가 있었다. 동그라미, 별, 사자, 꿇어앉은 사람 등의 모습이었다. 그 부분은 불완전했다. 과거 어느 시기에 돌의 윗부분이 떨어져 나갔다. 이에 따라 성체자 여러 줄이 사라졌다.

돌의 중간 부분은 단순한 곡선과 장식체로, 더 길었다. 모두 서른두 줄이었다. 이것은 어떤 알려지지 않은 문자로 쓰인 글자나 암호로 쓰인 부호 같았다. 분명히 성체자 부분의 모습과는 달랐다. 그러나 이

로제타석. 맨 위가 성체자이고, 중간이 속체자(성체자의 일종의 간체자)이며, 아랫부분이 고대 그리스 문자다. 학자들은 그리스 문자를 읽을 수 있었지만, 다른 두 문자는 해독할 수 없었다.

가까이서 본 로제타석 위쪽의 성체자 부분.

가까이서 본 중간 부분. 발견 이후 오랫동안 아무도 이 글자를 알아보거나 이것이 어떤 언어를 표기한 것인지 알지 못했다.

가까이서 본 그리스어 부분. 이것은 학자들이 읽을 수 있었다.

신의 기록

것들이 문자라 하더라도 알아볼 수가 없었다. 단순한 장식이라 하기에는 기묘하게도 체계적이고 의도적인 듯이 보였다.

이 두 부분 아래의 세 번째 부분(오른쪽 아래가 약간 떨어져 나갔다)은 그런 의문이 들지 않았다. 이것은 그리스어였다. 쉰세 줄로 된 그것은 곧바로 알아볼 수 있었다. 읽기는 쉽지 않았다. 일상 기록이라기보다는 법률 문서에 가깝게 쓰였기 때문이다. 그러나 어려운 내용은 아니었다.

이 돌은 높이 1.1미터, 폭 0.8미터에 무게는 760킬로그램이었다. 위쪽이 울퉁불퉁해 이것이 본래 더 큰 것의 일부였음을 보여준다.

나무가 많지 않은 이집트에서는 중요한 건물들이 통상 돌로 지어졌다. 이 때문에 고대로부터 일종의 느린 재활용 주기가 형성됐다. 한 건축물의 돌 토막들이 다른 건축물에도 사용됐다. 수천 년에 걸쳐 여러 차례 재사용되기도 했다(심지어 피라미드조차도 약탈당해 그 돌들이 재활용됐다. 그 때문에 피라미드의 옆면이 흐트러지기도 했다).[3]

여기서도 그런 일이 일어난 듯하다. 로제타석은 본래 한 신전의 눈에 띄는 위치에 있었다. 서기전 196년에 해당하는 시기다. 그리스어판에 그렇게 나와 있다. 수백 년 뒤 이 돌이 있던 신전이 허물어지면서 로제타석은 아마도 돌 더미 속에 들어가 잊힌 듯하다.

그것은 오랫동안 그곳에서 그대로 놓여 있었거나 다른 건물에 재활용되었거나 심지어 여러 차례 재활용됐을 것이다. 1470년에(그때는 세계의 어느 누구도 성체자를 읽을 수 없게 된 지 천 년이 지난 시기다) 한 아라비아 지배자가, 한때 신전이 서 있던 곳에서 그리 멀지 않은 곳에 요새를 건설하기 시작했다.

술탄의 새 요새 건축 자재 가운데에는 어디서 왔는지 아무도 모르는 돌 더미도 있었다. 돌들을 옮긴 일꾼들은 로제타석에 적힌 글자들을 염두에 두지 않았을 것이다. 어쩌면 그런 것이 있다는 것조차 알지 못했을 것이다. 어떻든 그들은 이 돌을 다른 수많은 돌들 사이에 끼워 넣었다. 그저 그런 요새의 그저 그런 담장 속의 그저 그런 돌이었다. 구텐베르크 성서를 문버팀쇠로 쓴 셈이다.

처음에는 로제타석을 해독하는 데 보름이 걸릴 것으로 보았다.[4] 그러나 실제로는 20년이 걸렸다. 초기에 이 글을 본 언어 전문가들과 학자들이 열심히 작업에 나섰다. 잠깐만 매달리면 영광을 차지할 수 있을 것 같았다. 그러나 그들은 금세 혼란에 빠졌고, 이어 낙담했고, 곧바로 자포자기했다. 그들이 유일하게 남긴 유산은 이것이 풀 수 없는 수수께끼임을 다른 사람들에게 경고한 것뿐이었다.

프랑스와 영국의 두 맞수 천재가 이 암호를 푸는 데 가장 크게 기여했다. 둘 다 젊었고, 둘 다 언어에 특별한 재능을 갖고 있었다. 그러나 그들은 다른 모든 측면에서 상반됐다. 영국인 토머스 영은 역사상 가장 다재다능한 축에 속하는 천재였다. 프랑스인 장프랑수아 샹폴리옹은 한 우물만 파는 천재로, 그의 관심은 오로지 이집트뿐이었다. 영은 차분하고 우아하게 예의를 갖추는 사람이었다. 샹폴리옹은 분노와 조바심이 넘쳐흘렀다. 영은 이집트의 '미신'과 '타락'을 비웃었다.[5] 샹폴리옹은 고대 세계에서 가장 강력했던 제국의 장려함에 탄성을 질렀다.

지적인 전투가 이렇게 크게 벌어진 적은 없었다. 이 프랑스인과 영국인은 두 나라가 끊임없이 전쟁을 벌이는 가운데 서로에게 이기기 위해, 그리고 자신의 고국에 영광을 안기기 위해 나섰다. 이집트는 수수께끼 중의 수수께끼였고, 이 비밀을 읽는 방법을 알아내는 첫 사람은 천 년 이상 세상을 조롱하던 수수께끼를 푸는 셈이었다.

로제타석의 그리스어판을 본 사람들은 모두 핵심을 놓치지 않았다. 세 글이 같은 내용을 서로 다른 세 가지 방식으로 쓴 것이라면(그렇지 않다면 그것들이 왜 같은 돌에 새겨져 있단 말인가?) 성체자의 비밀은 한 방에 풀릴 수 있을 것이었다. 자물쇠에 꽂힌 열쇠가 이들을 유혹하고 있었다.

3

미궁에 빠졌던 까닭

이집트 곳곳에 있던 피라미드와 기념물과 신전은 수천 년의 명성을 지니고 있었지만, 나폴레옹의 시대까지 그것들을 누가, 언제, 왜 지었는지에 대해서는 아는 사람이 거의 없었다. 당시에 아는 것이라고는, 세계의 다른 대부분의 지역에서는 동굴 속에서 와들와들 떨고 흙 속을 뒤져 달팽이 따위를 먹던 때에 이집트 파라오들은 호화롭게 군림했다는 것뿐이었다.

로제타석이 발견되던 시기에 프랑스와 영국은 지구 전역에 식민지를 가진 거대한 강국이었다. 그러나 로제타석이 쓰인 서기전 196년에 그 지역은 약탈 부족들이 살던 곳이었다. 그들이 벌인 활동은 대개 습격과 강탈이었다.

이런 모습은 카이사르가 갈리아(프랑스)를 휩쓸고 브리타니아(영국)를 침략하던 서기전 54년에도 그리 변하지 않았다. 카이사르는 그곳에서 용맹하고 잔인한 적수, 푸른 칠을 하고 동물 가죽을 입은 야만인들을 발견했다. 그 먼 곳에서는 남자들이 아내를 공유하고 있다고 카이사르는 비웃었다. "핏줄이 다른 형제들이 뒤섞여 있고, 여러 아버지와 아들들이 뒤섞여 있다."[1]

카이사르의 시대(그와 클레오파트라와의 연애는 서기전 48년에 시작됐다)에 이집트의 절정기는 이미 먼 옛날의 일이었다. 그럼에도 카이사르의 로마는 이집트 기준으로는 한참 미치지 못했다. 아테네나 당시의 다른 모든 도시들도 마찬가지였다.

카이사르와 클레오파트라의 시대에 이집트 수도 알렉산드리아는 세계에서 가장 크고 가장 웅장한 도시였다.[2] 조각상들이 줄을 짓고, 공원이 도시를 수놓으며, 상인들과 관광객들로 북적거렸다. 로마는 파리 같은 곳에나 대고 우쭐대야 했다. 알렉산드리아의 가장 큰 거리는 폭이 30미터나 되어, 마차 여덟 대가 한꺼번에 충분히 지나갈 수 있을 정도로 넓었다.

알렉산드리아 도서관은 수만 권의 파피루스 두루마리를 뿜냈다. 당시까지 축적된 최대 규모의 귀중한 수집품이었다. 그것도 모든 사본을 손으로 베끼던 시절의 일이었다. 이 도서관은 그 전성기에 고대의 가장 위대한 학자들을 끌어들였다. 그 가운데는 에우클레이데스와 아르키메데스 같은 거장들도 있었다. 그들을 불러들이기 위해 종신 고용과 많은 봉급을 내걸었다.

그러나 학문보다는 화려한 구경거리들이 이집트의 이름을 알렸다. 클레오파트라는 나일강을 거슬러 올라갈 때 도금한 배를 타고 갔다. 돛은 자줏빛이었고, 노는 은으로 만들어졌다. 공중에는 향을 피워 떠돌게 하고, 부드럽게 피리를 연주했으며, 여왕 옆에서는 어린 소년들이 부채질을 해서 산들바람을 일으켰다.

클레오파트라는 이집트 파라오 계보의 최종 주자였다. 파라오 투탕카멘으로부터 1300년이 지난 뒤였고, 이집트 문학의 황금기로부터 2천 년이 지난 뒤였으며, 기자 대피라미드가 건설된 지 2600년이 지난 뒤였다.

우리는 이제 그런 시간의 흐름을 알고 있고, 고대 이집트인들이 어떻게 살았는지, 무엇을 믿고 무엇을 두려워하고 무엇을 원했는지에 대해 시시콜콜 알고 있다. 그러나 주의할 점이 있다. '이집트'에 관한 모든 일반화는 그 주민의 극히 일부에만 해당한다는 것이다. 이집트인 대다수는 힘들고 혹독하게, 이름 없이 살아간 농민이었다. 역사가 리카르도 카미노스는 이렇게 썼다.

그들은 빈곤과 궁핍과 육체적 고통의 삶을 사느라 발버둥 쳤고, 이 세상에 아무런 흔적도 남기지 못하고 사라졌다. 그들의 시신은 사막 주변에 버려지거나, 기껏해야 얕은 모래 구덩이에 떨어졌다. 그들의 이름을 적은 초라한 비석조차도 없었다.[3]

그러나 가난한 자들의 이야기가 빠져 있다는 커다란 한계를 인식하더라도, 우리는 다른 고대 문화에 비해 이집트에 관해 훨씬 많은 것을 알고 있다. 우리는 그것이, 이집트인들이 직접 우리에게 말해주었고(그들이 기록을 남겼다) 우리가 그들의 비문과 편지와 이야기를 읽을 수 있기 때문임을 안다. 우리는 모두 로제타석이 그 길을 안내했기 때문임을 안다.

대개의 사람들은 로제타석의 핵심을 놓치고 있다. 사람들은 그것이 서로 다른 언어로 된 문서에 관한 이야기라고 알고 있다. 이를테면 그것이 세계 각국 관광객들에게 내놓는 식당의 메뉴판 같은 것이라고 생각한다.

roast chicken with French fries (영국)

poulet rôti avec frites (프랑스)

Brathähnchen mit Pommes frites (독일)

(감자튀김을 곁들인 통닭구이)

이런 메뉴판을 가지고 있으면 영어 사용자는 프랑스어나 독일어 해독을 시작할 수 있다.

이것이 실제로 로제타석을 처음 본 사람들이 품었던 기대였다. 그러나 그것은 엄청난 오산이었음이 드러났다. 해독자들은 미로 속에서 길을 잃고, 감질나는 실마리에 유혹당해 막다른 골목으로 뛰어들어 절망에 빠지고, 그러다가 새로운 표지를 발견하고 또 다시 환호하며 달려가곤 했다.

그들이 고생한 이유 가운데 하나는 세 판본이 서로 완전히 같지는 않았기 때문이다(그것을 알았다면 그들은 시작도 하기 전에 포기했을 것이다). 그것들은 같은 내용이었지만 정밀하지 않고 느슨한 방식의 합치였다. 세 사람이 같은 영화를 보고 각자 요약한 것이라고나 할까.

그러나 그것은 여러 장애물 가운데 하나일 뿐이었다. 해독에 나선 사람들이 부닥친 문제를 염두에 두고 roast chicken과 poulet rôti를 다시 들여다보자. 프랑스어를 한 마디도 못한다 해도(심지어 프랑스어라는 언어가 있다는 사실조차 모른다 해도) 우리는 초기 로제타석 연구자들에 비하면 형편이 나은 셈이다.

우선 우리는 메뉴판에 쓰인 자모를 알아볼 수 있다. 그 단어들을 발음함으로써 시작할 수 있다는 얘기다. 로제타석의 새김글 앞에 선 초기의 언어학자들은 혼란에 빠져 그것을 바라보는 수밖에 없었다. 독수리와 굴뚝새가, 또는 수직선과 사선이 문자를 나타내는 것인지 음절이나 단어나 아니면 개념을 나타내는 것인지 어떻게 알 수 있단 말인가? 심지어 왼쪽에서 오른쪽으로 읽는지 오른쪽에서 왼쪽으로 읽는지조차 확신하지 못했다.

해독자들에게 당연하다고 할 수 있는 것은 없다. 글은 영어에서처럼 왼쪽에서 오른쪽으로 읽을 수도 있고 히브리어나 아라비아어에서처럼 오른쪽에서 왼쪽으로 읽을 수도 있다. 아니면 중국어나 일본어처럼 위에서 아래로 읽을 수도 있다. 더 복잡한 변종들도 한때 유행했다. 일부 고대 그리스 문서는 왼쪽 방향과 오른쪽 방향을 번갈아 이용했다. 농민이 밭을 갈 때처럼, 한 줄은 왼쪽에서 오른쪽으로, 그리고 다음 줄은 오른쪽에서 왼쪽으로 하는 식이다(그리고 줄이 바뀌면 문자들도 방향을 뒤집었다). 한 역사가는 아스테카의 글이 "마치 '뱀과 사다리' 게임[주사위를 굴려 칸을 나아가되 뱀을 만나면 한참 후퇴하고 사다리를 만나면 앞으로 건너뛰어 가는 방식의 게임]처럼 이리저리 이어지며, 방향은 선과 점으로 표시된다"고 지적했다.[4]

앞서의 메뉴판을 더 들여다보자. poulet라는 말을 발음하면서 어렴풋한 기억을 끄집어낼 수 있다. poulet가 암탉이나 수탉이나 아니면 닭 비슷한 것이 아닐까?

더 나아가 보자. rôti는 o 위에 작은 모자가 씌워져 있는 것이 눈길을 끄는데, 한편 rôti가 영어의 roast(굽다)와 좀 비슷해 보인다. 마침내 우리는 poulet의 나라에 파묻혀 있던 문서들과 새김글들을 발견하게 될 것이다(우리의 최종 목표는 단순히 메뉴판을 읽는 것이 아니라 전체 언어를 해독하는 것이다). 거기에는 모자를 쓴 o가 더 나올 것이고 forêt나 bête나 côte나 île 같은, 모자를 쓴 e나 i도 있을 것이다. 그리고 아마도 문맥이나 본문에 딸린 그림을 통해 결국 그것이 forest(숲), beast(짐승), coast(해안), isle(섬)이라는 생각을 하게 될 것이다. 어느 순간에 우리는 모자 부호가, 사라진 문자 s와 관련이 있지 않을까 하는 생각을 하게 될 것이다. 우리는 그렇게 느린 걸음으로 한 걸음씩 나아갈 수 있을 것이다.

이제 로제타석을 바라보는 해독 지망자가 처해 있는 곤경을 생각해보자. 그 부호들은 알려진 어떤 문자와도 일치하지 않았다. 그것을 발음해보거나 들어서 실마리를 찾을 방법도 없었다. 아주 기초적인 질문에 대한 대답조차도 마치 놀리기라도 하듯이 손에 잡히지 않았다. 예컨대 부호들은 한 부호에서 다음 부호로 쉬지 않고 이어졌다. 한 단어가 어디서 끝나고 다음 단어가 어디서 시작하는지(만약에 단어라는 게 있다면 말이다) 어떻게 알 수 있단 말인가?

훨씬 더 고약한 것이 있었다. 고대 이집트어의 마지막 사용자는 거의 천 년 전에 죽었다(이집트인들은 7세기 이후 아라비아어를 사용했다). 한국어 사용자가 아닌 사람이 한글을 읽으려 한다고 생각해보라. 나아가 아무도 한국어를 사용하는 사람이 없다고 가정하고 한글을 읽

　　　　　　　　　　　　　　　　　　　　　　　　신의 기록

으려 한다고 생각해보라.

어떻게든 성체자를 읽는 방법을 찾아냈다 치자. 파라오의 시대 이후 아무도 말하지 않았던 단어들을 발음해보게 될 것이다. 그런 다음에는? 그 발음으로 무엇을 알아낼 수 있지?

마지막 영어 사용자가 2천 년 전에 죽었다고 가정해보자. c, a, t를 빠르게 이어 발음한 것이 고양이를 의미한다는 사실을 어떻게 알 수 있을까?

이 수수께끼가 어째서 그렇게 어려운가가 우리 이야기의 핵심이다. 그렇지만 이것은 흥미로워 보이는 수수께끼였다. 머리가 좋고 인내심이 있다면 아마추어라도 풀 수 있을 듯했다.

그것은 에니그마Enigma(2차 세계대전 중 나치스 독일이 군 기밀을 암호화하는 데 사용한 암호 기계)가 만든 것과 같은 유명한 암호와 뚜렷이 대비된다. 아마추어는 나치스가 에니그마 기계로 만든 암호를 아무리 들여다보아도 무작위적인 글자들 외에는 아무것도 알 수 없다. 한 줄과 다음 줄을 구분할 수조차 없다. 수학자 이외의 모든 사람에게 에니그마는 마치 절벽 면처럼 접근이 거의 불가능하다.

그러나 성체자로 쓰인 글은 새와 뱀, 타원형과 사각형 같은 그림으로 이루어져 추측을 불러일으킨다. 올빼미는 이집트인들에게도 지혜를 의미했을까? 로제타석의 그리스어판에 나오는 왕에 대한 이야기가 성체자판에서는 어디에 나올까?

성체자가 그림문자라는 사실은 당장 서로 다른 두 방향을 가리킨다. 한쪽은 비관적인 것이다. 우리 앞에 놓인 것이 다른 문자들 거의 모두와 다른 형태의 것이라는 점이다. 그러나 다른 쪽은 긍정적이고 더 중요하다. 바로 성체자가 그림이기 때문에 다른 문자들 거의 모두에 비해 덜 추상적이고 보다 접근하기 쉬운 문자 형태라는 점이다.

따라서 우리가 해야 할 일은 에니그마를 이해하는 것만큼 버거운 일이 아니다. 이제 우리는 영과 샹폴리옹과 그 이전의 모든 선구자들을 유혹하고 조롱했던 바로 그 퍼즐 조각들에서 실마리를 찾는 일에 뛰어들 수 있다.

4

기록이라는 것의 의미

언어와 해독의 수수께끼는 살아 있는 신비다. 오늘날까지 아무도 해독하지 못한 낯선 문자로 쓰인 글들이 있다. 고대 이탈리아로부터 내려온 것*이 그 하나고, 또 하나는 라파누이(이스터)섬에서 나온 것이다. 이들은 문명과 문화의 가장 깊숙한 측면을 이야기해준다.

　말하기와 쓰기는 동전의 양면처럼 보이지만, 쓰기가 근본적으로 더 어렵다. 모든 아기는 자연스럽게 말하기를 배운다. 주위에 있는 모든 사람들의 말소리에 푹 파묻혀서다. 그러나 읽기와 쓰기를 자동적으로 배우는 아기는 없다. 주위에 인쇄된 단어들이 온통 널려 있어도 말이다.

　왜 그런지는 아무도 제대로 알지 못한다. 일단 읽기가 어려우리라는 점은 쉽게 이해할 수 있을 것이다. 그런데 말하기를 배우는 건 왜

---

* 학자들은 로마인들보다 수백 년 전에 이탈리아에서 성대한 문화를 건설했던 에트루리아인들의 문자를 소리 내 읽을 줄 알게 됐다. 그러나 그것이 무엇을 의미하는지는 알지 못한다.

그렇게 다를까? 아이를 소리 나는 단어의 샘에서 철벅거리게 하면 그 아이는 자기 혼자서 사물을 분류할 것이다. 소설가 니컬슨 베이커는 그 작고 재잘대는 탐험가의 마음 내부에서 얼마나 많은 일이 진행되고 있는지에 대해 어떤 언어학자보다 더 잘 이야기하고 있다.

그리고 너는 네가 낼 수 있고 듣기 시작하는 이 모든 소리들에 대해 어떤 식으로 분류할 수 있다. 너는 갓 태어난 두뇌이고, 자궁 속에 홀로 갇혀 있다가 최근에 나왔지만, 너는 이미 블레츨리파크[2차 세계대전 당시 영국에서 독일의 암호를 해독하던 곳]의 암호 해독자다. 너는 이미 분석을 하고, 유사점과 차이점을 찾고, 유형을 찾으며, 시작과 끝과 의미에 대한 실마리를 찾고 있다.[1]

각각의 사람에게 진실인 것은 인류에 대해서도 진실이다. 우리 조상들은 5만 년쯤 전에 말하기를 시작했다. 그러나 비교적 최근(고작 5천 년 전)에야 어떤 미지의 천재가 수많은 말의 소리들을 소수의 갈겨쓰고 긁은 것의 모음으로 포착하는 방법을 만들어냈다. 어쩌면 천재들이 잇달아 나타나 각자 생각을 보태거나 개선했을지도 모른다.

결정적인 점은 말하기는 자연발생적이지만 쓰기는 고안돼야 했다는 점이다. 말은 기어가거나 걷기처럼 우리의 생물학적 유산 가운데 하나다. 쓰기는 전화기나 비행기처럼 인간 창의력의 산물이다(그 엄청난 약진의 이야기는 사라져 회복할 수 없다. 역설적이게도 거기에 대해 쓴 사람이 아무도 없기 때문이다).

따라서 읽기를 배우려면 노력이 필요하다. 그것이 우리 모두를 로제타석 이야기의 핵심으로 밀어넣는다. 우리 모두는 결국 이집트의 사례를 해결한 것과 거의 같은 방식의 해독을 수행했기 때문이다. 읽기는 해독이며, 우리는 모두 언어의 탐정이다. 우리 모두는 블레츨리 파크에서 일했다.

이 해독 작업에서 끌어낼 수 있는 보상은 엄청나다. 작가 알베르토 망겔은 자신이 읽기로 도약한 바로 그 순간을 이렇게 회상한다. 차창으로 광고판을 보던 네 살쯤의 어느 날이었다.

오래전의 그 광고판에 있던 그 단어가 뭐였는지는 이제 기억에 없다. … 그러나 이전에 그저 쳐다만 보던 것을 갑자기 이해할 수 있게 됐다는 그 인상은 당시에 그랬던 것처럼 지금도 생생하다. … 그것은 완전히 새로운 감각을 얻은 것과 유사했다.[2]

쓰기의 고안은 흔히 모든 지적 도약 가운데 가장 큰 도약의 반열에 오르곤 한다. 인류학자 로런 아이슬리는 이렇게 쓴 바 있다.

쓰기가 없었다면 과거에 대한 이야기는 급속하게 어설픈 신화와 우화 수준으로 떨어졌을 것이다. 인간의 가장 위대한 서사시였던 거대한 대륙빙하 확산에 맞선 네 차례의 긴 싸움은 인간의 기억에서 흔적도 없이 사라졌다. 글을 모르는 우리 조상들이 사라지면서, 시대를 불문하고 가장 위대한 그들의 이야기도 불과 몇 세대 지나지 않아 사라졌다.[3]

더 작은 수많은 이야기들도, 아무도 그에 대해 쓰지 않는다면 수없이 사라진다. 언어학자 존 머쿼터는 "인류의 존속 기간을 하루로 치면, 쓰기가 고안된 것은 23시 무렵일 것이다"라고 지적했다.[4] 역사의 시계로 23시 이전에 부족들이 전쟁을 벌이거나 연인들이 어둠 속에서 속삭인 일이 있었다고 해도 아무도 그것을 알 수 없을 것이다.

우리가 머릿속에 담을 수 있는 기억은 아마도 지난 두 세대(어쩌면 세 세대)의 일까지일 것이다. 내 할아버지는 아흔 살 넘게까지 사셨다. 내가 어렸을 때 우리는 자주 할아버지를 뵈었다. 그러나 지금 내 곁에는 할아버지 이야기를 나눌 사람이 아무도 없고, 뒤져볼 편지나 일기도 없다. 할아버지가 90년 동안 겪은 모든 일들은 서서히 사라졌다. 내가 기억할 수 있는 것이라고는 면도를 제대로 하지 않은 노인 뺨의 까끌거림(나는 할아버지께 작별 키스를 하는 걸 싫어했다)과 길고 헐렁한 소매 밖으로 비어져 나온 앙상한 손목뿐이다.

문화는 통째로 금세 사라질 수 있다. 시인이자 역사가인 아마두 함파테 바는 오랜 시간을 쏟아 그의 고국 말리의 구전설화를 수집했다. 그는 이렇게 한탄했다.

아프리카에서 노인 한 사람이 죽는다는 건 도서관 하나가 불타는 것과 같다.[5]

인류가 오랫동안 망각과 싸운 이야기도 상당 부분 쓰기 이야기다. 로제타석에 관한 무용담도 곰팡내 나는 도서관의 불가사의한 연구 이야기로 좁혀질 수 있다. 그러나 우리는 예상 밖의 계곡을 넘어가고 낯선 지형을 탐험할 것이다. 물론 방향을 유지하기 위해 로제타석으로부터 너무 멀리 가지는 않겠지만, 성체자에만 매달리지는 않을 것이다. 우리는 고분으로 뛰어드는 젠체하는 고고학자 이야기, 단어를 문자로 기록하는 사상 최초의 시도에 대한 일별, 죽음이나 망각과의 싸움 같은 큰 주제를 넘나들 것이다.

로제타석은 딱딱한 돌덩이로 만들어진 창窓이다. 그 창을 통해 보면 추적과 해독이라는 것의 핵심에 관해서뿐만이 아니라 언어의 본질과 역사의 뒤안길과 인류 문화의 진화에 대해서도 많은 것을 알 수 있다.

놓치기 쉬운 요점이 한 가지 있다. 쓰기의 고안은 인류의 가장 위대한 성과 가운데 하나일 뿐만 아니라 가장 어려운 성과 가운데 하나이기도 하다는 것이다. 얼마나 오랜 시간이 걸렸는지 생각해보라. 수만 년 동안 우리 조상들은 놀랍도록 기술적이고 정교한 동굴 벽화를 그렸다. 그들은 돌칼을 매우 얇게 만들어 그 칼날에 햇빛을 비치게 할 수 있었고, 그 날카로움은 강철로 만든 해부용 칼을 능가했다.[6] 아무도 그 명품들에 대해 알려주지 않았다. 아무도 그럴 수 없었다. 수백만 세대가 지나는 동안 소리를 부호로 변환하는 방법을 발견한 사람이 아무도 없었기 때문이다.

시간이 지난 후대의 우리 입장에서 보면 우리의 지적 선조들이 극복해낸 장애물들을 인식하기가 쉽지 않다. 해결된 수수께끼는 애당초 수수께끼가 아니었던 것처럼 보이기 십상이다. 하지만 해답이 나오기 전에는 아주 간단한 문제조차도 당혹스러울 수 있다.

"사상사에서 주목할 만한 진전"으로 철학자 앨프리드 노스 화이트헤드가 꼽은 것은 어떤 잊힌 천재가 물고기 두 마리, 이틀, 막대기 두 개가 모두 '둘'이라는 추상적인 자질을 공유하고 있다는 통찰을 내놓았을 때였다.[7] 오랜 세월 동안 아무도 그것을 발견하지 못했다. 그 하찮은 통찰은 엄청난 중요성을 지녔다. 2라는 개념을 파악하게 되면, 둘 더하기 둘은 넷이라는 일반 법칙으로 가는 길이 열린다. 과학의 길을 걷기 시작하는 것이다.

모든 문자 해독 이야기는 나중에는 간단한 것으로 보이지만 처음엔 수수께끼인 문제들의 덤불 속에 있다. 이는 로제타석의 경우에 특히 더 그랬다. 눈길을 휘어잡는 성체자의 모습이 모든 사람을 헤매게 만들었기 때문이다.

모든 해독 이야기는 언어의 신비 속으로 깊숙이 뛰어드는 일이 필요하고, 언어는 좌절감을 느낄 만큼 다양하고 끝도 없이 복잡하다. 언어는 공통된 특징들을 지닌다. 그것들은 모두 우리가 공유하는 세계를 묘사하기 때문이다. 부모와 형제, 해와 달, 흐르는 물과 기어가는 아이 같은 것들이 있는 세계다. 그러나 그것들은 놀릴 만큼 다르게 보이고 다르게 들린다.

미국인이 베이징에서 비행기를 내리거나 비장애인이 갤러뎃대학〔미국 워싱턴에 있는 청각장애인을 위한 대학〕의 강의실에 들어가면 아주 당혹스러울 수 있다. 언어가 숨을 내뿜는 것이나 손짓으로 이루어져 있고, 단어의 구성은 벽돌이나 나무로 지어진 어떤 것보다도 훨씬 환상적인 모습을 취할 수 있기 때문이다.

결론은 문자 해독 작업이 엄청나게 어렵고 동시에 엄청나게 중요하다는 것이다. 기록이 되면 가장 작은 사건들과 가장 웅대한 모험담이 길이 남을 기회가 생긴다. 연애편지, 발판 10여 개의 판매 영수증, 격렬한 전투 속의 영웅과 괴물에 관한 장대한 이야기가 수천 년 뒤에 튀어나올 수 있다.

이집트 성체자 해독은 3천 년 전에 죽은 파라오와 학생, 상인과 여행자 들을 드러나게 했다. 습기가 많은 다른 지역에서는 그런 내용들이 오래전에 파괴됐겠지만, 이집트의 덥고 건조한 기후가 의도하지 않은 타임캡슐 노릇을 했다. 오래전에 기념물에 새겨지거나 신전 벽에 그려진 내용들은 오늘날까지도 뚜렷하고 분명하게 남아 있다. 수많은 파피루스 문서가 남아 있고, 그 가운데는 필사공의 잉크 묻은 손가락 자국이나 학생의 과제물에 선생이 휘갈겨 쓴 수정 사항이 있는 것도 있다.[8]

비가 많이 오는 지역에서 온 방문객들은 이집트의 건조함에 놀라곤 한다. 예를 들어 눈부신 도시 룩소르는 연 평균 강수량이 0이다. 고대부터 그랬다. 영국 고고학자 플린더스 피트리는 100년 전에 이렇게 지적했다.

무덤의 그림들에는 비를 표시하는 어떤 흔적도 보이지 않는다. 챙 넓은 모자나 우산이나 비에 흠뻑 젖은 소는 전혀 묘사되지 않았다.[9]

이집트에서는 '사라진다'라는 말을 적용하기가 쉽지 않다. 3천 년 전에 만들어진 장례용 화환의 꽃은 아직도 알아볼 수 있을 것이다. 그리스와 로마보다도 오래된 빵 조각은 제빵사의 엄지손가락 지문을 보여줄 것이다.[10] 이집트의 덥고 건조한 날씨는 시신 역시 미라로 만

이집트 무덤 벽화들의 세부 묘사와 채색은 지금도 수천 년 전 무덤이 봉인될 때처럼 생동감이 있다.

들었고, 다른 어떤 길고 어려운 과정이 필요치 않았을 것이다. 사실 다른 많은 지역의 복잡한 방부 처리 과정은 어쩔 수 없는 기후 상황에 바탕을 둔 것이다.

이집트인들은 죽음 이후의 삶을 믿었다. 미라로 만드는 것은 사후에 들어갈 수 있는 생시와 같은 몸이 필요했기 때문에 매우 중요했다. 부자들은 성대한 전송을 원했다. 그러나 시신을 어둡고 바람 없는 관에 집어넣는 행위는 썩어서 사그라지는 일을 막는 데 사용되는 여러 가지 기술을 필요로 했다. 방부 처리는 시간이 필요한 어려운 기술이었다. 코를 통해 뇌수를 빼내기 위한 갈고리, 내장을 제거하기 위해 배를 갈라 열 특수한 칼, 신체 조직을 말리는 데 필요한 특수한 기술이 필요했다. 그러나 시신을 그저 사막의 얕은 구덩이에 던져 넣는 경우(전통적으로 가난한 자들의 운명이었다)에도 뜨거운 모래와 강렬

신의 기록

한 햇볕이 천연 미라를 만들어주었다.

즉 고대 이집트에서는 인공품들이 거의 자동적으로 보존됐다. 영속성에 집착하는 사회에서 그것은 결정적으로 중요했다. 그리고 쓰기를 다른 모든 기술을 능가해 특별하게 만든 것은 시간을 초월하는 그 능력 때문이었다. 고대 문서들은 성체자가 신들이 쓴 것이라고 선포한다. 신들이 이 경이로운 선물을 인류에게 주었다는 것이다.

로제타석과 거의 같은 시기의 한 신전 새김글은 "처음에 쓰기를 만들고 이에 따라 기억이 시작될 수 있도록" 한 신들을 찬양하고 있다. 이 신의 선물 덕분에 "후손들은 조상과 대화"할 수 있었다. "친구들은 바다를 사이에 두고서 소통할 수 있고, 한 사람이 다른 사람을 직접 보지 않고서도 그의 말을 들을 수 있다."[11]

새겨진 글들은 대체로 왕들과 신들에 관한 것이지만, 파피루스에는 일상적이고 실용적인 것이 많이 적혀 있다. 서기전 1200년 무렵의 한 편지는 이런 내용이다. "샌들 한 켤레를 새로 만들어주세요." 같은 시기의 또 다른 편지는 이렇게 요구한다. "왜 답이 없어? 지난주에 편지했는데 말이야!"[12]

서기전 1240년 무렵의 한 하급 필사공은 자신이 혹사당하고 있고 그것이 당연시되고 있다고 상급자에게 불평한다. "나는 당신에게 당나귀나 마찬가지입니다. 할 일이 있으면 당나귀를 데려오듯, … 술 마실 땐 나를 찾지 않고, 일이 있을 때만 나를 찾으시죠."[13]

또 고마움을 모르는 아이들에게 화가 난 어머니의 비통함은 오랜 시간이 지난 뒤의 우리에게도 그대로 전해진다. 서기전 1140년 무렵 그 어머니는 유언장에서 이렇게 말했다.

나는 파라오의 나라의 자유민 여성이다. 나는 여덟 아이를 길렀고, 아이들에게 그 신분에 적합한 모든 것을 해주었다. 이제 나는 늙었고, 그들은 나를 돌보지 않는다. 그들 가운데 누구든 나를 도와주는 아이가 있다면 내 재산을 물려줄 것이다. 나를 홀대하는 아이는 도와주지 않을 것이다.[14]

아마도 한 장소에서 나온 것으로는 가장 큰 규모일 고대 문서 저장물이 1897년 발견됐다. 두 영국 고고학자가 카이로 남쪽 사막에서 모래에 덮인 9미터 높이의 파피루스 폐기물(일반 쓰레기도 섞여 있었다) 몇 더미를 발견한 것이다. 이 폐기물들은 본래 한때 번영을 누렸던 도시 옥시링쿠스(이 이름은 '코가 뾰족한 물고기의 도시'라는 뜻이다)의 쓰레기 더미였다. 사막의 건조함이 보호해준 덕분에 잉크는 2천 년 동안 검은색을 유지하고 있었다.

여기에는 50만 건의 잔편이 남아 있었다. 우표만큼 작은 것도 있고, 식탁보만큼 큰 것도 있었다. 대부분은 일상생활의 편린을 전해주었다. 돈 많은 한 부부는 친구 아들의 결혼식에 천 송이 장미와 4천 송이 수선화를 보냈다.[15] 유다라는 이름의 남자는 말에서 떨어져 돌아누우려고만 해도 간호사 두 사람의 도움을 받아야 했다. 혼약婚約, 점복占卜, 선정적인 소설의 파편도 나왔다. 알려지지 않은 소포클레스의 희곡과 사포의 시 일부도 나왔다.[16]

작가들은 한때 우리가 인식했던 감정들을 표현하지만, 우리가 흠

신의 기록

칫 놀라서 본향에서 멀리 떨어져 있음을 상기할 수 있게 하는 것들로 묘사한다. 투탕카멘 왕 시대인 서기전 1300년 무렵의 한 시는 한 쌍의 젊은 연인을 막아서고 있는 장애물들을 묘사한다.

　내 사랑은 저편에 있네
　우리 사이에는 너른 강이 있고
　모래톱에는 악어가 기다리네[17]

어떤 글들은 아주 낯설고 무시무시한 세계를 보여준다. 예를 들어 이집트인들은 사람이 죽으면 신들이 그의 심장을 저울의 한쪽 접시에 올리고 다른 쪽에는 깃털(진실을 상징하는 것이다) 하나를 올린다고 믿었다. 심장과 깃털이 균형을 이루면 그 사람은 진실한 삶을 산 것이고, 일종의 천국에서 살 기회를 얻는다. 시험에서 실패하면 그 결과는 지옥과 꺼지지 않는 불길이 아니라 그저 사라지는 것이다. 시금석인 심장은 하마와 악어를 뒤섞은 듯한 동물에게 던져져 그 입으로

'심장의 무게 달기' 의식. 따오기 머리를 한 글의 신 토트가 오른쪽에 서서 측정 결과를 적을 준비를 하고 있다.

들어간다. 꿀꺽!

호메로스보다 천 년 전인 서기전 2000년쯤에 한 이집트 필사공은 자신의 좌절감을 파피루스 쪽지에 적었고, 그것은 영국박물관으로 갔다. 그는 이렇게 썼다.

사용되지 않은 새로운 언어로 된 알려지지 않은 명언이 있었으면 좋겠다. 옛날 사람들이 이야기해 곰팡내 나는 말이 아닌.[18]

그러나 글은 남아 있어도 그것을 어떻게 읽는지에 대한 지식이 남아 있지 않다면?

5

아주 가깝고도 아주 먼

카메라를 최대한 밀면 모든 문화는 같아 보인다. 사람들은 만나고 사랑에 빠진다. 자랑을 하며 스스로를 과대 포장하고, 경쟁자들을 조롱한다. 사람들은 자기네 신에게(또는 여러 신들에게) 기도하고, 죽음을 두려워한다. 하지만 세부적으로 들어가면 수많은 차이가 있다. 아스테카인들은 전쟁에서 잡은 포로에게서 펄떡이는 심장을 떼어내 자기네 신들을 달랬다. 자이나교도들은 벌레가 발에 밟히지 않도록 보호하기 위해 길을 청소한다.

사제가 제물로 바칠 심장을 떼어내는 모습을 그린 아스테카 미술가의 그림.

우리는 고대 이집트인들에 대해 많은 것을 알고 있다. 그들이 글을 많이 남겼기 때문이다. 우리는 실제 알고 있는 것보다 더 많이 알고 있다고 생각하기 십상이다. 역사가 피터 그린은 이렇게 썼다.

술 마시는 기술공들, 편지 쓰는 소심한 사람들, 우아한 귀부인들, 야망이 있는 관리들, 몰두하는 사냥꾼들. 모두 우리가 알고 있고 만났을 수 있는 부류로 생각하게 된(실은 착각한) 사람들이다.[1]

그러나 그린은 뒤이어 자신의 이야기를 바로잡으면서 이것은 "(기괴하다고까지 할 수는 없지만) 이국적인 문화"라고 말한다.

'이들은 우리와 같은 사람들이다'와 '이들은 이상한 이방인이다' 사이를 왔다 갔다 하는 일은 오랜 과정을 거쳐 고대 이집트의 매력에 대한 설명으로 향한다. 이집트는 우리의 역사적 상상 속에서 가장 좋은 자리를 차지하고 있다. 우리를 끌어들이기에 충분할 만큼 가깝고, 우리를 매혹시키기에 충분할 만큼 멀다.

우리는 스스로를 과거의 이집트에 집어넣는 상상을 할 수 있고, 동시에 안락의자에 앉아 시간여행을 하는 모든 사람들처럼 어두운 현실에 대해서는 눈을 감을 수 있다. 태초로 돌아가는 공상을 하는 어느 누구도 자신이 티라노사우루스의 아가리 속에서 몸부림치며 속수무책으로 갈가리 찢기는 모습을 그리지는 않는다. 어느 누구도 파라오의 작업장에서 토축 경사로 위로 돌 토막들을 끌어올리며 삶을 착취당하는 것을 상상하지 않는다.

신의 기록

이집트의 지속적인 인기를 어떻게 설명할 수 있을까? 다른 모든 고대 문화는 떠올리기에는 너무 칙칙하고 음울하다고 내쳐버리는데 말이다. 이집트의 가장 유명한 이미지가 우상화됐다고 이야기하는 것은 순환 논법일 뿐이다.

해답의 일부분은 단순한 규모의 문제와 관련이 있을 것이다. 우리는 결코 여섯 살 적의 자신을 완전히 넘어설 수 없으며, 덩치가 커졌다고 열광을 잃지는 않는다. 다시 공룡들을 보자. 세계의 모든 자연사 박물관은 방을 가득 채우고 천장까지 닿는 해골을 넋 잃고 바라보는 사람들을 끌어모은다. 피라미드의 경우도 마찬가지다. 엄청난 크기(와 단순한 디자인)가 이야기의 본질이다. 스핑크스는 더하다. 단순히 거대(발 하나가 버스보다 더 크다)할 뿐만 아니라 신비스럽기까지 하다.

신비스럽지만 완전히 손에서 벗어나 있는 것은 아니다. 우리는 이집트인들의 일상생활에 대해 꽤 알고 있다. 다른 고대 문화들에 대해 알고 있는 수준을 훨씬 넘어선다. 기묘하게도 그 이유의 상당 부분은 내세에 관한 이집트의 그림들 때문이다. 이집트인들은 무언가를 내세로 가지고 갈 수 있다고 당연하게 생각했다. 익숙한 몸 속에서 영원히 산다고 생각했고, 먹고 마시고 즐기는 생활도 가져갈 수 있다고 보았다. 따라서 이집트의 죽음에 대한 그림은 이집트인들의 삶의 모습을 생생하게 보여준다.

무덤은 의자와 침대, 빵 덩어리, 포도주 병, 고깃덩어리, 옷, 장난감, 화장품, 장신구로 가득 찼다. 한 역사가는 이렇게 썼다. "그들은 마치 그들이 한 번도 가본 적 없는 곳으로 여행을 가는 것처럼 짐을 꾸렸다. 무엇을 가져가야 할지 몰라 모든 것을 가지고 갔다."[2]

이집트인의 문화는 놀랄 정도로 죽음에 맞춰져 있었다. 피라미드, 미라, 무덤, 신들, 《죽은 자의 책》 등 우리가 이집트와 연결시키는 모든 것은 죽음을 피하거나, 그것을 극복하거나, 내세를 지나가는 것과 관련이 있었다. 기도문들과 수많은 주문呪文들은 강박적으로 '죽음은 끝이 아니다'라는 주제를 되뇌었다. 파라오들은 이런 마법의 주문과 함께 내세로 보내졌다.

> 너는 다시 젊어진다, 너는 다시 산다,
> 너는 다시 젊어진다, 너는 다시 산다, 영원히.[3]

이집트학자들은 지금까지도 이집트인들의 죽음과 내세에 관해 논쟁을 벌이고 있다. 이집트인들은 왜 영원히 사는 것에 집착했을까? 죽음이 너무 끔찍해서였을까? 아니면 삶에 너무 매혹돼 그 종말을 인정할 수 없어서였을까? 이집트학자 존 윌슨은 아마도 통설이라 할 수 있는 것을 이렇게 요약했다.

> 이집트인들은 자기네 삶을 즐겼고, 삶에 집착했다. 죽음에 대한 공포
> 에서 오는 자포자기가 아니라, 자기네가 언제나 승리했으며 따라서 죽
> 음으로 넘어가는 일도 극복할 수 있다는 기분 좋은 확신이었다.●[4]

─────────

● 일부 고고학자들은 이집트인들이 죽음에 대해 얼마나 많이 생각했는지에 대해 우리가 과대평

이집트인들이 그린 내세는 천국만큼이나 현세적이었다. 미라 만들기의 요점은 내세에 신체가 필요하리라는 것이었다. 미라 만들기 과정은 자신의 물리적 자아를 온전하게 보존해 내세로 가지고 갈 수 있게 하는 것이었다.•

기독교의 천국은 훨씬 엄격했다. 먹고 마시고 사랑을 하는 일이 들어설 여지가 없었다(대신에 찬송가 부르기가 있을 것이라고 아우구스티누스 성인은 말했다. 그는 "우리의 모든 활동은 '아멘'과 '할렐루야'를 노래하는 것"이라고 썼다).[5] 그러나 서방의 일상적인 천국 묘사는 오랫동안 만나지 못한 친구를 껴안고 귀여운 개에게 먹이를 던져주는 등 이집트의 그것과 그리 다르지 않다.

그런 문화적 유사성은 수십 가지 지적할 수 있다. 흰머리·대머리·발기부전 치료제를 극찬하는 고대의 파피루스는 세계 모든 사람들의 메일함을 가득 메우고 있는 스팸메일의 가까운 친척이다.[6] 서기전 2400년에 쓰인 한 글은 상세하면서도 아직도 유효한 처세술 분야의 조언을 전달한다.

가하고 있다고 생각한다. 고대 이집트에서 도시는 통상 물이 있고 비옥한 땅에 들어선 반면, 무덤과 공동묘지는 사막의 끄트머리로 밀려났다. 이에 따라 가장 많고 가장 잘 보존된 유적은 죽음과 관련된 것들이다. 이집트학자 리처드 파킨슨은 "이로 인해 우리는 이 문화에 대해 매우 왜곡된 견해를 갖게 됐다. 빅토리아 시대 영국의 유적으로 지역 공동묘지들만 보존됐다고 생각해보라"라고 썼다.[7] ('석기시대' 같은 역사 용어들은 비슷한 오해를 반영하고 있을 것이다. 우리가 '석기시대'라고 이야기하는 것은 오늘날까지 남아 있는 것이 돌로 된 유물들뿐이기 때문이다. 우리가 아는 한 석기시대 조상들은 나무 접시와 가죽신을 일상적으로 사용했다.)

• 대중서들의 이야기와는 반대로. 이집트인들은 환생을 믿지 않았다. 영혼이 새로운 신체로 들어간다고 그들이 생각했다면 이전의 신체를 애써 미라로 만들 이유가 없었을 것이다.

당신보다 높은 사람의 방에 불려갔을 때, 그 사람이 웃으면 당신도 웃어라. 그러면 그의 마음이 즐거워질 것이고, 당신의 행동을 마음에 들어 할 것이다.[8]

이집트 민화에는 공주가 탑에 갇히고, 영웅이 세 가지 소원을 말할 수 있고, 정신이 혼란스런 왕이 자기가 발견한 예쁜 신발의 주인인 여자를 찾기 위해 온 나라에 사람을 파견하는 것 같은 이야기들이 나온다.[9] 이집트학자 바버러 머츠는 "기독교 시대 초기부터 19세기 중반에 이르도록 지구상에 그것을 읽을 수 있는 사람은 아무도 없었다"라면서, 그럼에도 그 핵심 부분은 '라푼첼'과 '신데렐라' 이야기가 되었다고 놀라워한다.[10]

우리는 다른 믿음과 행동도 시간의 간격을 넘어 공유한다. 예컨대 시위자들은 여전히 자기네 적들의 초상을 불태우고, 스포츠팬들은 자기네를 버리고 다른 도시로 떠난 슈퍼스타의 유니폼을 불태운다. 투탕카멘 왕은 완벽하게 이해했을 것이다. 이집트학자 로버트 리트너는 이렇게 말한다.

투탕카멘의 신발은 포로들의 모습으로 장식되어 있다. 지팡이 손잡이는 묶인 적들로, 방패는 패배한 상대들로, 발판은 묶인 포로들로 장식되어 있다. 왕은 그저 공식적인 자리에 나타나는 것만으로, 특별한 의식을 치르지 않고도 국가의 잠재적인 적들의 목을 조르고 발아래 짓밟는 것이다.[11]

신의 기록

이집트의 지속적인 인기에는 또 다른 이유들도 있다. 이집트 이야기는 다른 고대 문명에서는 볼 수 없는 방식으로 이어지고 있는 듯하다. 가장 놀라운 고고학적 발견물들 상당수는 상대적으로 오래지 않은 시기의 것들이다. 가장 찬사를 받는 것일 듯한, 네페르티티의 모습을 담은 조각상은 1912년에야 발굴됐다. 그것은 조각가의 작업실 바닥에 놓여 있었다. 위아래가 뒤집힌 상태였고, 잡석이 일부 뒤덮고 있었다. 투탕카멘의 무덤은 불과 100년 전, 1922년에 발견됐다. 이집트의 가장 눈부신 보물 가운데 하나인, 대피라미드의 파라오를 위해 건조된 길이 43미터의 목조 선박은 더 최근에 발견됐다. '쿠푸의 배'로 불리기도 하는 이 배는 쿠푸(재위 서기전 2589~2566) 왕을 내세로 싣고 가기 위해 건조된 것이었을 듯하다. 고고학자들은 1954년 대피라미드 옆의 지하 공간에서 이 배를 발견했다.

많은 이집트학자들은 아직도 더 많은 것이 나오리라고 생각한다. 수많은 가능성 가운데 하나만 들자면, 모든 이집트 예술가들 가운데 가장 높은 평가를 받는, 한 저명한 역사가가 '나일강의 미켈란젤로'라 부른 화가에 관해 알려진 것이 아직 거의 없다.[12] 그는 네바문이라는 이름의 관리를 위해 무덤 벽화를 그린 사람으로 유명하다. 이 그림들은 무용수와 잔치 및 사냥 장면을 묘사한다. 현란한 색채로 복잡하고 실물과 똑같은 세부 모습을 그렸다.

네바문은 유명한 사람이 아니어서 그의 무덤에 관한 모든 것은 수수께끼에 싸여 있다. 화가의 이름은 아무도 모른다. 왜 그런 중급 관리에게 그렇게 경의를 표했는지도 아는 사람이 없다. 이 무덤이 어디에 있었는지조차 아는 사람이 없다. (한 그리스인 도굴꾼이 1830년대에

네바문의 무덤 벽화 일부.

무덤을 발견해 벽판을 가지고 나왔다. 그는 이를 한 수집가에게 팔았지만 값을 덜 받았다고 생각했다. 그는 20년 뒤에 죽었지만, 여전히 감정이 남아 비밀을 토해내지 않았다.) 사라진 네바문의 무덤에 보물이 더 있는지는 오늘날까지도 아는 사람이 아무도 없다.

옛 무덤에서 나온 청금석 목걸이와 금팔찌의 아름다움, 조각된 네페르티티 두상의 우아함, 보드게임과 팽이 돌리기의 편안함은 모두 시대를 초월해 말을 건네며 우리를 다가서게 하는 듯하다.

이집트의 핵심적인 매력은 끊임없이 노출된 탓에 매우 익숙해져서 더 이상 기괴한 것으로 치부되지 않는다. 대피라미드는 베르사유와 그리 다르지 않아 보이는 절대 권력의 유물이다. 파라오 가운데 누구라도 짧은 치마와 샌들 차림의 루이 14세일 수 있다. 미라는 공포영화에 단골로 나온다.

그러나 아주 익숙한 고대 세계의 모습조차도 가까이서 보면 매우 낯선 것임이 드러난다. 우리는 왕과 일인지배와 자신에 관한 기념물을 세우는 폭군의 개념을 안다고 스스로에게 말한다. 그러나 대피라미드는 다른 어떤 것과도 같지 않은 기념물이다. 하늘 높이 솟아 있는 돌로 된 산이며, 전제가 터무니없는 것이다.

그것은 200만 개 이상의 돌 토막으로 만들어진 40층 높이의 건축물이다.[13] 돌 토막 하나의 무게는 평균 2톤이며, 높이는 허리까지 차고 폭은 몇 미터에 이른다. 이 토막들은 매우 잘 맞물려 있어 어디를 찔러도 칼날이 잘 들어가지 않는다. 이 산을 쌓는 데 꼬박 20년의 가혹한 노역이 필요했다. 계산을 약간 해보면 이 피라미드에 노동력이 얼마나 들었는지 알 수 있다. 평균적으로 일꾼들은 2톤짜리 돌 토막을 5분마다 한 개씩, 밤낮 쉬지 않고 20년 동안 운반해야 했다.

아마도 만 명이 동시에 거대한 짐을 지고 끊임없이 비틀거리는 개미의 역할을 맡았을 것이다.* 작업은 끝이 없었을 뿐만 아니라 위험하

---

* '상식'과는 달리 피라미드는 노예들이 만든 것이 아니었다. 일꾼들은 자유민이었다.[14] 그리고 피라미드는 모세와 전염병과 홍해의 기적이 있기 천 년 전에 건설됐다. 기독교 성경의 이야기에 역사적 진실이 담겨 있다고 가정하더라도 말이다. 따라서 히브리인 노예들이 감독의 채찍 아래서 피라미드를 건설했다는 믿음은 말하자면 이중으로 거짓이다. 이 오류는 부분적으로 세실 B. 드밀의 〈십계〉 같은 구식 할리우드 영화에 기인한 것이고, 또 부분적으로는 문화 일반의 많은 빗나

기도 했다. 돌 토막을 지상에서 수십 미터 위로 끌어올려야 했다. 돌을 놓치면 일꾼들은 팔과 다리가 으깨지고 두개골이 바스라진다. 가장 좋은 환경에서조차 끊임없는 노동은 희생을 불렀다. 고고학자들은 일꾼들의 유골을 발굴했는데, 뼈가 기형이고 척추가 휜 것이 많았다.

이 모든 노동은 인간의 근력 이외에 거의 어떤 기술도 이용하지 않은 채 수행됐다. 그들에게는 손수레나 우마차도 없었고, 기중기나 도르래도 없었다. 이집트인들은 심지어 바퀴조차 쓰지 않고 피라미드를 건설했다. 피라미드는 사회공학의 개가였지만(그 노동력을 조직화한 것은 엄청난 위업이었다) 통상적인 의미에서의 공학은 아니었다.

이것은 무지의 문제가 아니라 보수주의의 문제였다. 이집트인들은 바퀴에 대해 알고 있었다.[15] 이웃 제국들에서 500년 동안 사용되고 있었다. 하지만 그들은 이를 사용하지 않는 '선택'을 했다. (피라미드의 시대로부터 대략 천 년 뒤에 그들은 병거兵車를 만들기 시작했다.) 이집트 문화는 우리가 거의 상상할 수 없을 정도로 보수적이었다.

미술은 이 점을 강조한다. 2천 년을 사이에 두고 건설된 신전들에서 같은 그림들이 계속 반복해서 나왔다. 어딘가에서 파라오가 한 손으로 적들의 머리채를 휘어잡고 다른 손을 들어 올려 강력한 펀치를 날리고 있다. 그리고 그곳으로부터 천여 킬로미터의 거리와 천 년의

간 부분들 때문이기도 하다. 예컨대 매년 유월절(逾越節) 축제에서 유대인들은 자기네가 모두 이집트에서 파라오의 노예였음을 상기한다. 어쩌면 그들이 이집트의 노예였을 수도 있다(역사가들은 대체로 그렇게 생각하지 않지만). 그러나 그들이 이집트에서 무슨 일을 했든, 그것은 피라미드 건설은 아니었다.

신의 기록

시간 간격이 있는 곳에서 동일한 모습이 반복된다.

이집트의 남쪽 국경 부근에서 나온 한 조각품에는 줄줄이 목을 묶이고 손은 뒷짐결박을 당한 불운한 포로들의 열을 파라오가 살피고 있는 모습이 그려졌다. 전국 각지에서 발견되는 성벽들에는 같은 모습이 다시 나타난다. 이것은 선전으로서의 예술이었다. 소맷자락을 걷어 올리고 억센 손에 총을 잡은 엉클샘Uncle Sam〔미국(U. S.)을 의인화한 상징〕그림 같은 것이었다. 그러나 정말 동일하게 비유되려면 밸리포지〔미국 독립전쟁 때 워싱턴이 이끈 대륙군의 동계 주둔지〕에서 쓰인 이 그림이 2천 년 뒤 베트남에서 병사들을 고무하기 위해 사용되는 장면을 상상해야 한다.

나와 직접 여러 차례 만나 이야기를 나눈 이집트학자 로버트 브라이어는 이렇게 말한다.

그들은 같은 일을 거듭거듭 반복했습니다. 3천 년 동안 그랬죠. 미술계의 혁신자가 되는 것이 훌륭하게 여겨지지 않았어요. 고장 나지 않았으면 고치지 말라는 거였죠. 신의 조각상이 필요하면 새로운 생각을 가진 조각가를 찾지 않고, 예전의 조각상을 가져다가 그대로 만들라고 했습니다.

브라이어는 이렇게 이어갔다.

박물관에 가면 서기전 2500년, 서기전 1500년, 서기전 500년의 조각상을 볼 수 있는데, 그것들은 서로 그다지 다르지 않아요. 바로 그것이

이집트 미술을 일별만으로 알 수 있는 이유입니다. 변하지 않았기 때문이죠.[16]

우리는 스스로 미라에 대해 잘 안다고 생각할 것이다. 그러나 그 이야기 역시 실은 매우 낯설다. 이집트인들은 사람만이 아니라 동물도 미라로 만들었다. 오히려 동물 쪽이 인간보다 수백만 점이나 더 많다. 고양이, 개, 영양, 뱀, 원숭이, 따오기, 뒤쥐, 생쥐, 심지어 쇠똥구리까지.

이 동물들 가운데 일부가 반려동물이었다. 그 주인과 내세에서도 함께하라고 미라로 만든 것이다. 그러나 통상적으로는 성스러운 동물들을 미라로 만들었다. 그 목적이 정확히 무엇이었는지는 분명치 않다. 이집트학자 살리마 이크람은 이렇게 썼다.

이 동물들은 교회에서 불붙인 양초가 하는 것과 같은 역할을 했다. 그들은 순례자가 영생을 얻고자 신에게 한 기도의 물리적 표현으로서 기능했다.[17]

동물 미라에 대한 수요는 거의 충족시킬 수 없을 정도였다. 현대에 들어 학자들은 거대한 동물 공동묘지들을 발굴했다. 삭카라 불리는 매장지의 한 공동묘지에서 400만 점의 따오기 미라가 나왔다. 부근의 공동묘지에는 700만 점의 개 미라가 있었다. 1888년, 한 이집트 농민은 아마포에 싸인 수많은 고대의 고양이 미라 묘지를 발견했다. 《잉글리시 일러스트레이티드 매거진》은 이렇게 보도했다.

　　　　　　　　　　　　　　　　　　　　　　　　신의 기록

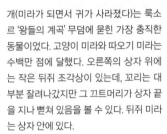

개(미라가 되면서 귀가 사라졌다)는 룩소르 '왕들의 계곡' 무덤에 묻힌 가장 충직한 동물이었다. 고양이 미라와 따오기 미라는 수백만 점에 달했다. 오른쪽의 상자 위에는 작은 뒤쥐 조각상이 있는데, 꼬리는 대부분 잘려나갔지만 그 끄트머리가 상자 끝을 지나 뻗쳐 있음을 볼 수 있다. 뒤쥐 미라는 상자 안에 있다.

여기저기 한두 개가 아니었다. 수십 개, 수백 개, 수십만 개가 층을 이루고 있었다. 대부분의 탄층보다 더 두터운 층에 고양이가 열 마리씩 스무 마리씩 깊숙이 묻혀 있었다.[18]

현대의 상업과 고대의 교리가 힘을 합쳤다. 이 우연한 발견 직후 고양이 미라 19톤을 실은 배가 리버풀로 향했다. 그곳에서 상인들이 바싹 마른 사체를 비료로 팔 계획이었다.

동물숭배는 이집트학자 헨리 프랭크포트의 판단으로 '기괴한' 규모에 이르렀다. 그것은 이집트 종교의 "가장 당혹스럽고, 가장 끈질기며, 우리에게 가장 낯선 모습"이었다. 프랭크포트는 이어 이집트인들이 힘센 사자나 당당한 독수리를 찬양하는 선택을 했다면 모르겠는데, 이집트인들은 아주 흔히 "지네나 두꺼비 같은 아주 하찮은 것들"을 택해 떠받들었다고 말했다.[19]

따라서 그것은 달랐다. 그러나 다른 한편으로 이집트인들은 우리와 마찬가지였다. 미라로 만든 동물들을 파는 시장이 있었음이 분명해진 순간부터 사기꾼들이 붕대에 헝겊과 뼛조각을 쑤셔 넣어 꾸러미를 고양이와 매처럼 보이게 만들기 시작했다. 그러고는 멍청이들에게 이 대충 만든 영생 동반자들의 값을 비싸게 받아냈다.

분묘 도굴 역시 이집트 역사의 가장 이른 시기로 거슬러 올라간다. 이집트인들이 무덤을 금과 보석으로 채우기 시작하자마자 도둑들이 귀중품을 챙겨 제 배를 불리기 시작했다. 더욱 고약한 것은 내세 준비가 더욱 정교해지고 풍성해지면서 도둑들이 보물에 대한 소문을 듣고 그것을 빼낼 준비를 미리 했다는 것이다. 역사가이자 소설가인 메리 레놀트는 이렇게 한탄했다. "명이 다한 자가 믿었던 것과 같은 것을 믿은 자들이, 그의 영생은 아랑곳없이 그 부적들을 훔칠 준비를 했다. 인간 본성의 우울한 면을 보여주는 일이다."[•20]

하지만 그게 인간의 본성이다. 유동적이면서도 전형적이며, 끝없이 다양한. "역사라는 시"는 "여러 가지 면에서 우리와 같지만 또한 그렇게 다를 수 없는 사람들에 관한 것"이라고 역사가 사이먼 샤마는 말한 바 있다.[21]

• 왜 도둑질을 했을까? 이집트는 돈이 존재하지 않는 사회였다. 주화나 지폐가 아니라 물물교환으로 거래했다. 그러나 도둑질은 돈이 만들어지기 훨씬 전 역사에 나타났다. 물물교환을 기반으로 한 경제에서도 암시장은 번성했다. 필요한 것은 누군가가 다른 사람이 가진 것을 가치 있다고 생각하는 것뿐이었다.

이 모든 이야기가 보여주는 것은, 해독자의 탐색이 보기보다 훨씬 어려웠다는 것이다. 그들의 과제는 단순히 여러 개의 낯선 부호와 사멸한 언어를 이해하는 것이 아니라 낯설고 당혹스러운 한 문화를 탐험하는 것이었다. (로제타석에 훨씬 많은 언어가 새겨져 있었다면 해독자들은 이집트 문화로부터 실마리를 끌어오지 않고도 해독할 수 있었겠지만 그렇지 않았다.)

문화와 역사에 초점을 맞추는 것은 샹폴리옹이나 영 같은 문자 해독자들의 작업과, 블레츨리파크의 추적자들 같은 암호 해독자들의 작업 사이의 결정적인 차이다. 전시에 암호 해독자들은 엄청난 압박을 받았지만, 그래도 그들은 해결해야 할 명확한 문제가 있었다. 그들의 임무는 시계가 째깍거리고 세계가 불타는 가운데서 거대한 루빅큐브를 푸는 것과 비슷했다. 반면에 문자 해독에 대한 도전은 서기 700년의 실크로드나 서기전 2600년의 이집트로 타임머신을 타고 가서 현지인들과 어울리는 일과 비슷하다.

바꿔 말해서 전시의 암호는 퍼즐과 비슷하다. 속임수와 기계적인 과정을 바탕으로 하고 있다는 얘기다. 속임수를 발견하면 암호를 해독하는 길이 훤히 열린다. 그러나 문자 해독자의 임무는 생물체처럼 진화하고 성장한 수수께끼를 풀어내는 것이다.

두 가지 과제 모두 엄청난 것이다. 그러나 암호 해독자의 임무는 아주 버거운 것은 아니다. 암호는 의도적으로 어렵게 만든 것이다. 언어는 우연히 어렵게 된 것이다(그리고 그것을 어떻게 읽는지 알았던 사람들이 모두 오래전에 죽었다면 더욱 어렵다). 한 경우는 정보가 숨겨졌고, 다른 경우는 정보가 어디 있는지를 잊어버렸다.

사고와 우연은 가장 교활한 계획보다도 더 큰 문제를 만들어낸다는 것이 드러났다. 사고에 의한 손실은 전면적일 수 있다. 그저 이름만으로도 덜덜 떠는 숭배자들의 마음에 공포심을 불러일으키는 신들은 결국 완전히 잊힐 것이다. 그러나 잊힌 전승 한 토막만으로도 당혹스러운 수수께끼를 제기할 수 있다.

지금으로부터 수천 년 뒤의 고고학자들이 먼 옛날에 '푸른색blue'이 '슬픔'을 의미했다거나 '뒤죽박죽head over heels'이 '미친 듯이 사랑함'을 의미했다고 생각해낼 수 있을까? 또, 왜 어깨는 차고 청어는 붉은지를? 〔cold-shoulder는 '냉대하다'라는 뜻이며, red herring은 '훈제 청어'에서 '남의 주의를 딴 데로 돌리게 하는 것'이라는 의미로 옮겨갔다.〕

영이나 샹폴리옹 같은 문자 해독자들은 임시변통에 능해야 했다. 고대의 문서는 온갖 종류가 다 있을 것이다. 세금 고지서도 있고, 기도문도 있고, 시詩도 있을 것이다. 문자 해독자들에게 그 무한한 가능성은 어려움을 가중시키는 것이기도 했지만 매력을 키우는 것이기도 했다. 옥시링쿠스에 무더기로 쌓인 채 발견된 파피루스 더미에 관한 최고 권위자들 가운데 한 사람인 피터 파슨스는 이렇게 말한다.

여기에는 언제나 추적의 흥분이 있다. 공개되지 않은 파피루스 상자 하나를 열 때 거기서 무엇을 발견할지 알 수 없다. … 알려지지 않은 그리스 시를 담고 있을 수도 있고, 로마 제국 전성기의 당나귀 가격 상승에 관한 희귀한 증거를 제공할 수도 있다.[22]

군사적인 정보는 그에 비해 단순하다. 전시 암호 해독자들은 한정

된 분야에서 일을 한다. 그들이 가로챈 내용이 '여명에 공격하라' 또는 '당장 철수하라' 같은 것일 수 있지만, 시나 영수증이 아님은 확신할 수 있다. 또한 그 내용이 어떤 언어로 쓰였는지 모호할 일도 없다. 나치스의 통신은 독일어로 된 것이고, 일본인의 것은 일본어. (십자 말풀이의 정답이 온갖 언어가 다 될 수 있다면 얼마나 더 어려울지 상상해보라. 사어死語까지 포함해서 말이다.)

물론 이렇게 힌트를 잔뜩 준다고 해도 암호 해독은 버거운 작업이다. 조디악Zodiac이라는 연쇄 살인범이 1969년 경찰에 암호화된 조롱의 메시지를 보냈다. 컴퓨터과학자 팀은 그것을 2020년에야 풀었다. 51년이 걸린 것이다.[23]

조디악의 암호문(신문들은 그것을 1면에 대서특필했다)을 해독하려 한 모든 사람들은 모두 영어 단어를 찾아야 한다는 것을 잘 알고 있었다. 다른 조롱의 메모들에서, 찾고 있는 단어가 어떤 식의 것일지에 관해 약간의 아이디어도 얻었다. 그리고 많은 해독 참여자들은 작업에 많은 컴퓨터를 동원할 수 있었다.

그런데도 작업은 엄청나게 어려웠다. 조디악이 어떻게 자신의 메시지를 뒤섞었는지(거꾸로 배열했는지, 대각선으로 배열하고 문자를 한 칸씩 걸렀는지 등) 또는 그가 어떻게 부호를 문자에 대응시켰는지(검은 사각형이 A인지, 그것이 처음 나타날 때는 A이지만 그 이후는 J인지 등) 아무런 단서가 없었기 때문이다.

결국 성공하기는 했지만, 해독 지망자들은 컴퓨터 프로그램을 이리저리 운용하며 끝없이 시간을 보냈다. 메시지의 부호들을 계속 다르게 배열해보고, 그 부호들을 문자에 계속 다르게 대응시켜보았다.

조디악의 암호문 앞부분. '나를 잡으려 노력하면서 즐거운 시간 보내시기 바랍니다'라는 말로 시작한다.

실패. 또 실패. 수십만 번 실험을 해봐도 여전히 실패였다. 마침내 2020년 12월 어느 날 아침, 두 구절('나를 잡으려 노력'과 '가스실')이 들어맞았다. 번호 자물쇠가 풀리듯이.

그것은 시작일 뿐이었지만, 암호 해독자들이 제대로 가고 있음은 분명해 보였다. 그리고 이틀 후 암호는 풀렸다. 조디악을 붙잡지는 못했지만 말이다.

그들이 직면한 모든 문제에도 불구하고 암호 해독자들은 문자 해독자들에 비해 여전히 또 다른 이점을 가지고 있다. 그들은 자기네가 잘못했다면 곧바로 알 수 있다. 그들은 자기네의 암호 해독이 말도 안 되는 소리로 이어진다면 새로운 시도가 필요하다는 것을 안다.

그러나 한 이집트 오벨리스크에 새겨진 글에 대한 로제타석 이전 시기의 번역문 첫 문장을 보라.

최고의 정령과 원형은 별의 세계 영혼에게 자신의 미덕과 재능을 주입한다.[24]

이 이른바 '번역'의 모든 단어는 환상인 것으로 드러났다. 이 성체

　　　　　　　　　　　　　　　　　　　신의 기록

자들은 그저 파라오의 이름을 적은 것일 뿐이었다. 그러나 150년 동안 아무도 그것을 알지 못했다.

암호 해독자와 문자 해독자 사이의 차이에 대해서는 이 문제를 특히 잘 연구할 위치에 있는 부부 작가가 가장 잘 검토했다. 암호 해독자인 윗필드 디피는 메리 피셔라는 이집트학자와 결혼했다. 문자 해독자의 일이 훨씬 어렵다고 그들은 입을 모은다. 그들은 이렇게 썼다.

로제타석에 새겨진 부호를 손가락으로 더듬는 것은 쉬운 일이다. 그러나 그것을 쓴 사람들의 마음을 추적하는 것은 또 다른 일이다.[25]

요점은, 그들이 쓴 것을 이해하려면 그 사람들의 마음을 적어도 어느 정도는 이해해야 한다는 것이다.

6

이집트로 간 나폴레옹

1797년 12월 10일 파리에서 열린 성대한 축전에, 열광하는 군중이 나폴레옹의 승리를 축하하기 위해 모였다. 나폴레옹은 이탈리아에서 잇달아 전투를 승리로 이끌고 막 프랑스로 돌아와 슈퍼스타가 됐다. 구경꾼 무리가 기쁨에 넘쳐 소리를 질러댔다. 연사들이 나폴레옹에게 찬사를 퍼부었다. "조물주는 보나파르트를 만드느라 기력이 다 빠졌습니다."[1] 한 관리는 이렇게 단언하고 더 나아가, 유일한 문제는 나폴레옹이 소크라테스에 더 가까운지 카이사르에 더 가까운지 하는 것이라고 떠벌였다.

그것은 완전히 나폴레옹 자신의 생각과 일치하는 견해였다. 그는 말 그대로 정복의 영웅이었고, 광기에 가까울 정도로 야망이 컸다. 그는 스물여덟에 불과했지만 알렉산드로스 대제가 서른 살에 그의 광대한 제국을 건설했음을 생각하고 괴로워했다. 시간은 흐르고 있었다. 다음 할 일은?

영국을 침공할까? 나폴레옹은 1798년 2월 프랑스 항구 도시들에서 선원, 밀수꾼, 어민 들과 직접 대화하며 2주일을 보냈다.[2] 가능성을 가늠하기 위해서였다. 마지못해서 그는 다른 곳으로 눈을 돌리기로 했다.

그는 곧 결정을 내리고 이렇게 선언했다. "작은 유럽은 내놓을 것이 많지 않다. 우리는 동방으로 가야 한다. 온갖 큰 영광을 성취할 수 있는 곳은 그곳이다."[3]

모든 고고학적 발견은 가능성이 희박한 우연의 일치, 운 좋게 발부리에 걸린 것, 놓친 기회 등이 뒤얽힌 것이다. 예컨대 〈사해 문서〉는 1947년의 어느 평범한 날에 한 베두인족 염소치기가 무리에서 벗어난 염소를 찾다가 벼랑의 굴 하나를 보게 되면서 발견했다.[4] 벼랑에는 여기저기 굴이 있었고 입구는 대개 지면 높이에 있었는데, 발견한 입구 구멍은 다른 것들보다 작았고 벼랑의 더 높은 곳에 있었다. 소년은 어둠 속으로 돌을 던졌다. 그런데 돌이 벽을 칠 때 나는 툭 소리가 아니고, 좀 더 맑고 음조가 높은 쨍 하는 소리가 돌아왔다. 돌이 점토 항아리를 치는 소리였다.

동굴 안에서 젊은 염소치기는 줄지어 있는 커다란 점토 항아리들을 발견했다. 그 가운데 일부는 안에 알 수 없는 두루마리를 담고 있었다. 나중에 밝혀진 바로 그것은 알려진 기독교 성경 문헌들보다 천년 전의 히브리어 필사본이었다. 항아리와 그 안의 고대 문서는 2천년 동안 누구의 손도 타지 않고 누구에게도 읽히지 않은 채 어둠 속에 있었다.

아마도 고고학 역사상 가장 떠들썩한 발견이었을 투탕카멘 왕 무덤 발견도 마찬가지로 우연에 따른 것이었다. 그 일은 카나본 백작이

신의 기록

었던 조지 허버트라는 영국 귀족이 의사들로부터 폐가 약해져서 영국의 혹독한 겨울을 견디기 어려울 것이라는 충고를 듣지 않았더라면 결코 일어나지 않았을 것이다.[5] 의사들은 이집트 여행을 추천했다. 당시 돈 많고 경박한 사람들이 잘 가는 곳이었다.

허버트는 그 충고를 따랐다. 그러나 사냥 모임과 정찬은 곧 매력을 잃었다. 허버트는 새로운 전환을 추구했다. 그는 하워드 카터와 만나게 됐다. 뛰어나지만 돈이 궁한 고고학자로, 그림을 팔고 관광 안내를 해서 입에 풀칠을 하고 있었다. 두 사람은 힘을 합쳤다. 허버트는 후원자가 되고 카터는 탐험가가 된 것이다. 1922년 11월 어느 날에 그들은 3천 년 전 봉인된, 금으로 가득 찬 묘실을 보고 깜짝 놀랐다.

로제타석의 경우, 모든 과정에 시동을 건 예측 불가능한 상황은 바로 나폴레옹의 명예욕이었다.

제국을 건설하려는 자들에게 이집트는 오랫동안 분명한 목표물이었다. 이집트는 약했고, 위치가 좋았다. 유럽, 아프리카, 서아시아가 만나는 곳이었다. 1798년 프랑스와 영국은 지구의 절반에 걸쳐 잇단 대결을 벌였다. 역사가 존 레이는 "첫 번째 세계대전은 1793년에 시작됐고, 1815년 워털루 전투까지 이어졌다"라고 말했다.[6]

영국은 이미 인도를 갖고 있다. 이집트가 그 균형추가 될 수 있지 않을까? 이집트가 인도의 영국 세력을 공격하는 기지 역할을 할 수 있지 않을까? 해외 제국 최고의 식민지가 될 수 있지 않을까? 프랑스의 국고를 채우는 국제 교역 중심지가 될 수 있지 않을까?

물론 프랑스가 그곳을 장악하는 데 흔쾌히 동의할 나라는 없을 것이다. 하지만 그런 문제는 중요하지 않다. 눈앞의 기회를 잡고 상세한 것은 나중에 정리하자! 이런 결정에는 특히 개인적인 야망이 국제정치만큼이나 큰 역할을 했다. 나폴레옹의 꿈은 언제나 국가의 이득과 개인의 영광이 합쳐진 것이었다. 이집트는 참을 수 없는 유혹이었다. 나폴레옹은 이집트를 인도만큼이나 눈부신 보석으로 보았다. 자신의 왕관에 달기 위해 잡아채야 했다.

1798년 5월 20일, 그는 사상 최대의 해군 함대를 이끌고 출항했다. 이집트 정복에 나선 것이다.

우리 이야기에 매우 중요한 것은 나폴레옹의 이집트에 관한 계획이 새로운 영토를 정복하는 일을 넘어서고 있었다는 점이다. 그는 매우 뛰어난 학자와 예술가 160명 정도를 함께 데리고 갔다. 그들의 역할은 싸우는 것이 아니라 그들이 보게 될 모든 낯선 것들을 연구하고 그림으로 그리고(당시에는 아직 사진 같은 것이 없었다) 기록하고 측정하는 것이었다. 그들은 또한 문명화의 과업을 수행해야 한다고 나폴레옹은 강조했다. 후진적이고 무지한 이집트에 세계에서 가장 세련된 자기네 문화의 모든 현대적인 요소들을 전수하라는 것이었다.

이 연구자들과 병사들은 모두 프랑스를 출발할 때 자기네의 목적지가 이집트라는 것을 알지 못했다. 나폴레옹은 선택된 소수 이외에는 그런 내용을 알리지 않았다(그는 심지어 프랑스의 군사부 장관에게도 자신의 계획을 알리지 않았다). 연구자들은 그저 무언가 새롭고 비밀스러우며 틀림없이 매력적인 어떤 일에 참여하도록 선택됐다고만 알고 있었다. 그들은 흥분에 차서 어디든 나폴레옹을 따라가기만 하면 대단한 일이 생길 것이라고 철석같이 믿었다.

나폴레옹은 과학과 기술에 대단한 관심이 있었고, 연구자들은 그의 애완동물이었다. 그들 가운데 가장 유명한 몇몇은 나폴레옹과 함께 로리앙호를 타고 가도록 선택됐다. 로리앙은 함대 기함이며, 당시 세계에서 가장 큰 전함이었다.

뱃멀미(나폴레옹 역시 뱃멀미를 했는데, 그 해결책이랍시고 그의 침대에 바퀴를 달아놓았다)가 나지 않는 저녁이면 학자들이 나폴레옹 및 장교들과 함께 만찬을 즐겼다. 그럴 때면 나폴레옹은 화두를 던지곤 했고(꿈은 어떤 의미인가? 이상적인 정부 형태는 어떤 것인가? 다른 행성에도 생명체가 있을까?) 이 해상 살롱에서 주도적인 역할을 했다. 그러면서 여기서 자신은 또 한 사람의 철학자일 뿐이라고 주장했다. 술잔이 채워지고 식탁 위의 등불이 깜빡이며 이야기는 밤늦게까지 계속됐다.

그러는 사이에 영국인들은 그저 옆줄 밖에 서서 나폴레옹의 열정에 박수를 보낼 생각이 없었다. 세계 최강의 영국 해군은 프랑스 함대가 이집트에 도착하기 전에 차단하고 그들을 격파할 계획이었다.

두 강국 군대는 전설적인 위상을 지닌 인물이 지휘하고 있었다. 영국은 한쪽 눈과 한쪽 팔을 잃은 불굴의 허레이쇼 넬슨이 이끌었고, 프랑스는 아직 스물여덟에 불과하지만 여태껏 전투에서 한 번도 패배한 적이 없는 나폴레옹이 이끌었다. 나폴레옹은 군사적 천재로, 그의 재능은 그의 야망에 완전히 들어맞았다.

프랑스와 영국의 격돌은 짜릿하게 시작됐다. 목숨을 건 숨바꼭질이 지중해 일대에서 펼쳐졌다. 나폴레옹은 1798년 5월 13일 아침 프랑스 남해안의 툴롱을 출발해 이집트로 가려 했다(다른 항구들을 출발한 부대들이 바다에서 그의 본대에 합류할 예정이었다). 프랑스는 그들의 임무를 비밀에 부친 상황에서도 배 180척과 병사 4만 명으로 이루어진 대규모 함대를 구성했다.

첩자와 추측에서 앞서는 넬슨은 나폴레옹 모르게 툴롱 앞바다 수십 킬로미터 지점에서 숨어 기다리고 있었다. 그러나 5월 12일 밤, 폭풍우가 몰아쳐 넬슨의 함대를 공해의 수백 킬로미터 지역에 흩어 놓았다. 프랑스 군대는 일주일 동안 항구에 갇혀 강풍이 잦아들기를 기다렸다. 마침내 날씨가 개자 프랑스군은 조급하게 바다로 나갔다. 넬슨이 그들의 진로를 쓸고 지나갔었다는 사실은 까맣게 몰랐다.

양국 함대는 두 차례 더 간신히 스쳐 지나갔다. 가장 아슬아슬했던 것은 6월의 어느 어두운 밤에 짙은 안개가 낀 크레타섬 앞바다에서였다. 넬슨의 배들은 어둠 속에서 일정한 간격으로 포를 쏘았다. 서로 떨어지지 않기 위해 서로에게 보내는 신호였다. 어둠의 보호를 받은 프랑스군은 조용하게 항해했다. 그들은 영국군이 쏘는 숨죽인 포성을 들을 수 있을 만큼 영국군과 가까웠다.

이튿날 아침이 되자 양쪽 함대는 빈 바다에 따로 떨어져 있었다. 넬슨은 나폴레옹의 계획이 이집트를 침공하는 것이라는 쪽에 패를 걸고(이때까지도 나폴레옹이 무슨 꿍꿍이인지는 아무도 알지 못했다) 서둘러 그를 잡으러 갔다. 그러나 너무 빨리 움직였다. 영국 함대가 알렉산드리아에 도착했을 때 프랑스 함대는 보이지 않았다. 당황하고 화가 난 넬슨은 수색하러 다시 바다로 나갔다. 영국군은 1798년 6월 30일 알렉산드리아 밖으로 나왔다. 프랑스군은 이튿날 그곳에 도착했다.

신의 기록

이집트도 한때 강국이었지만, 그 시대는 이미 오래전에 지나갔다. 당시 그곳은 명목상 오스만의 지배하에 있지만 실제로는 500년 동안 맘루크라 불리는 강력한 이슬람 전사 집단이 통치하고 있었다. 이 체제는 맘루크를 위해서도, 오스만 술탄을 위해서도 효과적이었다. 맘루크는 이집트 농민들을 무자비하게 착취했고, 오스만은 이 '세금' 가운데 일부를 챙겼다. 이집트의 생활상은 참담했다. 역사가 폴 스트라선은 "한때 피라미드를 건설했던 곳에 아직 외바퀴 수레도 도입되지 않고 있다"라고 한탄했다."[7]

이런 음울한 배경막 속에서 맘루크가 또 다른 시대에서 온 멋진 인물처럼 뛰어나왔다. 훌륭한 기병이었던 그들은 선명한 색채(적색과 청색과 황색)의 비단옷을 걸치고 말을 타고 전쟁에 나아갔다. 해오라기 깃털로 장식한 두건이나 햇빛에 반짝이는 투구를 썼다. 기병마다 소총, 보석이 박힌 손잡이가 달린 권총, 창, 도끼, 상아 손잡이 단도, 언월도 등이 담긴 작은 무기고를 하나씩 가지고 다녔다.

맘루크는 적을 덮칠 때 권총집과 칼집에서 차례로 무기를 뺐다. 어느 정도 거리가 가까워지면 소총을 쏘고, 이어 거리가 더 가까워지면 권총을 쏘며, 그다음에 창이나 도끼를 던지고, 그다음에 언월도로 적을 벤다(두 가지를 한꺼번에 하기도 한다). 말고삐는 이로 문 상태다.

십자군 이후로 그들은 용맹과 저항할 수 없는 흉포성으로 명성을 날렸다. 한 맘루크 지도자는 프랑스인들을 언급하며 이렇게 위협했

• 고대 세계에서 가장 부유했던 이 나라의 추락에 관한 이야기는 길고도 복잡하다. 외국인의 정복과 14세기 중반의 흑사병(이로 인해 전체 이집트인의 아마도 40퍼센트가 죽었다)이 엄청난 역할을 했다.

다. "프랑크 놈들아, 덤벼라! 내 말발굽 아래서 박살 내주겠다!" 맘루크의 허풍은 그들의 복장에서 잘 드러났다. 그 전사는 이어서 이렇게 떠들어댔다. "내가 놈들 속으로 말을 달려 그 머리통들을 몸에서 베어내겠다. 수박 썰듯이 말이다."[8]

그러나 맘루크는 현대의 적과 마주친 적이 없었다. 1798년 7월 21일, 그들은 피라미드에서 10여 킬로미터 떨어진 곳에서 프랑스군과 맞닥뜨렸다. 2만 5천 명의 프랑스군은 아마도 3만 명 정도였던 듯한 맘루크군을 만났다. 프랑스군은 모직 군복을 입어 더위에 지쳐 있었고, 맘루크군은 비단을 휘감아 눈부셨다.

'피라미드 전투'라고 불리는 이 전투는 완전히 일방적으로 끝났다. 맘루크는 프랑스 대열로 돌격했다. 함성을 지르고 깃발을 날리고 옷자락을 펄럭이고 칼을 번쩍이고 말발굽을 울렸다. 대단했고 혼란스러웠고 처참했다. 이것은 "중세 기병대의 마지막 대규모 돌격전"이었다고 한 역사가는 말했다.[9]

프랑스는 방어 대형인 방진方陣을 쳤다. 소총수들이 여섯 사람이 들어갈 깊이의 속이 빈 사각형을 만든 뒤에 각 모서리에 포를 설치한 것이다.

방어자들은 평정심을 유지해야 했다. 너무 일찍 사격하면 공격의 파도가 그다지 늦춰지지 않는다. 너무 늦으면 겁먹은 적의 말들이 방어자들의 대열로 무너져 내려 대열에 구멍이 생기고 다른 적병이 그 틈을 파고들 수 있다.

맘루크들이 다가올 때 프랑스군은 발사를 자제하고 총검의 대열을 이루어 단단히 준비하고 있었다. 맘루크는 계속해서 말에 박차를 가

신의 기록

했다. 순간 프랑스군은 일제 사격을 가해 큰 낫으로 긴 풀을 베듯 공격자들을 쓰러뜨렸다. 온통 아수라장이었다. 대포가 불을 뿜고 말들은 비명을 질렀으며, 근접한 거리의 부상병들은 서로에게 단도와 총검을 찔러댔다.

두 시간이 되지 않아 상황은 모두 종료됐다. 프랑스 병사는 스무 명 남짓 사망했다. 맘루크는 2천 명 정도가 죽었다. 용맹은 좋은 것이지만, 전술과 기술은 더 좋은 것이었다. 수십 년이 지나 '경기병대의 돌격'(1854년 10월 크림전쟁에서 영국 기병대가 러시아 포병대를 향해 돌진한 사건)이 있었다. 600여 명의 기병이 그들을 기다리던 포열 속으로 돌진했고, 죽었다. 그 처참한 공격을 지켜본 한 프랑스 장교의 말은 맘루크의 돌격에도 적용될 수 있을 것이다.

그것은 장엄했다. 그러나 그것은 전쟁이 아니었다.

프랑스는 승리에 환호했다. (많은 맘루크 병사들이 말을 타고 도망쳤고 다시 싸움에 나섰지만, 그 이후로 그들은 정면 공격이 아니라 치고 빠지기 전술을 택하게 된다.) 3주 전 나폴레옹이 이집트에 온 이후 모든 것이 정확하게 계획한 대로 진행되고 있었다.

열흘 뒤, 재앙이 덮쳤다.

7

프랑스군이
로제타석을 찾게 된 내막

프랑스는 전함 함대 전체를 알렉산드리아 바로 앞바다인 아부키르만에 정박시켜놓고 있었다. 어떤 적이든 나타나면 대응할 수 있는 이상적인 위치였다. 프랑스군은 대포들을 가까운 육지 쪽이 아니라 바다 쪽으로 옮겨놓고 기다렸다. 그러나 그것은 오산이었고, 그 잘못은 치명적이었다.

1798년 8월 1일, 넬슨은 알렉산드리아로 배를 몰고 왔다. 영국은 거의 즉각적으로 프랑스 함대를 공격했고, 대담하고 놀랍게도 양쪽에서 동시에 공격을 가했다. 영국은 상황에 맞추어 즉흥적으로 프랑스 배들의 해안 쪽(방비가 되지 않은 쪽이다)에서 반대쪽으로 가는 길을 찾을 수 있을 것이라고 도박을 했다. 그것이 먹혔다. 프랑스는 양쪽에서 동시에 적으로부터 공격을 당해 십자포화에 휘말렸다.

잔혹한 근접전이었다. 배가 불타고 대포가 불을 뿜었으며 돛대가 갑판으로 떨어져 내렸다. 양측의 싸움은 밤까지 이어졌다. 모든 전쟁은 소름 끼치는 것이지만, 나무로 만든 배에서의 근접전은 특히 무서

웠다.[1]

바다에서 적을 만나면 수를 쓸 여지가 있었고, 심지어 달아날 수도 있었다. 그러나 여기서는 그렇지 않았다. 프랑스 배 로리앙에서는 불이 났고, 사령관 브뤼이 제독은 포탄에 두 다리를 잃었다. 브뤼이는 갑판에 남아 잘린 다리에 지혈대를 두르고 의자에서 명령을 내렸으나, 곧 또 다른 포탄이 그에게 터져 사망했다. 한편 넬슨은 날아온 금속 조각을 이마에 맞았다. 피부 조각이 그의 성한 눈에 떨어져 눈을 가렸다. 그는 배의 의사에게 실려 가면서 작은 소리로 말했다. "나는 죽었어."[2]

로리앙의 불길은 잡히지 않고 맹렬하게 타올라 영국 배의 수병들이 불길을 느낄 정도였다.* 불길은 탄약고에까지 번졌다. 거기에는 수천 톤의 화약이 있었다. 로리앙은 폭발해 거대한 배가 산산조각이 나고 굉음이 울려 30킬로미터 밖에서도 들을 수 있었다. 몇 분 동안 토막 난 시체, 부러진 돛대, 불타는 돛, 포탄 파편이 하늘에서 쏟아져 내렸다. 로리앙의 승무원 천 명 가운데 800명이 죽었다.

프랑스는 그날 아침에 열세 척의 배가 있었다. 다음 날 아침이 되자 열한 척이 나포되거나 파괴됐다. 넬슨은 즐비한 시체들을 살펴보

---

* 로리앙에 불이 붙자 프랑스 수병들이 배에서 뛰어내려 헤엄을 쳐서 목숨을 건지고자 했다. 배에 남아 있던 사람 가운데 아홉 살짜리 해군 사관후보생이 있었는데, 그의 아버지가 부상당해 선내 의무실로 실려 갔다. 아들은 아버지의 허락 없이는 불타는 갑판을 떠나려 하지 않았다. 한두 세대 전까지 학생들은 모두 그의 이야기를 배웠다("소년이 불타는 갑판에 서 있네 / 그만 남기고 왜 모두 달아났나 / 부서진 전함에 불이 붙어 / 그의 주위 시체를 비추네").[3] 단조로운 운율은 울부짖는 사람들과 피범벅이 된 갑판과 속절없이 불길에 휩싸인 배 등 어쩌지 못할 공포의 장면으로부터 우리를 멀리 떼어놓는다.

신의 기록

면서 이렇게 말했다. "이런 장면에는 승리라는 말로는 약하지."[4]

전투 현장에 있지 않았던 나폴레옹은 2주 뒤까지도 프랑스의 패배 소식을 듣지 못했다. 그는 그 소식을 차분하게 받아들였다. 그는 1798년 8월 15일 부하들에게 이렇게 말했다. "자네들은 이곳과 잘 맞나 봐. 아주 잘됐어. 이제 우리에게는 우리를 유럽으로 태워 갈 배가 없군."[5]

프랑스인들은 발이 묶였다. 넬슨은 의기양양했다. 그는 이렇게 썼다. "프랑스군은 곤경에 처해 있습니다. 그들은 보급 없이 나일강을 거슬러 올라갔습니다." 구원군은 올 수 없었다. 영국 해군이 지중해를 장악했고, 그것은 바다를 통해 식량이나 무기가 들어올 수 없다는 얘기였다. 나머지는 자연과 적대적인 현지인들이 해줄 터였다. 넬슨은 이렇게 이어갔다. "그들의 군대는 이질로 허비되고 있습니다. 유럽으로 돌아오는 것은 천 명도 되지 않을 것입니다."[6]

그러나 군대의 상황이 가장 암담해 보이는 바로 그 순간에 연구자들의 생활은 더 나은 쪽으로 전환됐다. 1798년 8월 23일(넬슨이 프랑스 함대를 격파한 지 3주 뒤다) 나폴레옹은 연구자들의 첫 공식 회의를 주재했다. 그들은 한때 맘루크의 궁궐이었던 카이로의 한 널찍한 건물에 모였다. 나폴레옹은 연구자들의 새 본부를 '이집트연구소'라고 불렀다. 파리의 프랑스연구소에 경의를 표하기 위해서였다.

파리의 연구소는 오랫동안 프랑스의 지적 생활의 정점 근처에 있었다. 그것은 이 나라의 유수한 예술가·작가·학자들의 영광스러운 본거지 노릇을 했다. 그 반열에 오르는 것은 프랑스인이 성취할 수 있는 가장 큰 영예 가운데 하나였다. 나폴레옹은 1797년 그 회원으로 선출됐고, 그는 이 헌액을 즐거워했다(그는 급송 공문서에 종종 "연구소 회원 겸 총사령관 보나파르트"라고 서명했다).[7]

궁궐은 개조되어 연구자들의 본부로 변모했다. 도서관·작업장·인쇄소·동물원·박물관이 있었고, 수학·물리학·예술·경제학을 전담하는 부서가 있었다(수학자들은 궁궐의 하렘이었던 곳에서 모임을 가졌다).[8] 여기서 연구자들은 미라에 관한 보고를 걸신들린 듯이 들었다. 신기루가 생기는 원인 등에 관한 과학(사막으로 들어가는 사람들은 누구나 반짝이는 호수의 환상으로 고생을 했다), 성체자의 의미, 타조가 작은 날개를 가진 이유 등도 마찬가지였다.

연구소의 첫 모임에서 가스파르 몽주라는 뛰어난 수학자가 소장으로 선출됐다(놀랍게도 나폴레옹은 부소장 자리를 선택했다). 몽주는 자신이 생각하는 이 학자들의 임무에 대해 간단하게 연설했다. 몽주는 동료 연구자들이 이집트인의 생활에 대해 다양한 측면에서 연구를 했기 때문에 그들이 특히 "고대 유적을 연구해 이 불가사의한 부호들, 수수께끼의 역사가 새겨진 이 화강암 문서들을 설명해내야 한다"고 그들에게 말했다.[9]

그러는 사이에 군사적인 상황은 더욱 나빠졌다. 자기네 함대가 궤멸되자 나폴레옹은 생각을 육지에서 싸우는 쪽으로 돌렸다. 다시 한번 그는 알렉산드로스 대제를 모범으로 삼아 계획을 세운 듯하다. 자신의 대선배처럼 인도로 진군하는 것이었다.

이것은 입이 떡 벌어질 정도로 야심찬 것이었지만(우선 인도는 동쪽으로 5천 킬로미터나 떨어져 있었다) 나폴레옹은 그것이 남는 장사가 되리라고 생각했다. 프랑스의 공격은 이집트 동쪽에 있는 시리아 깊숙이 들어가는 것으로 시작됐다. 나빴던 상황은 재앙으로 변했다.

나폴레옹은 오스만의 거점인 아코(악카)에서 잇달아 공격을 펼쳤다. 그의 상대는 '도살자'라는 별명을 지닌 군벌이었다. 포로들의 머리만 내놓게 하고 몸을 성벽에 회반죽으로 발라버리는 끔찍한 짓을 해서 얻은 이름이었다. "그들의 고통을 더 잘 즐기기 위해서"였다.[10] 경악한 한 목격자는, 포로들이 결국 죽었지만 그 두개골은 그대로 놔뒀다고 회상했다. 무언의 경고였다(도살자의 부하들조차도 늘 위험 속에 있었다. 그의 핵심 참모는 여러 해 동안 갖가지 악행을 저지른 벌로 코가 베이고 눈이 뽑히고 귀가 잘렸다).[11]

아코는 바다를 걸친 성곽 도시였다. 프랑스는 도시의 두터운 성벽에 대포를 쏘았다. 성벽에 구멍이 나자 프랑스 부대는 거세게 돌진했고, 일부는 사다리를 동원했다. 방어자들은 그들에게 사격을 가하고 수류탄을 던졌으며, 끓는 기름을 내리 퍼부었다. 더불어 아코 앞바다로 배를 끌고 온 오스만의 동맹국 영국도 대포로 지원 사격을 했다.

프랑스는 62일 동안 사상자 2천 명이라는 희생을 치른 뒤 포위를 풀고 떠났다. 아코는 나폴레옹이 육상 전투에서 기록한 첫 패배가 되었다.

무너진 프랑스 육군은 사막을 건너 카이로 쪽으로 향했다. 그들은 갈증과 이글거리는 태양으로 고통을 당했으며, 이질과 페스트에 시달렸다(전염병에 걸린 프랑스 병사는 여섯 명 가운데 다섯 명꼴로 사망했다). 나폴레옹은 이집트를 떠날 명분을 찾고자 애쓰며 여름을 보내게 된다.

1799년 여름에 나폴레옹은 시리아에서의 낭패를 멋진 승리로 바꾸기 위해 최선을 다했고(그는 카이로에서 축하 행진을 마련하고 군악대를 동원했으며 병사들에게 신품 군복까지 입혔다) 그 일환으로 피에르프랑수아 부샤르와 그 휘하 병사들은 로제타 요새 재건에 나섰다.[12]

7월 초, 부샤르는 이상한 돌을 발견했다는 보고를 받았다. 보통의 장교였다면 이상한 표시가 있는 돌덩어리를 살펴보는 데 시간을 낭비하지 않았을 것이다. 특히 모두가 나서 적의 공격을 대비하고 있을 때 말이다. 하지만 스물여덟 살의 부샤르는 군인이자 연구자였다. 나폴레옹의 연구자들 가운데 하나였고 또한 군인이었다. 두 집단은 서로를 엄청나게 불신했지만, 군인으로서도 학자로서도 흠잡을 데 없었던 부샤르는 어느 쪽에 있어도 편안할 수 있는 얼마 되지 않는 사람들 가운데 하나였다.

그는 학창 시절부터 기술에 푹 빠진 사람이었다. 이집트에 오기 전에 부샤르는 유럽에서 프랑스군의 최신 부문인 기구氣球 부대에서 일했다. 그들의 임무는 기구를 타고 전장 위 높이 떠올라 적 부대의 움직임을 신호기로 보고하는 것이었다. 그는 또한 수학과 공학을 공부해 프랑스의 몇몇 저명한 과학자들과 함께 일할 기회도 있었다.

부샤르는 자신이 보물을 발견했음을 곧바로 알아차렸다. 그는 즉각 이 발견 소식을 사령관인 자크 메누에게 전했고, 메누는 돌을 자기 막사로 가져오도록 했다.[13] 병사들과 연구자들이 서둘러 행동에 들어갔다. 돌을 닦아내고 떨어진 파편을 찾아 주변을 샅샅이 뒤졌으며 그리스어로 된 문장을 붙잡고 씨름했다.

오늘날까지도 로제타석의 떨어져 나간 부분은 여전히 찾지 못하고 있다. 그러나 그리스어 부분은 거의 완전했고, 번역자들은 열정적으로 뛰어들어 인상적이고 멋진 구절이 나와 축하받기를 기대했다. 그러나 그런 것은 전혀 발견할 수 없었다.

이 비문은 서기전 196년에 해당하는 시기에 새겨졌다고 이 문서는 서두에 기록했다. 내용은 평범한 것이었고, "아버지의 자리를 이어받아 즉위한 젊은 왕"에 대한 찬사로 가득했다.[14] 그는 프톨레마이오스 5세(에피파네스)로, 8년 전 여섯 살의 나이에 왕위에 올랐다.

그의 아버지 프톨레마이오스 4세(필로파토르)는 악몽이었다. 강력한 왕국을 물려받아 그 세력을 허물어버린 사람으로, 현대의 한 역사가는 '방탕아'라는 판정을 내렸다. 20년이 채 되지 않는 치세 동안에 "안일과 술과 색정과 어설픈 문학 취미"를 뚜렷이 드러낸 그는 자신의 숙부·동생·어머니를 죽이라는 명령을 내렸다.[15] 그의 어린 아들은 숙청을 피했다. 그러나 로제타석은 이 음울한 뒷이야기는 전혀 내색도 하지 않는다. 이 비문은 그저 십대인 지배자를 칭송한다.

엄청난 권세를 가지신 분, 이집트를 지키고 번영하게 하신 분, 신에게 독실한 마음을 가지신 분, 적을 이기시는 분, 백성들의 삶을 윤택하게 하시는 분.[16]

사실 프톨레마이오스 5세의 권력 장악은 불안정했다. 적국 군대가 밖에서 이집트를 공격했고, 반란자들이 내부에서 공격했다. 언제나 강력한 권력의 한 축이었던 신전 사제들은 현재의 상태를 유지하는 것이 옳은지 재고해야 한다는 뜻을 내비쳤다. 후대 역사가들은 이 시기를 '대폭동'의 시기로 불렀다.[17] 이집트는 아직 약화된 것은 아니었지만 곤란을 겪고 있었다.

문제의 대부분은 같은 뿌리에서 나왔다. 지배 가문은 외부인이었다. 그들은 이집트인이 아니라 그리스인이었다. 알렉산드로스 대제가 서기전 332년 이집트를 정복했는데, 그가 죽은 뒤 그의 장군 가운데 한 사람이 파라오가 됐고 프톨레마이오스 5세는 그 장군의 자손이었다. 한 역사가는 이렇게 지적했다.

> 그리스 관리·상인·군인의 작은 집단이 지배권을 장악했다. 반면 이집트 농민 대중은 언제나 그랬던 것처럼 농사를 지었다.[18]

왕가는 그리스어를 사용했고, 모든 공식 업무를 그리스어로 진행했다. 그들은 이집트인이 아니라 다른 그리스인과 결혼했다.[19] 그들 가운데 이집트어를 읽거나 말할 수 있는 사람은 없었다. 프톨레마이오스 5세를 치켜세운 로제타석의 성체자는 말하자면 그들에게 외국어였던 셈이다.●[20]

애초에 돌에 글을 새긴 이유는 이집트 땅에서 모든 일이 잘 돌아간다는 것을 주장하기 위해서였다. 이 파라오는 분명히 젊었지만 강력한 지배자였고, 강력한 전임 지배자들의 자손이었다. 이어지는 비문

● 프톨레마이오스 가계의 지배자들 가운데 어느 누구도 성가시게 현지 언어를 배우고자 하지 않았다. 전투를 앞둔 어느 날 저녁 프톨레마이오스 4세(로제타석의 주인공 프톨레마이오스의 아버지)가 병사들에게 '형제들처럼 단결하라'는 내용의 연설을 했다. 그러나 연설에 대한 반응이 시큰둥했다. 통역사가 파라오의 그리스어를 이집트어로 번역해 전달했기 때문이다.[21]

내용에 따르면 사제들은 그를 전폭적으로 지원했다. 사제들과 파라오는 함께 열의와 헌신으로 신에게 경의를 표하는 오랜 종교 의식을 계속했다.

로제타석은 사실 선전 벽보 같은 것이었다. 처음부터 파라오의 선정에 대한 칭송이 이어졌다.

(파라오는 세금) 일부를 줄여주고 나머지는 완전히 철폐했다. 그의 치세 동안 군대와 그 밖의 주민들에게 번영을 가져다주기 위해서다.

그는 감옥에 갇힌 자들과 아울러 오랜 시간 동안 혐의를 받아왔던 사람들을 풀어주었다.

파라오는 전쟁에서도 승리했다. 또한 그는 반란 세력을 진압했다. "신전에 손실을 입히고 파라오와 그 아버지의 방식을 내버린" 자들이었다. 그런 뒤에 훌륭하게도 "그들에게 말뚝에 꽂아 죽이는 형벌을 내렸다."

줄줄이 칭찬 세례였다. 번역자들은 걱정이 많아졌다. 그들이 바랐던 것은 '여기에 각기 다른 문자들과 각기 다른 언어들로 된 놀라운 포고문이 있다!' 같은 대담한 주장이었다. 하지만 그들은 과장과 허풍만을 발견했다. 한 구절 한 구절 의미가 드러나고 있었지만 성과는 없었다. 이 모든 자랑과 과시는 돌의 다른 새김글과 어떤 관계가 있을까?

그러다가 답이 나왔다. 파라오의 업적이 너무나 훌륭해서 이는 모든 사람에게 알려져야 한다고 비문은 뒷부분에서 단언했다.

이 포고는 신들의 말을 쓰는 글자(성체자), 문서를 쓰는 글자(이는 분명히 이 돌의 알 수 없는 중간 부분이다), 이오니아인들의 글자(그리스어)로 화강암 석비에 새겨질 것이다. 이것은 1급 신전, 2급 신전, 3급 신전에 영원히 사시는 파라오의 조각상과 함께 비치될 것이다.[22]

세 가지 방식으로 쓰인 똑같은 내용. (그리고 분명히, 본래는 이집트 전역에 많은 '로제타' 석들이 흩어져 있었을 것이다.)

경주가 시작됐다!

고대 이집트를
베끼고 그리다

일의 첫 순서는 발견 소식을 퍼뜨리는 것이었다. 로제타에서 부샤르는 미셸 앙주 랑크레라는 스물다섯 살짜리 수학자를 시켜 이 소식을 카이로 이집트연구소의 동료 연구자들에게 전하게 했다. 랑크레는 침착하게 시민 부샤르(프랑스혁명 이후 모든 칭호가 사라지고 '시민'이 주로 쓰였다)가 "로제타에서 상당한 흥미를 불러일으킬 비문 몇 개를 발견했다"고 전했다.[1]

1799년 7월 29일, 연구소는 랑크레의 편지를 낭독하는 것으로 그날 일정을 시작했다. 모임의 상세한 기록은 남아 있는 것이 없지만, 연구자들의 발표는 언제나처럼 전방위에 걸쳤다.[2] 동물학자 조프루아 생틸레르는 자신이 나일강에서 발견한 민물 복어에 대해 묘사했다. 수학자 가스파르 몽주는 고급기하학의 한 문제에 대해 짧게 강의했다. 식물학자, 건축가, 시인 역시 자신의 주장을 발표했다.

한 시찰 고관도 끝까지 자리를 지켰으나, 감명을 받지 않았다. 그의 통역사는 이야기들을 최선을 다해서 소곤소곤 전했지만, 그 귀빈은 자신이 들은 모든 것에 시큰둥했다. 복어에 대해 이야기할 때는 약간 흥미를 느끼는 듯했지만 금세 식어버렸다. "뭐야! 물고기 한 마리 가지고 뭔 말을 그리 많이 하나?"[3]

발견에 대한 첫 신문 보도는 1799년 9월 15일《쿠리에 들레집트 Courrier de l'Égypte》에 나왔다. 이집트의 프랑스군을 위해 발행되는 신문이었다.[4] 로제타석은 멋지고 검은 화강암 석판이다. 나란한 세 구획에 서로 다른 세 가지 새김글이 있다. 그 가운데 하나는 열네 줄의 성체자다.《쿠리에》는 가상한 자제력을 발휘하며 이렇게 보도했다.

이 돌은 성체자 연구를 위해 매우 흥미롭다. 아마도 이것은 결국 열쇠까지 제공할지도 모른다.

기사는 3면에 실렸다. 중요도 판단을 잘못한 것으로 보일지 모르지만, 이 신문의 그날 치 큰 기사가 로제타석만 있었던 것은 아니었다.《쿠리에》는 2면에 주목할 만한 기사를 실었다. 상세한 내용이 없는 단 네 문장이었다. 나폴레옹이 이집트를 떠나 프랑스로 돌아갔다!

그의 부재는 프랑스나 이집트 어느 쪽에도 걱정을 불러일으키지 않을 것이다. 그의 모든 행동은 오로지 양쪽의 행복을 위한 것이다.

《쿠리에》가 이렇게 보도한 것은 이 놀라운 소식을 전혀 특별하지 않은 것처럼 가장하기 위한 것이었다.

신문이 이 이야기를 보도할 무렵 나폴레옹은 고국에 거의 접근해 있었다. 그는 1799년 8월 23일 늦게 동료 장교 누구에게도 알리지 않고 알렉산드리아 부근의 집결 지점을 빠져나갔다. 배 한 척이 바로 앞바다에서 기다리고 있었다. 오직 마지막 순간에 나폴레옹의 부사령관인 장바티스트 클레베르 장군이 자신을 비롯한 나머지 전군이 버려졌음을 알았다(메모를 통해서였다).

나폴레옹이 클레베르에게 남긴 메모의 분위기는 일상적이고 서두르는 듯한 것이었다. 대장의 명령이라기보다는 적당히 핑계 대며 초대에 빠지고 주말에 시골 가는 사람의 변명 같았다.

유럽에서 온 소식 때문에 프랑스로 떠난다는 결정을 내리지 않을 수 없었소.[5]

그게 전부였다. 나폴레옹은 다시 이집트로 돌아오지 않는다. (출발 자체는 꼼꼼하게 계획됐다. 그는 애인에게 해줄 이야기를 꾸며냈다. 자기를 두고 떠난다는 생각을 하지 못하도록 하기 위한 것이었다. 또한 그는 먹을 것이 가득 든 궤 하나를, 자신을 프랑스로 데려가기 위해 대기 중인 배로 보냈다. 궤에는 정탐꾼들이 냄새를 맡지 못하도록 평범한 딱지를 붙였다. "스미스 씨의 것."[6])

이 시기 대부분의 기간 동안에 프랑스는 자기네 군대가 이집트에서 어떻게 보냈는지 거의 소식을 듣지 못했다. 나폴레옹은 고국으로 돌아오자마자 그가 이집트에서 거둔 '승리'를 기념하는 메달을 여러 개 만들라고 명령했다. 그 가운데 하나는 그가 로마인들의 토가를 입고 피라미드 위를 날아가는 모습을 담고 있다. 거기에는 이런 글귀가 붙어 있었다. "영웅 본국 귀환."

또 하나는 그가 낙타 두 마리가 이끄는 수레에 탄 모습이다. 그 위에 쓰인 슬로건은 이렇다. "이집트 정복되다."

이는 뻔뻔스러운 것이었지만, 그것이 먹혔다. 한 역사가는 이렇게 놀라워한다.

보나파르트는 이집트로부터 의기양양하게 돌아왔고, 그의 군대가 그와 함께 돌아오지 않은 이유에 대해 묻는 사람은 아무도 없었다.[7]

이집트에 남겨진 병사들은 그저 투덜거릴 수밖에 없었다. 클레베르는 처음부터 이집트의 모험 전체가 무모하고 또한 의미 없는 일이라고 생각했다(그는 일찍이 자신의 일기에 나폴레옹이 "매달 만 명의 병사를 추가로 투입해야 하는 부류의 장군"이라고 썼다).[8] 이제 클레베르는 "저 코르시카 꼬마"의 비겁함을 보고 화가 나 나폴레옹에 대한 경멸을 대놓고 드러냈다.

저 빌어먹을 자가 바지에 똥을 가득 싸놓고 우리를 버렸다. 유럽으로 돌아가면 그걸로 얼굴을 문질러주겠다.[9]

나폴레옹은 저명한 학자 세 사람을 데리고 파리로 돌아왔다. 군대와 나머지 연구자들은 모두 여전히 이집트에 있었다. 병사들에게 이집트는 유배를 의미했다. 연구자들에게는 도망갈 구멍이 있는 유배

신의 기록

였다. 그들이 버려졌다는 것은 부정할 수 없었다. 그래도 그들 앞에는 탐험할 수 있는 흥미롭고 거의 알려지지 않은 나라가 있었다. 그들은 어쩔 수 없이, 그러나 끈질기게 작업에 나섰다.

병사들과 달리 연구자들은 무보수로 일했다(병사들의 분노에 대해, 나폴레옹은 그들이 전쟁을 하지 않는 상태에서도 그에 상응하는 급여를 지급하도록 조처했다).[10] 화가, 수학자, 지도 제작자, 의사, 천문학자, 생물학자, 공학자, 건축가 등으로 구성되었고, 상당수는 오늘날까지도 명성이 전하는 사람들이었다. 수학자 조제프 푸리에(오늘날 물리학과 수학을 공부하는 대학원생들은 푸리에 급수級數와 푸리에 변환變換을 배운다), 그의 이집트 그림이 세계를 매혹시키게 되는 화가이자 작가 비방 드농, 프랑스의 가장 유명한 화학자 가운데 한 사람인 클로드 루이 베르톨레, 너무도 뛰어나고 비상해서 나폴레옹이 "아라비아 사막에서 프랑스 예술을 재창조할 능력이 있다"고 단언한 발명가 니콜라자크 콩테가 있었다.[11] 이집트학자는 없었는데, 그런 전문 분야는 아직 존재하지 않았기 때문이다.

저명한 연구자들은 사오십대였지만, 대부분은 훨씬 젊었다. 대개 앳되고 열정적이었으며(그들의 평균 나이는 고작 스물다섯이었다) 십대 학생들도 있었는데 총명해서 선발됐다. 그들은 이집트에 도착한 순간부터 세계 최고의 현장 학습에 나온 학생들처럼 나라 이리저리로 달려가기 시작했다.

때로 연구자들은 오늘날의 종군기자들처럼 군대가 가는 곳으로 따라가는 수밖에 없었다. 그들은 스케치북에 몸을 구부리고 자기네 작업에 몰두했으며, 소리를 내며 지나가는 총알도 신경 쓰지 않았다.

나폴레옹은 연구자들에게 이집트 고대의 경이를 기록하고, 이곳을 현대 속으로 나아가게 하는 양면의 임무를 부여했다. 나폴레옹이 보기에 이집트는 상당한 개선의 여지가 있었다. 그는 이집트인들이 "어리석고 불쌍하고 아둔"하며 "시골에서는 가위가 무언지조차 전혀 모른다"고 불평했다. 특히 병사들에게 이집트는 "술도 없고 포크도 없고 연애할 귀부인도 없는" 불모지였다.[12]

나폴레옹은 연구자들이 여러 가지 공학적인 사업을 해낼 수 있을 것이라고 생각했다. 예컨대 나일강 물을 정화하는 계획을 만들어내고, 술을 만드는 더 나은 방법을 찾아내며, 다리를 놓고 제분소를 만드는 것 따위다. 그러나 나폴레옹이 프랑스로 돌아가면서 연구자들은 변통할 여지가 생겼다. 그들은 무언가를 만들어내는 일보다는 탐색하고 정리하는 쪽에 자기네의 관심을 집중시켰다.

그들은 피라미드를 올라가고 고대의 성채 마당을 돌아다니며 신전 유적을 그림에 담고 비문을 베껴 적었다. 그들은 나일강을 수백 킬로미터 거슬러 올라가 유럽인들이 거의 들어본 적 없는 무덤과 신전들을 탐험했다.

이것은 화려한 작업이 아니었다. 당시 이집트인들은 오래전에 사라진 이교도의 문화에 대해 감흥도 존경심도 없었기 때문이다. 예컨대 한때 장엄했던 에드푸 신전은 쓰레기 처리장으로 사용됐다. 쓰레기와 모래가 거의 천장 높이까지 쌓였다. 역사가 니나 벌리는 "매일 아침 연구자들이 스케치북과 측정 도구를 들고 부근에 서 있을 때 농민들은 창문 구멍으로 부엌의 재와 당나귀·낙타·말의 분뇨를 쏟아 넣었다"라고 썼다.[13]

연구자들은 스핑크스의 크기를 재기 위해 그 위로 기어 올라갔다. 이 그림은 미술가이자 외교관인 비방 드농이 그린 것인데, 그의 스케치는 유럽 전역에서 이집트의 모든 것에 대한 열풍을 촉발하는 데 이바지했다.

다른 곳의 상황은 더욱 좋지 않았다. 이집트 곳곳의 신전에서 연구자들은 "오래지 않은 시신과 미라에 걸려 넘어지고 수백 년 된 박쥐 분화석糞化石 속으로 빠져 들어갔다"라고 벌리는 썼다.

방 안은 아주 어두워서 그들은 자신의 손조차 볼 수 없었다. 횃불 옆에서 일하는 것은 그 자체로 위험했다. 오랫동안 닫혀 있던 공간은 매우 인화성이 높았기 때문이다. 나무와 오래된 칠과 미라 진액 천지였다.[14]

그렇지만 그들은 아랑곳하지 않았다. 아마도 그 모든 탐험자들 가운데서 가장 열정적인 사람은 미술가 드농이었을 것이다. 쉰한 살로 연구자들 가운데 나이가 많은 축이었던 드농은 공포정치 시대를 견디고 살아남은 귀족으로, 멋지고 재치가 있었으며 무너뜨릴 수 없어보였다. 그는 프랑스혁명 전에 '슈발리에(훈작사勳爵士) 드농'이었다가

격동의 1790년대에 '시민 드농'이 됐고, 나폴레옹이 권력을 잡은 뒤 '드농 남작'이 됐다.[15]

드농은 재능과 매력이 있었다. 그는 한 자리에 머물러 있지 않는 성격이었다(한 역사가는 그를 요약하려 시도하면서 "외교관, 예술가, 포르노 작가"라고 했다).[16] 그는 또한 나폴레옹의 아내 조제핀과 가까운 친구였고, 그 친분을 이용해 나폴레옹이 침략군을 소집할 때 연구자들 사이에서 중요한 역할을 맡았다.

이집트에서 이 성공한 호사가는 계속해서 위험을 무릅쓰고 서방 사람들이 보기에 새로운 광경을 기록했다. 고참 병사들조차도 그가 말을 타고 스케치하는 용감한 모습에 혀를 내둘렀다. 그의 화판은 안장 위에서 균형을 이루었고, 사방에서 쏟아지는 총알을 아랑곳하지 않았다. (그는 프랑스로 돌아온 직후인 1802년 그림으로 가득 찬 두꺼운 책을 출판하게 된다. 엄청난 인기를 모은 그의 《상·하 이집트 여행Voyage dans la Basse et la Haute-Égypte》은 유럽인들에게 처음으로 이집트의 경이를 엿볼 수 있게 했다.)

드농은 도처에서 나폴레옹을 격찬하곤 했지만, 전쟁의 공포를 낭만화하진 않았다.

전쟁, 너는 역사에서 얼마나 빛나는 것이었던가! 그러나 가까이서 보니 매우 무시무시하다. 역사는 더 이상 전쟁의 구체적인 장면들에서 나오는 공포를 가리지 못한다.[17]

드농은 용감했지만 때로 필요한 것은 용기가 아니라 근면이었다. 그런데 드농은 그마저 탁월했다. 그는 신전과 유물을 그리지 않을

비방 드농이 그린 에드푸 스케치.

때는 늘 고대 유적의 벽에 새겨진 글들을 모사했다. 그는 자신의 인내심에 놀랐다는 듯이 이렇게 썼다. "나는 성체자를 옮겨 그리면서, 수동적인 상태로 있는 데 필요한 의지력이 내 안에 있음을 발견했다."[18]

그는 언젠가 이 비문들이 의미를 드러낼 것이라고 믿으며 꼼꼼하게 모사해나갔다. 자신이 그 수수께끼를 풀어낼 사람이라는 생각은 전혀 하지 않았다. "나는 열정적인 믿음과 맹목적인 열의를 가졌지만, 그건 사실 자신이 이해하지 못하는 외국의 언어에 대해 기도하고 믿고 경모하던 옛날의 신녀神女에나 비길 만한 것이다."[19]

어떤 집계에 따르면 이집트로 간 연구자들 가운데 4분의 1이 그곳에서 죽었다.[20] 이 총계에는 전장에서 죽은 다섯 명(물론 그들은 전투원이 아니었다)과 전염병 및 이질에 희생된 열다섯 명이 포함됐다. 그렇지만 그들의 사기는 전체적으로 높았다. 병사들은 연구자들이 도대체 왜 원정에 따라온 거냐고 비난했다. 한 줌의 쓸모없는 지식인들에게 깨진 돌 더미에 대해 생각하게 해주려고 용사들이 사막에서 죽어간다고 병사들은 투덜거렸다.

그러나 역사를 만들게 되는 것은 그 한 줌의 사람들이었다. 그들이 이집트에서 3년 동안 그린 그림들, 특히 성체자 모사본은 매우 귀중한 것으로 드러나게 된다. 나폴레옹의 군사는 4만 명이었고, 연구자는 200명도 채 되지 않았다. 군대는 잊혔지만, 연구자들은 2천 년 동안 닫혔던 문을 열어젖혔다.

9

영국으로 간 로제타석

연구자들은 처음에 로제타석을 꼼꼼하게 살펴보는 것으로 일을 시작했다. 그러나 그들은 그리스어를 번역하는 것 외에 진전을 이루지 못했다. 《쿠리에》는 이렇게 보도했다. 성체자는 "열네 줄로 이루어져 있었다. 그러나 일부는 사라졌다. 돌이 깨졌기 때문이다."

그것은 정확했지만 도움이 되지는 않았다. 그래도 그것은 성체자와 그리스어 사이의 알 수 없는 부분에 대한 묘사보다는 나았다. "중간 부분은 시리아어로 생각되는 문자로 쓰여 있는데, 서른두 줄로 이루어져 있다."

그러한 추측은 틀린 것으로 드러났다. 나중에 밝혀진 바로 중간 부분은 시리아어가 아니라 이집트어였다. 이 문자는 일종의 간체자簡體字였다. 성체자가 일상적인 필기에서는 너무 공력이 많이 들기 때문에 만들어진 것이었다.

이렇게 로제타석은 성체자, 속체자俗體字. demotic(간체자의 이름이다), 그리스 문자 등 세 가지 문자로 구성되어 있었다. 정확히는 이집트어와 그리스어 두 가지 언어였다. 현대의 상황으로 대략 비유하자면 다음과 같은 세 부분으로 이루어진 문서라 할 수 있다. 우선 굽이치는 서체로 우아하게 쓴 영어를 몇 줄, 다음에 역시 영어로 서둘러 필기한 같은 내용의 몇 줄, 마지막으로 그리스어를 그리스 문자로 쓴 역시 같은 내용의 글이다.

로제타석 발견으로 다소 지체되었지만 연구자들은 자신들의 강제 유배라는 상황을 최대한 활용해 하던 일을 계속했다. 거의 즉각 그들은 감질나는 발견물 두 가지를 얻었다.[1]

1799년 가을 나일강 삼각주 미누프라는 마을에서 두 젊은 기술자가 로제타석과 마찬가지로 여러 문자로 비문이 적힌 또 다른 돌을 발견했다. 높이 30센티미터, 길이 90센티미터의 검은 화강암 석판이었다. 이것은 평범한 민가 앞에 놓여 있었고, 집 주인은 그것을 벤치로 이용하고 있었다. 그러나 그것은 너무 심하게 마멸되어 있었고, 연구자들은 자기네가 알아볼 수 있는 몇 마디(그리스어로 "젊은 왕의 … 언제나")만을 베낀 뒤 이동했다.

1년 뒤, 또 다른 연구자가 또 다른 로제타석 판박이를 발견했다. 그것 역시 검은 화강암이었고, 로제타석보다 약간 컸다. '원조'처럼 거기에도 성체자, 속체자, 그리스 문자로 글이 새겨져 있었으나, 역시 심하게 마멸돼 쓸모가 없었다. 그것은 카이로의 한 이슬람 사원에서 발견됐는데, 여기서는 문지방으로 쓰이고 있었다.

그러는 동안 프랑스군은 이집트를 떠나기만을 바라고 있었다. 나폴레옹의 역할을 대신하게 된 클레베르 장군은 오스만 및 영국과 평화 조약 협상을 해오고 있었다. 클레베르는 군대에서 인기가 있었고

입증된 군사 영웅이었지만, 이집트에서 전쟁을 계속할 이유를 찾지
못했다.

외교적으로 귀찮은 문제가 받아들여지자 그는 나폴레옹의 애인을
꼬시는 데 시간을 보냈다(이 여자는 나폴레옹이 버리고 간 폴린 푸레라는 젊
은 여성이었다. 이 프랑스 여자는 한 프랑스 중위와 결혼했었는데, 군복으로 변
장하고 남편이 탄 배에 몰래 타서 이집트로 왔다).

1800년 6월, 클레베르는 카이로에서 술레이만 알할라비라는 시리
아인에게 암살당했다. 암살자는 곧바로 체포돼 전원 프랑스인으로
구성된 특별 재판부로부터 재판을 받아 유죄가 선고됐다.[2]

재판관들은 현지 관습을 따랐다. 술레이만의 오른손을 완전히 태
우고 나서 그를 말뚝에 박아 죽이도록 판결한 것이다. 술레이만은 한
관리가 이글거리는 석탄 위에서 자기 손을 태우는 동안 조용히 앉아
있었다(그는 석탄이 팔꿈치 쪽으로 옮겨갈 때에야 이의를 제기했다. 판결은 그
의 손만을 태우도록 특정되어 있음을 지적한 것이다).

이어 3미터 가까이 되는 대못을 술레이만의 직장에서 가슴뼈에 이
르도록 박아 넣었다. 죄수를 펜 말뚝은 땅에 박았다. 술레이만은 네
시간 만에 죽었다. 고통을 당하는 내내 아무 소리도 내지 않았다. 다
만 딱 한 번 이렇게 외쳤다. "알라 외에 다른 신은 없고, 무함마드는
그의 선지자다."

클레베르의 후임으로 자크 메누라는 장군이 선택된 것은 불행이었
다. (로제타석을 처음 보관한 것이 메누였다. 그가 당시 로제타 요새 지휘관이었
기 때문이다.) 메누는 쉰 살로 나이가 많다는 게 내세울 점이었지만
그 밖에는 별로 두드러진 것이 없었다. 용감한 클레베르(나폴레옹은 그

를 "군복 입은 마르스 신"이라고 불렀다[3])와 대조적으로 메누는 뚱뚱한 대머리에다 텁수룩했다. 그는 강한 자만심으로 거드럭거리면서 걸어 병사와 연구자 양쪽 모두에게 인기가 없었다.

그는 평화 협상에 매달리기를 전혀 원치 않았다. 그는 나폴레옹에게 보낸 편지에서 전임자가 열정이 없었다고 비판한 뒤 이렇게 썼다.

저는 알렉산드리아 성벽 안에서 마지막 순간까지 스스로를 지키겠습니다. 저는 죽는 법은 알아도 항복하는 법은 모릅니다.[4]

그가 그것을 배우는 데는 오래 걸리지 않았다. 1801년 9월 2일, 지휘권을 넘겨받은 지 막 1년이 지났을 때 메누는 영국에 항복했다.

이제 강화 조건에 합의해야 했다. 영국은 승자로서 프랑스가 이집트에서 수집한 모든 노획물을 가질 권리가 있다고 주장했다. 하지만 메누는 로제타석을 자신의 사유물로 간주했다. 그것을 넘겨받은 이후 그는 고집스럽게 그것을 자신의 침대 밑에 넣고 잤다(일부 기록에 따르면 로제타석은 메누의 침대 밑이 아니라 창고 안 그의 소지품 더미 밑에 깔개로 덮인 채 숨겨져 있었다).[5]

영국은 메누가 로제타석을 자기네에게 넘겨야 한다고 주장했다. 메누는 화를 버럭 냈다. 그에게 개인 소지품을 내놓으라고 요구하는 것은 막돼먹은 짓이었다. "세상에 그런 약탈이 어딨나!"[6]

영국 협상단은 미소를 지었다. 메누의 짜증은 "우리를 매우 즐겁게 해주었다"고 그들 가운데 한 사람은 썼다. "약탈과 파괴의 두목에게서 나온" 말이었기 때문이다.[7] 메누는 고집을 부렸다. 그는 영국 총사령관 존 허친슨 중장에게 계속해서 분노의 편지를 보내 자신의 권리를 주장했다.

허친슨은 공손한 답장 속에서 적의를 드러냈다.

내가 아라비아의 필사본과 조각상과 몇몇 수집품 및 골동품을 요구한 것은 오직 당신들이 유럽에서 세운 훌륭한 선례를 따른 것일 뿐입니다. … 프랑스는 전쟁을 벌인 모든 상대국에서 가져갈 만하다고 생각되는 모든 것을 가져갔습니다.[8]

이는 가혹한 말이었지만 사실이었다. 많은 사례 가운데 하나만 들자면, 1797년 프랑스가 이탈리아를 정복한 뒤 유명한 학자인 몽주와 베르톨레가 이탈리아 박물관과 교회를 샅샅이 뒤지며 루브르 박물관을 위해 그림을 수집했다(나폴레옹은 "풍성한 수확"이라고 칭찬하고 거의 "모든 이탈리아의 미술품"이 곧 프랑스로 향할 것이라고 즐겁게 지적했다).[9] 이 학자들의 수집품 상당수가 오늘날까지 여전히 루브르의 르네상스관에 진열되어 있다.

이집트에 있던 프랑스 연구자들도 메누와 마찬가지로 화가 났다. 그들은 지도와 그림을 만들기 위해 위험한 곳들을 이리저리 누볐다. 가까스로 총알을 피하고, 비문을 베끼기 위해 사다리를 기어 올라가고, 무덥고 더러우며 박쥐가 들끓는 무덤 속에서 기어 다녔다.

연구자들이 자기네를 도와달라고 메누에게 탄원했지만, 메누는 그다지 신경 쓰지 않았다. 귀중한 자기네 발견물을 절대 포기할 수 없다고? 저 잘난 체하는 똑똑이들이 내게 해준 게 뭐 있나? 그래도 그는 영국 사령관 허친슨에게 이렇게 편지를 썼다.

내가 방금 들은 바로는 우리 수집자들 중 몇몇이 자기네가 모은 씨, 광물, 새, 나비, 파충류 따위가 어느 배에 실리든 쫓아가서 지켜낼 거랍니다. 그러기 위해 그들이 어디까지 할지는 모르겠습니다. 그들을 누그러뜨릴 만한 제안을 하지 않으면, 그들을 막기 어려울 겁니다.[10]

연구자 세 사람이 직접 자기네 입장을 전하기 위해 허친슨을 찾았다. 동물학자 조프루아 생틸레르가 소리를 질렀다. "당신은 우리에게서 우리의 수집품, 우리의 그림, 우리의 지도, 우리의 성체자 모사본을 빼앗아 갔습니다. 그러나 누가 당신에게 이 모든 것을 열 열쇠를 주겠습니까? … 우리가 없으면 이 물건들은 그저 죽은 언어이고, 당신은 여기서 아무것도 들을 수 없습니다."[11] 허친슨은 꼼짝 않고 듣고만 있었다.

연구자들은 돌아왔다. 이튿날이 되자 생틸레르는 더욱 화가 났다. 그는 허친슨이 보낸 사람에게 이렇게 소리쳤다. "우리 보물을 우리가 태워버리겠어. 당신들은 명성을 원하겠지. 그러나 당신들은 역사가 이것을 기억한다는 사실을 알아야 해. 당신들 역시 알렉산드리아 도서관 하나를 태워버릴 수 있어."[12]

영국은 결국 체면을 약간 구겼다. 연구자들은 자기네 그림과 수집품을 지킬 수 있었다. 대신 영국은 굵직한 것들을 차지하게 됐다. 모두 해서 열일곱 가지, 전체 무게는 50톤이었다. 전리품 가운데는 동물 머리를 한 신들의 조각상[13]과 알렉산드로스 대제의 것으로 생각되는 거대한 석관[14] 등이 포함됐다. 석관은 대중목욕탕으로 쓰이던 알렉산드리아의 한 이슬람 사원에서 발견됐다. 모든 것 가운데 가장 중요한 전리품은 로제타석이었다.

영국 장교 톰킨스 힐그로브 터너가 이 돌을 가지고 영국 해군 함정 레집티엔L'Égyptienne호에 승선해 영국으로 호송했다(이 배는 이름에 나타나듯이 프랑스 배였다. 즉 노획된 전리품이 나포된 배에 실려 새로운 조국으로 갔다는 이야기다). 터너는 드라마의 조연으로서의 자신의 역할을 기꺼워했다. 로제타석은 "방비가 없는 주민들에게서 약탈한 것이 아니라 전쟁의 승리로 명예롭게 습득한 영국 군인의 자랑스러운 전리품"이라고 그는 선언했다.[15]

이렇게 로제타석은 지금 루브르 박물관이 아니라 영국박물관에 자랑스럽게 소장되어 있다. 영국인들이 보기에 소장처로 어느 곳보다 적합한 곳이었다. 이 박물관은 1761년에 이미 나온 사상 첫 안내서에서 자기네 소장품이 "이 나라에 영원한 영광의 기념물"이라고 자랑했다.[16] 이 돌은 그 별처럼 빛나는 소장품에 딱 맞는 기념물이었다.

오늘날 로제타석을 찬찬히 들여다보면 옆면에 쓰인 대문자들을 분명하게 알아볼 수 있다. 왼쪽에는 "1801년 이집트에서 영국 육군이 노획", 오른쪽에는 "국왕 조지 3세 증정"이라고 씌어 있다.[17]

시작부터 로제타석을 보기 위해 대중들이 시끌벅적했다. (그리고 안내원이 보지 않을 때는 만져보려 했다. 영국박물관의 한 이집트학자는 이렇게 말했다. "우리가 수십 년 동안 이 돌이 검은 현무암이라고 말하는 엽서를 발행해왔다는 사실은 박물관으로서 가장 당혹스러운 일 가운데 하나다."[18] 최근에 세척을 거친 뒤 로제타석은 검은색이 아니라 회색이었음이 드러났고, 현무암도 아니었다. 그것은 수없이 많은 사람들의 손때가 합쳐져 보호막 층을 이루었고, 이후 제거됐다.)

정체 모를 돌덩어리에 매혹된 것을 어떻게 설명할 수 있을까? 역사 속 다른 유명한 문서들과 달리(예컨대 영국의 〈대헌장〉이나 〈권리장전〉, 미국 〈독립선언서〉와 달리) 로제타석의 중요성은 거기에 담긴 내용에 있는 것이 아니다. 로제타석을 세계 최고의 반열에 올려놓은 것은 그 내용을 표현한 방식이다.

그리고 아마도 그것이 발견된 방식 때문이기도 할 것이다. 로제타석은 2천 년 이상 시간의 파도에서 떠돌다가 마침내 발견된 병 속에 담긴 궁극적인 메시지다. 그것은 멀리 떨어진 곳의 사람들에게 보내는 메시지로서 의도된 것이 아니었다. 그때 곧바로, 그것이 서 있는 곳에서 읽히도록 하려는 것이었다. 그러나 이집트 문화가 사라지고 수천 년 뒤에 그것이 발견되자 그것은 마치 낯선 세계와 처음으로 대화하려는 것처럼 보였다.

로제타석의 인기는 결코 사그라지지 않았다. 영국박물관 기념품점에 가보면 금세 확인된다. 로제타석을 소재로 한 장신구들이 다른 모든 물건들보다 많이 팔린다. 방문객들은 로제타석 직소퍼즐, 커피잔, 귀고리, 장식용 단추, 휴대전화 케이스, 넥타이, 티셔츠, 앞치마, 놀이용 카드, 초콜릿, 손수건, 마우스패드, 우산, 여행가방 꼬리표를 집으로 가지고 갈 수 있다. 수십 년 동안 로제타석 엽서는 기념품점에서 가장 많이 팔린 상품이었다.

로제타석은 영국박물관의 수백만 점에 이르는 수집품 가운데 여전히 가장 인기 있는 소장품이다. 고전학자 메리 비어드는 이렇게 썼다. "로제타석은 영국박물관 최고의 소장품이다. 루브르 박물관에서 〈모나리자〉가 그런 것처럼 말이다."[19]

일반인에게 로제타석의 명성은 그 자체로 그들을 끌어들이는 매력이다. 19세기에 이를 해독하려던 사람들에게 그 흥분의 근원은 쉽게 설명할 수 있는 것이었다. 이제 곧 성체자는 마침내 그 비밀을 풀어내게 된다.

10

전문가들의 첫 추측

로제타석이 세상에 알려지기 전에도 성체자는 매우 매혹적인 대상이어서 학자들은 그것을 연구하는 데 수십 년의 생애를 쏟곤 했다. 이 끝없는 암중모색은 기껏해야 여기저기서 불꽃을 일으키는 정도였다.

1798년, 이집트 및 언어학의 권위자인 외르겐 소에가는 평생 이집트 문자를 연구해 알아낸 모든 것을 요약한 700쪽짜리 벽돌책을 출판했다. 그는 이 대작에서 실망스러운 어조로 자신이 성체자 해독에서 겨우 걸음마를 탔을 뿐이라고 말했다. 그렇지만 그는 자신이 어느 누구에 못지않은 일을 했다고 자랑스럽게 덧붙였다. 그리고 1년 뒤에 로제타석이 발견되었다.

덴마크인인 소에가는 면밀한 학자였다. 이집트학은 그 초기부터 거의 모든 것이 추측인 분야였고, 확고한 사실은 거의 없었다. 소에가는 정답 맞히기 놀이를 하지 않았다. 성체자에 대해 갈피를 잡을 수 없었던 그는 자신이 할 수 있는 최선의 일을 했다. 그것을 분류하는 일이었다.

그가 계산한 부호의 수는 958가지였다.[1] 여러 가지 새들이 있었고, 곤충, 사람, 사람과 동물의 합성, 초목, 연장, 추상적인 모양이 있었다. 이것은 훌륭하고 공들인 작업이었다. 그러나 그것은 가슴 아프게도 빈약한 작업이었다. 이 박식한 학자는 방대한 우표 수집품을 이해해보려고 애쓰는 무식쟁이 노릇을 하는 수밖에 도리가 없었다. 붉은 것도 있고 푸른 것도 있었으며, 사람 모습도 있고 동물도 있었다. 그러나 이게 뭣들이지?

소에가가 진정한 통찰 몇 가지를 이루어내긴 했다. 예컨대 성체자 글이 오른쪽에서 왼쪽으로 진행될 수도 있고 왼쪽에서 오른쪽으로 진행될 수도 있는데, 그림들의 방향을 보면 특정 행이 어디서 시작되는지 알 수 있음을 그는 발견했다. 옆모습(새든 고양이든 사람이든)이 그려진 성체자는 언제나 행의 시작 쪽을 향하고 있는 것이다. (해독자들은 그러한 추측을 다양한 방식으로 검증할 수 있다. 예를 들어 글의 왼쪽 가장자리가 정연하고 일정하지만 오른쪽 가장자리는 제멋대로 줄어들거나 늘어난다면 글은 왼쪽에서 오른쪽으로 진행될 것이다. 이는 특별히 탐지하기 어려운 작업은 아니지만, 이 시작 단계가 없으면 language(언어)라는 단어를 해독하려고 하는지 그것을 거꾸로 한 egaugnal이라는 단어를 해독하려고 하는지부터 막힌다.)

소에가는 또한 성체자 부호가 어떤 이야기를 하고 있음을 발견했다. 어떤 종류의 문자 체계가 958개의 서로 다른 부호를 사용할까? 각 부호가 하나의 단어를 나타낸다면 이 숫자는 너무 적다. 어떤 언어도 1천 개 이하의 단어로 유지될 수 없다(웬만한 다섯 살짜리 아이도 1만 단어를 안다).[2] 그러나 각 성체자가 모두 하나의 문자라면 이 숫자는 너무 많다. 자모의 수는 보통 수십 개이며, 수백 개가 되는 경우는 없

성체자 글은 왼쪽에서 오른쪽으로 진행될 수도 있고, 오른쪽에서 왼쪽으로 진행될 수도 있다(이 사례와 로제타석이 그런 경우다). 옆모습이 있는 그림은 언제나 행이 시작되는 쪽을 향하고 있다.

다. 너무 많으면 복잡하고 거추장스러울 것이다.

소에가는 성체자가 어떤 식의 합성 체계일 수밖에 없다고 결론지었다. 그림은 때로 단어를 나타내고 때로 문자나 음절이나 음운을 나타낼 것이다. 그것은 훌륭한 추측이었다. 그러나 그는 훨씬 앞을 내다보고 포기했다. 소에가는 이렇게 썼다. "추가적인 목표는 후진들을 믿고 남겨놓는 것이 최선이라고 나는 생각한다."

그는 한 가지 희미한 희망을 갖고 있었다. 언젠가 미래에 이루어질 일이었다. "이집트에서 볼 수 있는 많은 고대 유적들이 제대로 탐구되고 공개된다면 아마도 성체자 읽는 법을 터득할 수 있을 것이다."[3]

그 미래는 1년 뒤에 왔다. 소에가는 로제타석의 내용을 볼 수 없었다. 본 것은 돌 자체뿐이었다. 그는 1800년, 낙담하며 한 지인에게 이렇게 편지를 썼다. "그 정확한 사본을 얻는다면 내게 매우 귀중할 텐데, 지금 상황으로는 그걸 입수할 방법이 없소."[4]

문제는 전쟁이었다. 유럽은 프랑스혁명 직후부터 줄곧 격랑에 싸여 있었다. 유럽의 군주들이 한데 뭉쳐 프랑스와 싸웠다. 한 나라 사람들이 봉기해 왕의 머리를 베면 다른 나라 왕들의 머리 역시 위험해진다는 두려움 때문이었다. 전쟁의 불길은 1790년대부터 타올랐다가 사그라들기를 반복하며 20여 년 동안 이어졌다. 평화가 온 것은 1815년 나폴레옹이 워털루에서 패배한 뒤였다. 나폴레옹전쟁이 끝날 때까지 사망자 총수는 400만 명에 달했다. 군인이 300만, 민간인이 100만 명이었다.[5]

그런 상황에서 어떤 수준이든 국제적 협력이 있었다면 그 자체로 놀라운 것이었다. 기록은 놀랄 만큼 좋았다. 소에가 같은 일부 학자들에게는 닿지 않았지만 로제타석 사본이 많은 학자들에게 전해졌다. 이집트에 있던 프랑스 연구자들이 앞장을 섰다. 그들은 이 돌을 손에 넣자마자 이를 모사하기 위해 여러 가지 즉흥적인 방법을 썼다. 1800년에 이미 파리의 학자들은 비문 검토 작업에 나섰다.

1802년 로제타석이 런던에 도착하자 호고가협회好古家協會, SAL라는 단체가 모사 작업을 맡았다. 몇 달 안에 이들은 이 돌의 회반죽 모형을 옥스퍼드, 케임브리지, 에딘버러, 더블린의 언어학자들에게 보냈고, 비문 사본을 파리, 로마, 베를린, 네덜란드, 스웨덴, 필라델피아 등에 보냈다.[6]

이 처음 시기에 해독 지망자들은 두 가지 문제에 맞닥뜨렸다. 첫째는 그들이 로제타석 비문을 볼 수 있다 해도 그 열네 줄의 성체자가 그들이 필요로 하는 모든 단서를 제공해줄 것 같지 않다는 점이었다. 문자 해독자와 암호 해독자가 우연한 것에서 패턴을 이야기하려면 많은 자료가 필요하다. 예를 들어 전쟁 시 첩자들은 어떤 메시지에서 'xyyxjb'가 attack(공격)을 나타낸 것이라고 추측할 수 있다(t가 겹쳐 나오고 x가 a에 맞는 자리에 들어갔기 때문이다). 그러나 google(구글)이나

effect(효과)일 수도 있다. 가로챈 메시지가 더 없다면 결코 알 수 없을 것이다.

제아무리 직감이 좋고 경험이 풍부하며 조예가 깊은 해독자라 해도, 곰팡내 나는 무덤과 반쯤 파묻힌 신전에서 비문을 가져다주는 고고학자와 탐험가가 없다면 일을 시작조차 할 수 없다. 이것이 특이한 협력 관계로 이어진다. 퍼즐 만들기의 대가 윌리엄 쇼츠가 허구의 고고학자 인디애나 존스와 만나는 것이다.

사례 부족이 문자 해독의 걸림돌이 되는 예로 라파누이섬에서만 발견된 문자 형태가 있다. 그 문자의 남아 있는 '텍스트'는 20여 개밖에 되지 않는다. '롱고롱고'(이 이름은 현지 언어로 대략 '암송'이라는 뜻이다)라 불리는 이 문자는 매력적이지만 수수께끼에 싸여 있다. 이 문자는 새와 꽃들이 납작해져 책갈피 속에 들어가 있는 듯한 모습이다.

19세기까지 이 문자는 대체로 나무토막 같은 곳에 많이 새겨져 있었다. 그러나 이후 노예사냥을 하는 습격자들과 여러 재해들로 인해 라파누이섬이 텅 비다시피 하면서 롱고롱고를 어떻게 읽는지에 대한 모든 지식이 사라졌다. 글이 적힌 나무들은 거의 불을 피우는 데 쓰

롱고롱고 문자 새김글.

였다. 이후 버림받은 학자들은 남아 있는 얼마 안 되는 유물들만 파고 있을 수밖에 없었다. 예컨대 오래전에 사람의 등에서 모사한 문신이나 인간의 두개골에 새겨진 일련의 문자 같은 것들이다.[7]

로제타석은 애처롭게도 적은 수의 성체자로 이루어졌다. 윗부분이 깨졌기 때문이다. (다른 두 부분의 길이로 판단하건대, 성체자 새김글의 절반 정도가 잘려나간 듯하다. 토머스 영은 1818년 한 이집트 탐험가에게 편지를 보내 사라진 부분을 찾아달라고 사정했다. "그것은 이집트를 연구하는 고고학자에게는 그만한 양의 다이아몬드에 맞먹을 가치가 있을 것입니다."[8] 하지만 사라진 부분은 발견되지 않았다.)

나폴레옹 시대에 여행과 소통이 단절되자 학자들은 먼 도시에 있는 파피루스 문서나 성체자 문서를 모사한 여행자의 그림들, 새김글이 들어 있는 수집가들의 조각상과 조각 작품들을 이용할 수 없었다. 그들은 얼마 되지 않는 불가사의한 새김글을 거듭해서 끝없이 바라보는 것 외에는 할 수 있는 일이 별로 없었다.

초기 해독자들이 직면한 두 번째 문제는 속체자에 시선이 끌린 것이었다. 이 돌의 낯선 두 문자를 마주한 그들은 우선 하나를 골라 들었다. 비문 하나는 깨져서 불완전하며 낯선 모습이었고, 다른 하나는 거의 완전했고 '정상적'인 문자처럼 보였다. 앞의 것은 성체자였고, 뒤의 것은 중간 부분의 이른바 속체자였다.

일반적으로 정상 문자는 자모를 기반으로 하기 때문에 처음 해야 할 일은 속체자의 자모를 알아내는 것이었다. 그것은 좋은 생각으로 보였다. 그러나 그것은 사실 출발선에서 곧바로 도랑으로 뛰어내린

신의 기록

셈이었다.

나중에 보니 속체자는 탐색을 시작할 때가 아니라 마무리할 즈음에 들여다봐야 할 것이었다. 수년간 열심히 연구한 결과 그것은 성체자를 바탕으로 간략히 써서 빨리 쓸 수 있도록 만든 간체자임이 드러났다. 물론 훨씬 더 추상적이고 이해하기 어려웠다.

성체자는 그림이다. 그 상당수는 세심한 주의를 기울여 만들었다. 그 그림들은 간략화되었지만 아직 알아볼 수 있는 형태로 진화했다가, 다시 속체자의 선과 사선 형태로 이어졌다. 속체자에서는 본래의 모습을 거의 알아볼 수 없다.

처음으로 로제타석 해독에 나선 학자는 파리의 아라비아어 교수였던 실베스트르 드사시라는 프랑스 언어학자였다. 드사시는 속체자 비문에서 고유명사를 찾는 것으로 연구를 시작했다. 그는 그리스어 텍스트에서 프톨레마이오스를 거듭거듭 언급했음을 알고 있었다. 모두 해서 열한 번이었다. 그렇다면 첫 단계는 속체자에서 여러 차례, 대략 바른 위치에 나타나는 부호의 연쇄를 찾는 것이었다(횟수는 정확히 일치하지 않을 수 있었다. 속체자에서 프톨레마이오스를 때로 '왕'이나 다른 비슷한 방식으로 언급할 수 있기 때문이다). '알렉산드로스' 같은 다른 이름들에 대해서도 이와 같은 작업을 할 수 있다.

드사시는 자신이 찾던 조합을 발견했다. 여기까지는 아주 좋았다. 하지만 거기까지였다. 그리스어 글쓰기가 자모를 바탕으로 한 것임을 알고 있던 드사시는 그리스어로 된 이름들을 이집트어 글의 부호 연쇄와 짝짓고자 했다. 두 이름의 문자 수는 서로 거의 들어맞았다.

이것은 우연의 일치였지만 드사시는 그것을 알지 못했다. 고대 이집트의 글이 고대 그리스의 글과 마찬가지로 자모를 이용해 쓰였다고 결론짓는 것이 자연스러울 수밖에 없었다.

그런 뒤에 그는 이름을 지나 그리스어 비문에서 자주 나타나는 단어('신'이나 '왕' 같은)로 관심을 돌리고 속체자에서 여러 번 나타나는 문자열과 짝지어보려 했다. 그는 잠정적으로 그리스어의 특정 문자에 상응하는 특정 속체자 문자로 가상의 자모를 상정했다.

드사시의 접근법은 진지하고 체계적이었지만, 결국 실패할 수밖에 없었다. 속체자는 사실 자모가 아니었기 때문이다. 1802년, 그는 포기했다. 그는 낙담한 채 이렇게 말했다. "내가 처음에 품었던 희망은 실현되지 않았다."⁹

스웨덴의 외교관 요한 오케르블라드라는 사람이 다음 타자로 나섰다. 오케르블라드는 드사시의 제자였고, 고대 언어의 권위자였다. 그는 자신의 스승과 같은 전략을 택했다. 그리스어 이름들을 속체자 문자열과 짝지어본 뒤에 일반 단어들을 짝짓는 일로 옮겨간 것이다. 인내심 덕분이었는지 단순한 행운이었는지 그는 조합을 찾는 데서 드사시보다 나은 진척을 보였다.

역설적으로 오케르블라드의 성공은 그를 실패에 빠뜨렸다. 그것이 속체자가 자모로 이루어져 있다는 그의 잘못된 믿음을 강화시켰기 때문이다. (나중에 결국 속체자는 혼성이라는 것이 드러나게 된다. 'I ♡ NY(나는 뉴욕을 사랑해요)' 같은 식이지만 보다 복잡했다. 일부 부호는 실제로 문자 역할을 했지만 일부는 그렇지 않았다. 드사시와 오케르블라드가 저지른 잘못은 ♡를 그것과 어렴풋이 비슷한 문자—M이나 V 같은—라고 추측하는 것과 같았다.)

곧 오케르블라드 역시 포기했다. 십수 년에 걸쳐 다른 모든 사람들도 마찬가지였다. 전쟁으로 막히고 돌의 수수께끼에 방해를 받은 유럽의 언어학자들은 교착 상태에 빠졌다. "이 주제에 관한 마지막 통신이 이루어진 지 7년이 지났다." 한 학자는 1812년 절망에 빠져 이렇게 썼다. 그는 어떠한 진전이라도 "기대할 아무런 이유가 없다"고 보았다.[10]

역설적이게도 그릇된 출발과 깨진 희망의 시기와 맞물려 이집트의 모든 것에 대한 열광의 물결이 넘실거리고 있었다. 좌절에 빠진 학자들의 샐쭉함은 그 물결을 저지할 수 없었다. 건축, 패션, 심지어 머리 모양까지도 새로운 열풍에 따라 변모했다. 한 영국 작가는 1807년 이렇게 불평했다.

지금 모든 것이 이집트화한 듯하다. 여자들은 악어 장식품을 매달고, 사람들은 미라가 빙 둘러 매달린 방에서 스핑크스 위에 앉아 있고, 길고 검은, 가는 팔과 긴 코의 성체자의 사람이 아이들이 잠자러 가기 무섭게 만들기에 충분하다.[11]

나폴레옹의 연구자들이 그 흥분을 상당 부분 자극했다. 그들의 이야기와 그림과 약탈품이 역할을 했다. 대중의 집착은 19세기 초반 수십 년 동안 더욱 커졌다. 당시까지 출판된 것들 가운데 가장 상세하고 가장 잘 만들어진 총서가 박차를 가한 측면도 있었다. 이집트에서 돌아온 프랑스 연구자들이 《이집트 이야기Description de l'Égypte》라는 제목으로 만들어낸 이 총서는 그 연구자들이 알아낸 모든 것을 담고자 했다. 거대 사업들이 으레 그렇듯 이것은 계획보다 여러 해 늦춰졌다. 그 마지막 권은 1828년에야 나와 20년쯤 늦었다. 그 이전의 책들은 준비되는 대로 찔끔찔끔 출간됐다.

오늘날까지도 이 방대한 총서의 범위와 야망에 필적할 만한 책은 별로 없다(나폴레옹은 정부에서 그 제작비를 부담하도록 승인했다). 수천 개의 판화가 폭 약 90센티미터, 높이 약 60센티미터 크기의 거대한 판면에 펼쳐져 있었다. 두 권의 지도가 글·그림으로 된 열 권과 함께 나왔다.

구매자들은 이 작품을 넣도록 특별히 만든 서랍장을 함께 살 수도 있었다. 그림으로 된 책들을 넣는 좁은 선반이 있고, 글로 된 책은 세로로 된 칸에 넣도록 했으며, 윗부분은 진열용 고리가 되도록 조절할 수 있었다. 조각가가 서랍장 제작자와 함께 일하면서 이 서랍장에 이집트풍으로 신전 기둥과 연꽃 등 장식을 새겨넣었다.[12]

그러나 로제타석의 경우, 《이집트 이야기》 편집자들은 그들이 이 이야기를 함께 팔리도록 할 수 없었다고 고백했다. 그들은 "경건한 주의력으로" 돌의 비문을 복제했으나, 그 의미에는 힘이 미치지 못했다.[13] 편집자들은 대신에 여러 가지 정밀한 측정 결과로 때웠다. "돌은 검은색 화강암이다. 두께는 평균 0.27미터이며, 아랫부분의 폭은 0.735미터다."[14] 이는 사실이었지만 변죽만 울리는 것이었다. 전기 작가가 에이브러햄 링컨의 역사 속 위치를 평가하면서 그의 정장 사이즈가 48이라고 이야기하는 것이나 마찬가지다.

몇 년 전 스스로 로제타석에 졌다고 선언했던 스웨덴의 언어학자 오케르블라드가 다시 발언에 나섰다. 그는 자신이 두 가지 수수께끼 때문에 헤맸다고 말했다. 첫 번째는 로제타석 자체였고, 두 번째는 왜 모든 사람이 그 해독을 포기했느냐였다. 오케르블라드는 이렇게 말했다. "이 로제타의 기념물은 처음 발견됐을 때 유럽 전역의 모든 학자들에게서 관심을 끌었다. (그러나 그 이후 그것은) 상상할 수 없을 정도로 방치돼버렸다."[15]

자신이 헤맸음을 고백한 것은 예의 바른 행동이었다. 오케르블라드는 자신의 실패(그리고 드사시의 실패)가 다른 비중이 덜한 사람들에게 겁을 주었으리라는 점을 잘 알고 있었다. 학자들은 보통 체질적으로 무대 중앙에 서는 것을 불편해한다. 그것은 먼지 나는 기록보관소에서 홀로 조용히 죽은 언어를 해독하는 일을 직업으로 삼겠다고 선택한 전문가들에게는 더욱더 진실이다. 로제타석의 수수께끼에서 돌파구를 찾는 것 역시 주목을 요구하는 일이었을 것이다. 대개의 학자들은 잠깐 쳐다보고 깜짝 놀라 침을 삼키며 재빨리 익숙한 곳으로 돌아갔다.

그러나 오케르블라드가 한탄했던 그 1814년에 방치의 시기가 끝나게 된다. 전문적인 언어학자들이 옆줄 밖으로 물러선 가운데 이 분야는 비전공자들에게 문이 열렸다. 이제 두 천재가 등장할 때가 되었다.

11

두 천재 경쟁자

우리 이야기의 두 주인공은 언어에 재능이 있는 천재라는 점 외에는
공통점이 거의 없었다. 심지어 그들의 천재성도 극명하게 다른 형태
였다. 토머스 영은 역사상 가장 광범위한 학자 가운데 하나였다. 어
느 분야의 어떤 문제에 대해서도 열심히 달려들었다. 장프랑수아 샹
폴리옹은 완전히 외골수였다. 이집트 이외의 어떤 주제에 대해서도
눈을 돌리려 하지 않았다.

영과 샹폴리옹은 모두 일찌감치 언어적인 재능을 드러냈다(샹폴리
옹이 영보다 열일곱 살 어리다). 그들은 십대에 이미 열거하기에도 벅찰
정도로 너무나 많은 언어들을 섭렵했다. 그리스어와 라틴어를 필두
로 해서 아라비아어, 히브리어, 페르시아어, 칼다이아어, 시리아어
등을 천착했다.

다른 사람들이라면 거의 모두 고된 노동이라고 생각했을 것이 이
놀라운 소년들에게는 놀이처럼 보였다. 영은 열세 살 때 어떤 책 속
에서 서로 다른 100가지 언어로 〈주기도문〉이 실려 있는 것을 보았

다. 그는 그 낯선 소용돌이와 고리 모양을 들여다보고 비교하며 "특별한 즐거움"을 느꼈다고 어른이 된 뒤 회상했다.●¹ 샹폴리옹은 열네 살 때 외롭고 불안함을 느낀 적이 있는데, 형에게 중국어 문법책을 보내달라고 부탁했다. 머리를 식히기 위해서였다.

둘 다 유복한 환경은 아니었으며, 샹폴리옹은 평생 돈에 쪼들리며 살았다. 그의 부모는 서로 어울리지 않는 조합이었다.² 아버지는 서적상이었고 어머니는 읽고 쓸 줄 몰랐다. 샹폴리옹의 고향은 피작이라 불리는 프랑스 서남부 오지였다. 샹폴리옹은 어린 시절 처형장 부근에서 살았다. 혁명 기간 동안 난폭한 군중은 마을 광장에 모여 단두대의 칼날이 새로운 희생자를 향해 떨어질 때 환호하며 지지를 보냈다. 으르렁거리는 군중의 외침이 갓난아기의 귀를 가득 채웠다.

영의 집은 그저 조금 더 나았다. 그는 자전적 에세이에서 자신의 부모가 "중류층 이하"였다고 말했다.³ 그는 10남매의 맏이였다. 그런데 상황이 일변했다. 영이 대학에 다닐 때 종조부가 죽으면서 런던에 있는 집과 1만 파운드(현재 가액으로 대략 20억 원)의 유산을 그에게 남긴 것이다.⁴ 의사로서의 수입에 이 행운이 더해져 영은 나머지 일생 동안 돈에 대한 걱정으로부터 자유로웠다.

영과 샹폴리옹은 소득만큼이나 성격에서도 차이가 있었다. 영은 매우 차분한 사람이어서 그의 죽마고우는 그가 화를 내는 것을 본 적이 없다며 혀를 내둘렀다. 샹폴리옹은 낭만주의 시대의 완벽한 주인

● 영은 학창 시절 이래로 독서 일기를 썼다. 그는 흔히 라틴어로 썼고, 그리스·프랑스·이탈리아 작가들의 글을 읽을 때는 각기 그 언어로 썼다.

토머스 영(왼쪽)과 장프랑수아 샹폴리옹(오른쪽).

공이었다. 도취에 빠져 쉽게 폭발하고 침울한 분위기였던 그는(어린 시절부터 자주 기절했다) 절차적인 지체의 기미가 약간만 있어도 반항적인 분노를 터뜨렸다. 그의 기분에 따라 매일매일의 사건은 역사적인 성공이 되기도 하고 재앙이 되기도 했다.

영은 풍자적이고 절제된 표현을 하며, 눈썹을 추켜올리고, 익살스럽게 팔꿈치로 쿡 찌르는 사람이었다. 자랑하는 모습은 별로 보이지 않았지만, 느리고 서투른 연구자들의 부지런히 애쓰는 모습에 종종 멸시의 시선을 보냈다. 샹폴리옹의 성격은 완전히 직설적이었다. 그는 "열중하는 것만이 삶"이라고 단언했으며, 자신의 신념을 지켰다.[5] 영은 이집트에 관한 연구자들의 기록을 읽으며 "우스꽝스러운 신"과 "미신적인 의례"에 고개를 저었다.[6] 샹폴리옹은 파라오들이 만들어낸 기적을 생각하며, 고대 이집트인과 비교할 때 "우리 유럽인들은 그저 난쟁이 나라 사람들"이라고 단언했다.[7]

샹폴리옹은 정치적으로 좌파 쪽으로 기울어 있었고(영은 정치에 훨씬 관심이 적었다) 군주제와 교회에 대해 열렬하게 반대했다(그는 "마지막 왕이 마지막 성직자의 내장으로 교살되는 날"이 행복한 날이라고 한 디드로의 말에 동의했다). 파라오들만큼 제멋대로였던 왕은 없고 이집트 성직자들만큼 권력을 장악한 사제도 없었다고 생각하면서도, 샹폴리옹의 흥미는 식지 않았다. 이집트는 모델이 아니었다. 그것은 경이였다. 그것은 화려하고 기묘하고 이국적인 모든 것이 자연적으로 모여 있는 곳이었다.

샹폴리옹은 어린 시절부터 헤로도토스의 책에 나오는 것과 같은 뒤죽박죽인 나라들에 대한 기록에 열광했다. 빵 만드는 사람이 손이 아니라 발로 반죽을 치대고,[8] 반려 고양이가 죽으면 애도자들이 눈썹을 밀고,[9] 악어를 반려동물로 길러 귀고리로 장식하고 순금으로 만든 팔찌를 채우는[10] 그런 나라들 말이다.

샹폴리옹과 영의 가장 가까운 사람들을 보면 그들의 대조적인 성격이 더욱 두드러진다. 샹폴리옹의 형은 그의 평생 동지였고, 처음에는 그의 지적 스승이었다. 두 사람은 대부분의 시간 동안 근처에 살았고, 간혹 떨어져 있을 때는 많은 편지를 나누었다. 샹폴리옹의 사랑과 감사의 마음이 지면에 뚝뚝 묻어난다. 그는 1818년 불행을 겪고 또다시 도움을 받은 뒤 형에게 이렇게 썼다.

형은 형과 내가 하나임을 오래전부터 보여주었어. 난 우리가 결코 나뉠 수 없음을 가슴으로 느껴.[11]

신의 기록

영은 결코 감정을 분출시키지 않았다. 예컨대 그는 아내에게 매우 헌신적이었지만, 자서전(삼인칭 시점으로 썼다)을 쓸 때 자신의 결혼에 대해 한 줄로 넘어갔다.

1804년 그는 엘리자 맥스웰 양과 결혼했다. 캐번디시스퀘어의 준▶기사 J. P. 맥스웰의 둘째 딸이다.[12]

두 사람은 자기네의 해독 작업이 성공하려면 많은 성체자 문서가 필요하다는 것을 일찌감치 알았다. 그러나 여기서도 그들의 접근법은 완전히 달랐다. 샹폴리옹은 이집트에 가기를 열망했다. 그 엄청난 나라의 경이를 직접 보고자 한 것이다. 직접 비문을 모사하고 직접 자료를 수집하는 것보다 나은 방법이 어디 있는가? 반면 영은 그런 고생을 하는 데 전혀 흥미가 없었다. 그냥 "이집트로 달려갈 가난한 이탈리아인이나 몰타인 몇 명"을 고용하면 되지 않는가?[13]

샹폴리옹은 늘 서둘렀다. 자기 분야에서 빈둥거리는 것 외에 더 큰 인생의 즐거움을 알지 못하는 숙맥들에게 언제나 화가 치밀었다(어쩌면 건강이 좋지 않았기 때문에 평생 이렇게 절박감을 느꼈는지도 모른다). 그는 '가치가 있는 일은 무리할 가치가 있다'는 격언을 열렬하게 믿었다. 그는 지방 소도시의 입에 풀칠이나 하고 사는 부모에게서 태어났지만 열아홉 살에 대학 교수가 됐다. 한 전기 작가는 이렇게 감탄했다. "그는 화살과도 같이 어둠 속에서 빛 속으로 튀어나왔다."[14]

영은 마찬가지로 야심찼지만 언제나 그가 한없이 많은 시간을 가지고 있다는 인상을 주었다. 아마도 그는 실제로 그랬을 것이다. 영은 1814년 여름 처음으로 이집트와 성체자에 대해 생각하기 시작했다. 그때 이미 그는 과학과 의학 분야에서 눈부신 이력을 쌓아놓고 있었다. 당시 마흔한 살이었다. 나중에 샹폴리옹이 죽을 때의 나이다.

토머스 영의 차가운 외관은 뜨거운 가슴을 숨기고 있었다. 그는 목소리를 높이는 법이 없었지만, 그것은 기질이라기보다는 표현 방식이었다. 그는 한 친구에게 "과학 연구는 일종의 전투"라고 털어놓은 바 있다. 적진에는 "당대의 모든 사람들과 이전 시대 사람들"이 있다. 영은 퀘이커교도 가정에서 자랐지만 자신이 적을 이기는 데서 즐거움을 느꼈음을 인정했다. "알다시피 이 모든 것이 나를 살아 있게 만들어."[15]

샹폴리옹 역시 경쟁을 즐겼고, 그는 자신이 싸움을 즐기는 일에 관해 영처럼 수줍어하지 않았다. 그의 전기를 쓴 장 라쿠튀르는 이렇게 평가했다. 샹폴리옹은 "독기를 품은 논객이었다. 때로 독사 같은 완강한 논쟁자였고, 편협했다."[16] 샹폴리옹은 적과 충돌한 후 이런 말을 자주 했다. "다행히 내겐 부리와 발톱이 있어."[17]

샹폴리옹은 십대에 들어서면서 그의 가공할 재능을 이집트에만 집중시켰다. (그의 형 또한 이집트와 로제타석에 열정을 가진 언어학도였다.) 흥미는 집착으로 바뀌었다. 샹폴리옹은 열여섯의 나이에 고대 이집트 지명에 관한 자신의 첫 논문을 발표했다. 그의 생각은 도시와 강을 비롯한 지형지물의 이름이 고대 이집트어에 대한 실마리를 제공하리라는 것이었다. 이름은 아주 서서히 변하는 것이기 때문이다. (샹폴리옹의 전략은 아메리카 원주민 언어의 편린을 찾기 위해 '매사추세츠'나 '미네소

타' 같은 이름들에 관심을 갖는 현대 언어학자들의 그것과 비슷하다.)

이 십대는 한 학회에서 자신의 연구 결과에 관해 강의했다. 그는 청중들에게 자신이 언젠가 성체자를 해독할 것이라고 말하면서 강의의 대미를 장식했다.[18] 열여덟 살에 그는 콥트어를 열심히 공부하기 시작했다. 이것은 파라오 시대 이집트의 언어(그 언어는 사어가 되어 잊혔다)가 아니라 그 후대에 나온 것이었다. 콥트어는 이집트의 언어로서 수명이 길지 않았지만, 이전 언어의 여러 특징들을 물려받았으리라고 추측한 것이었다.

콥트어의 전성기는 3세기 무렵부터 642년 아라비아가 이집트를 정복한 때까지다. 이후 수백 년 사이에 이슬람교가 기독교를 밀어내고 아라비아어는 콥트어를 밀어냈다. 1677년, 한 독일 여행가는 자신이 이집트 남부의 한 마을에서 살아 있는 마지막 콥트어 사용자를 만났다고 주장했다.●[19]

그러나 죽은 언어는 우리 이야기에서 결정적인 역할을 할 것이며, 잠시 멈춰서 그것을 살펴볼 필요가 있다.

로제타석이 발견되었을 때 콥트어는 고대 이집트어와 마찬가지로 거의 완전히 사라졌다. 다만 소수의 학자들이 아직 그것을 읽을 수 있었고, 이집트의 콥트 기독교 교회에서 공식 언어로 남아 있었다(오

● 요한 판슬렙은 이집트 전역을 널리 여행했지만, 그의 목격담을 너무 많이 믿으면 안 된다. 예컨대 그는 "너무 강해서 사람을 공중으로 붙잡고 올라간다"고 전해진다는 새에 대해 이야기했고, 악어가 배를 맞대고 짝짓기하는 것을 매우 상세하게 설명했다. (악어는 눕혀지면 뒤집을 수 없지만, 그들이 사나우면서도 기사도 정신이 있기 때문에 문제가 생기지는 않는다고 판슬렙은 썼다. "수컷은 할 일을 마치면 암컷을 다시 돌려놓는 데 주의를 기울인다. 사냥꾼에게 잡혀서는 안 되기 때문이다."[20])

늘날까지 그것은 콥트 교회에서 들을 수 있다. 가톨릭 교회에서 라틴어를 들을 수 있는 것과 마찬가지다).

이집트의 비밀을 탐사하는 어떤 방법에 목말라 있는 해독자에게 중요한 문제는 콥트어가 고대 이집트어에서 유래한 것이냐, 아니면 단순히 그를 대체한 것이냐였다. 샹폴리옹은 온 마음으로 전자를 받아들이고 이 사라진 언어 연구에 뛰어들었다. 이를 통해 자신이 진짜 목표인 이집트어에 더 가까이 다가설 것이라고 열렬하게 믿은 것이다.

콥트어는 이집트어와 구별되는 결정적인 특징이 있었다. 성체자가 아니라 그리스 자모로 쓰였다는 것이다(다만 그리스어에 없는 발음을 표기하기 위해 여섯 개의 문자가 더해졌다). 이에 따라 콥트어는 그리스어처럼 보이고, 게다가 많은 수의 그리스 단어를 포함하고 있다. 그래서 대다수 학자들은 (콥트어와 이집트어가 아니라) 콥트어와 그리스어가 친족이라고 생각했다.[21] 샹폴리옹에게는 반대 의견을 공유하고 있는 오케르블라드나 드사시 같은 사람들이 있긴 했지만, 분명 소수 세력이었다.

콥트어는 그리스 문자로 쓰였기 때문에 그것을 읽는 방법이 잊힌 것은 결코 아니었다. 나중에 그것은 결정적인 요소임이 드러났다. 샹폴리옹의 추측이 맞았던 것이다. 콥트어는 정말로 이집트어에서 나온 것이었고, 그것은 그 고대 언어로 건너갈 수 있는 다리를 제공했다. 그러나 영과 샹폴리옹이 등장하던 시기에 서방에는 콥트어 문헌이 조금밖에 없었다. 대담한 소수의 수집가와 여행가가 없었으면 그마저도 없을 뻔했다.

아마도 가장 중요한 수집가는 이탈리아 귀족 피에트로 델라발레였을 것이다.[22] 그는 1614년 서아시아로 여행을 떠났다. 상처받은 마음을 추스르려는 것이었는데(그는 사랑하는 사람과 이별한 뒤 선택지가 두 가지로 좁혀졌다. 여행하거나 자살하거나) 결과적으로 여러 해에 걸치는 여행이 됐다. 작곡가로 훈련받은 델라발레는 특이하고도 놀라운 삶을 살았다. 그는 그곳에서 바빌론 유적을 찾아낸 근대의 첫 방문자였고, 쐐기문자가 새겨진 점토판을 유럽으로 처음 가져온 사람이었다.[23]

그는 1615년 바그다드에서 싯티 마아니라는 젊은 여성과 사랑에 빠졌다. 얼마 지나지 않아 이 젊은 부부는 이집트를 여행했고, 델라발레는 거기서 콥트어 기록 사례를 몇 개 발견했다. 그는 자신이 새로운 언어와 새로운 문자를 발견했으며, 콥트어 자모가 성체자만큼이나 오래된 것이라고 결론지었다(둘 다 사실이 아니다). 이런 헛된 기대로 그는 콥트어 필사본 몇 점을 구입했다.

1621년에 싯티 마아니가 아이를 낳다가 죽었다. 상심에 빠진 델라발레는 마아니의 시신을 직접 로마로 운구해 이미 정해놓은 묘지에 묻어주겠다고 맹세했다. 그는 특별하게 디자인된 밀봉 관을 주문했다. 그런 뒤에 그는 이후 5년에 걸쳐 고국으로 돌아가는 방랑길에 올랐다. 아내의 시신과 그가 이집트에서 산 두 구의 미라, 그리고 콥트어 필사본들을 가지고서였다.[24]

그 필사본 가운데는 콥트어-아라비아어 사전과 콥트어 문법책(아라비아어로 쓰였다)도 있었다. 이 수집품들은 결국 로마의 바티칸 도서관으로 갔다. 이 곰팡내 나는 책들의 정보가 없었다면 로제타석은 그 비밀을 드러내지 않았을 것이다.

샹폴리옹은 자신의 해독 작업에 콥트어가 결정적임을 전혀 의심하지 않았던 듯하다. 그는 열여덟 살 때 흥분해서 형에게 이렇게 썼다.

난 완전히 콥트어에 빠져 있어. … 나는 이집트어를 우리 프랑스어처럼 알고 싶어. 이집트 파피루스에 관한 내 거대한 작업이 그 언어를 바탕으로 할 거니까.[25]

그는 거의 곧바로 형에게 편지 하나를 더 보냈다.

난 콥트어로만 꿈을 꿔. … 머리에 떠오르는 모든 것을 콥트어로 번역할 지경이야. 콥트어로 혼잣말도 많이 해. 콥트어로 말하면 아무도 내 말을 알아듣지 못하거든.[26]

샹폴리옹은 콥트 교회의 사제 한 사람을 사귀었고, 그 사제가 그의 콥트어 학습을 도와주었다. 그가 무엇보다 좋아한 것은 콥트 교회에 나가 미사 소리를 만끽하는 것이었다.[27] 그는 자신이 경쟁자들보다 앞서가고 있다고 즐겁게 말했다. 그는 믿을 만한 데서 "오케르블라드는 콥트어를 별로 알지 못한다"라는 말을 들었다.

샹폴리옹의 콥트어에 관한 작업은 대부분 파리의 국가도서관에서 이루어졌다. 그곳에서 그는 나폴레옹이 로마 바티칸 도서관에서 강탈해온 책들(전쟁 약탈품의 일부였다)의 더미에 푹 빠졌다. 콥트어 관련 서적들 가운데는 델라발레가 아내의 시신과 함께 고국으로 가지고 온 것들도 있었다.

10년 후(나폴레옹이 패배하고 약탈 문서들이 바티칸으로 반환된 이후다) 한 학자는 샹폴리옹이 여백에 휘갈긴 메모를 발견하고 이렇게 썼다.

그가 검토하지 않은 콥트어 관련 서적은 유럽에 별로 없을 것이다. … 바티칸에 거의 매 쪽마다 샹폴리옹의 메모가 적혀 있지 않은 콥트어 책은 없다. 그 필사본들이 파리에 있을 때 그가 적은 것이다.[28]

영의 연구 방식은 전혀 달랐다. 샹폴리옹이 선택한 분야 외의 어떤 분야를 연구한다는 생각을 전혀 하지 않은 반면, 영은 이 주제에서 저 주제로 뛰어다녔다. 낭떠러지를 가로지르는 산양처럼 쉽고 태연하게 다녔다. 그 곁에서 연구하는 동료들조차도 그의 넓은 범위에 혀를 내둘렀다. 19세기 초 영국의 가장 유명한 과학자였던 험프리 데이비는 이렇게 썼다. "그는 너무 많은 것을 알고 있어서, 그가 무엇을 모르는지 말하기가 어렵다."[29]

영은 모든 것을 아는 듯했다. 아주 어린 시절부터 그랬다. 그는 두 살에 "매우 유창하게 읽는 법을 배웠다"라고 나중에 회상했다.[30] 여섯 살 때쯤 그의 독서는 광범위하고 잡다했다. 기독교 성경, 《걸리버 여행기》, 《로빈슨 크루소》, 포프와 골드스미스의 시를 읽었으며, '젊은 신사·숙녀의 능력에 적용된 뉴턴식 철학 체계'를 설명한 톰 텔리스코프라는 신동에 관한 책도 읽었다. 대학 시절에 그는 너무도 눈부신 인물이어서 동료 학생들은 그를 '귀재鬼才 영'이라고 불렀다.[31]

영이 죽고 수십 년 뒤에 유명한 물리학자 헤르만 폰 헬름홀츠는 눈이 어떻게 색깔을 보는가 하는 문제를 풀지 못하고 있었다. 힌트를 찾기 위해 과학 문헌을 뒤적거리던 헬름홀츠는 영이 여러 해 전에 이 문제를 해결했음을 발견했다. 영의 살아생전에는 아무도 이를 이해하지 못했다. 영은 너무도 선견지명이 있는 사람이어서 이런 일은 흔한 것이었다고 헬름홀츠는 썼다. 즉 그의 최고의 생각은 파묻힌 채 학술 잡지에서 잊히고(마치 파피루스 두루마리의 성체자처럼), 새로운 세대가 그의 비밀스런 말들을 해독할 수 있게 되는 시기를 기다린다는 것이다.[32]

그 도약들은 넓은 범위에 걸쳐 있었다. 의학을 전공한 영은 대상이 가까운지 먼지에 따라 눈이 어떻게 초점을 변화시키는지를 처음 발견했다. 거기서 그는 색각色覺에 대한 연구로 옮겨갔다. 헬름홀츠가 재발견한 바로 그것이다(거의 지나가는 말이었지만 영은 나중에 비누 거품이 왜 무지개 빛깔로 가물거리는지를 설명한다). 그는 과학적 의미에서 '에너지'라는 말('원자에너지' 같은)을 처음 사용한 사람이었다.[33]

그는 소리에도 관심이 있어 건반악기를 조율하는 새로운 방법을 만들어냈으며, 인간의 혀와 후두가 만들어낼 수 있는 소리의 총수에 관한 이론을 고안했다(그는 47개의 음을 제시하고 그것을 표기할 수 있는 보편 자모를 발명했다). 어느 날 연못에서 헤엄치는 한 쌍의 백조로 인해 산만해진 그는 물결이 어떻게 확산되는지를 생각하기 시작했다. 곧 그의 생각은 물 위의 파동에서 파동 일반으로 옮겨갔다. 얼마 뒤에 영은 빛이 미립자이면서 파동이기도 하다는 것을 입증했다.

이것은 그 자체로 하나의 계시였을 뿐만 아니라 아이작 뉴턴에 대한 반박이기도 했다. 뉴턴은 빛이 미립자라고 주장했다. 뉴턴은 거의 신과 같은 인물로 여겨졌기 때문에 그에게 도전하는 것은 충격이었다. 그러나 영은 너무도 당연하다는 듯이 이 위대한 인물에게 달려들었다. 스물일곱 살 때 말이다.

이 사례에는 잠시 관심을 가져볼 필요가 있다. 이는 영의 지적 능력과 대담함을 동시에 입증하기 때문이다. 더 중요하게는, 영의 승리는 자신이 어떤 불가사의에도 달려들어 순전히 지적 능력만으로 그것을 풀어낼 수 있다는 그의 스스로에 대한 믿음을 강화했다. 그가 의학 및 물리학에서 성공을 거둘 수 있도록 한 것은 틀림없이 언어학과 문자 해독에서도 이어질 터였다. 다른 사람들의 실패는 경고가 아니라 초대로 작용했다. 성체자가 1400년 동안 세계를 쩔쩔매게 했다는 게 무슨 상관이야? 어디 한번 보자고.

영이 그렇게 기꺼이 달려들었던 파동-미립자 논쟁은 더할 수 없이 근본적인 것이었다. 그것은 세계의 구조와 관련된 것이었다. 특히 그것은 빛이 어떻게 작동하는가 하는 문제였다. 촛불이 몇 미터 앞에 있다면 그것은 분명하게 볼 수 있다. 하지만 누군가가 방으로 들어와 내 앞에 서면 촛불은 시야에서 사라진다. 그것은 소리가 작동하는 방식과 다르다. 피아노 연주자가 몇 미터 떨어진 곳에 앉아 〈생일 축하합니다〉를 연주하기 시작하면 그 노래를 분명하게 들을 수 있다. 그때 누군가가 방으로 걸어 들어와 내 앞에 서더라도 피아노 소리는 여전히 매우 분명하게 들을 수 있다.

영이 등장하기 전에 그런 차이가 일어나는 이유는 설명하기 쉬운 듯했다. 빛은 직선으로 움직이기 때문에 장애물이 그것을 가로막을 수 있다. 소리는 파동으로 움직이기 때문에 만나는 물체를 우회할 수 있다. 물의 흐름이 그 앞을 막아서는 대상 주위로 흘러갈 수 있는 것과 마찬가지다.

뉴턴은 그렇게 주장했다. 마분지 대롱을 가져다가 눈에 대보라. 그러면 빛이 보일 것이다. 그러나 대롱을 확 꺾으면 아무것도 보이지 않는다. 하지만 꺾인 대롱을 통해서도 소리는 들을 수 있다. 꺾이지 않은 것만큼 잘 들린다. 이는 빛이 미립자로 이루어졌고 소리는 파동으로 이루어졌음을 입증한다고 뉴턴은 결론지었다. 증명 끝. 그리고 영 등장.

영은 뉴턴의 주장이 그에 대해 스스로 생각했던 것을 제대로 보여주지 않았다고 설명했다. 빛과 소리는 근본적으로 다르지 않다. 둘다 파동이다. 그러나 빛의 파동은 소리의 파동에 비해 작다. 그 결과로 광선은 손으로 막을 수 있지만, 앞바다의 바위는 해안으로 밀려드는 바닷물을 막지 못한다. 이 논증 하나로 영은 물리학의 전당에서 높은 자리를 차지하게 된다.

20세기 수학자 마렉 카츠는 리처드 파인먼에 대해 이렇게 말했다.

천재는 두 부류가 있다. '보통' 친재와 '마법사'다. 보통 천재는 당신도 나도 그만큼 될 수 있는 동류同類다. 우리가 여러 곱절 나아지기만 하면 된다. 그런 사람의 생각이 어떻게 흘러가는지에 대해서는 알 수 없는 부분이 없다. 그가 한 것을 이해하기만 하면 우리 역시 그렇게 할 수 있다고 확신한다. 마법사는 다르다.[34]

영은 마법사 부류다. 자신의 재능을 눈에 띄는 어떤 수수께끼로도 돌릴 수 있어 보인다. 그가 이집트에 관심을 가진 건 이집트의 매혹 때문이 아니라 그 시대의 가장 끌리는 수수께끼에 답하고자 하는 마음에서였다. 샹폴리옹은 '그저' 뛰어난 연구자였다. 소년 시절 이래로 이집트의 모든 것 속에 푹 빠져 살았다. 영은 수수께끼를 풀고 싶었다. 샹폴리옹은 한 문화의 모습을 밝히고 싶었다.

난생 처음 좌절감을 맛본
토머스 영

1813년, 토머스 영은 자신의 눈길을 끈 무언가를 읽고 있었다. 그는 가끔 그러듯이 기분 전환을 위해, 대개의 사람들이라면 지난한 작업이었을 일에 손을 댔다. 그는 산스크리트어와 유럽 언어들의 관계 같은 문제를 다룬 세 권짜리 언어학사 저작에 대한 비평을 독일어로 쓰고 있었다. 짧은 구절이 눈에 띄었다. 로제타석의 문자는 "단 30여 자로 이루어진 자모로 분석될 수 있다"는 내용이었다.

영은 모르고 있었지만, 이때까지 로제타석의 수수께끼를 풀려던 모든 시도는 실패로 돌아갔다. 1814년 5월에 영의 친구가 이집트 여행 때 구입해 온 파피루스를 그에게 보여주었다. 심하게 손상된 파피루스에는 알 수 없는 부호들이 잔뜩 들어 있었다. 그것은 룩소르(고대에 테베로 알려졌던 곳이다)의 한 무덤에서 발견된 것으로, 어느 미라의 관 속에 있었다.●¹ 알 수 없는 자모와 아무도 읽을 수 없는 문자라는

● 영의 친구 윌리엄 라우스바우튼은 몇 년 전 이집트를 여행할 때 이 파피루스를 구매했다.

말에 흥미를 느낀 영은 로제타석을 한번 봐야겠다고 생각했다.

그는 여름이면 시골집으로 가서 무엇이든 최근에 자신의 주목을 끈 일과 씨름하기를 좋아했다. 그는 로제타석 비문 사본과 드사시 및 오케르블라드가 서술한 관련 글들을 가지고 틀어박혔다.

자네는 내가 이 비문을 풀어내면 세상을 놀라게 할 것이라고 말했지.

그는 허드슨 거니라는 친구에게 이렇게 썼다. 두 사람은 소년 시절부터 가까운 사이였고, 영은 다른 누구보다도 거니와 더 격의 없이 친밀한 사이였다. 분명히 거니가 이 문제를 과장했겠지?

나는 반대로 그것이 이미 해결되지 않았다는 게 놀랍네.[2]

영은 이집트 문자들을 조사하는 것으로 일을 시작했다. 패턴을 찾기 위해서였다. 선행 연구자들처럼 그도 성체자가 아니라 속체자 문서를 우선 집어 들었다. 신행 연구자들과 마찬가지로 그도 처음부터 실패가 예정된 선택을 한 것이다.

그는 체계적으로 진행했다. 그의 모든 연구의 특징이었던 집중력을 최고도로 발휘했다. 한 문자열이 "스물아홉 번 내지 서른 번" 나

"1811년에 나는 운 좋게도 미라 하나를 보았다"라고 라우스바우튼은 털어놓았다. 미라와 함께 "완벽한 보존 상태의, 위에 글이 쓰인 파피루스"도 있었다. 자신이 산 것에 대해 매우 만족한 그는 파피루스를 보호하기 위해 누군가에게 주석함을 만들게 해서 거기에 넣은 뒤 배편으로 고국에 보냈다. 그러나 문제가 생겼다. 귀중한 문서가 "불행하게도 바닷물에 젖었"는데, 그는 이 단편이 "그 가치를 완전히 잃지는 않았다"라고 꿋꿋하게 기록했다.

왔다.[3] 그리스어판에서 그렇게 많이 나오는 단어는 '왕'이었다. 영이 찾은 바로는 서른일곱 번이었다. 그는 또 다른 이집트어 문자열이 열네 번 나오는 것을 발견했다. 그 수치는 그리스어판에서 프톨레마이오스가 열한 번 언급되는 것과 잘 부합했다.

영은 또 다른 계획을 시도했다. 그것 역시 그의 체계적이고 거의 과학적인 접근법을 반영한 것이었다. 그는 그리스어판을 파고드는 것으로 시작했다. 첫 단계는 "곧은자 위에 가장 특징적인 단어들(신, 왕, 사제, 신전 같은)이 나오는 곳을 표시"하는 것이라고 그는 설명했다.[4] 그리스어판에서 단어들 사이의 거리, 또는 그 단어들의 그리스어판 비문의 시작 및 끝으로부터의 거리에 대한 정보를 바탕으로, 영은 다른 문자 판본에서 대략 예상되는 위치에 있는 문자열을 찾았다.

이것은 불확실한 작업이었다. 이집트 문법이 어떤 모습인지 알 방법이 없었기 때문이다. 한 문장에서 가장 중요한 단어들이 맨 앞이나 끝에 올 수도 있고, 어순이 보다 비밀스런 어떤 규칙을 따를 수도 있었다. 이 모든 것은 성체자 문서의 상당 부분이 떨어져 나갔기 때문에 더욱 좋지 않았다. 실험은 끝없이 할 수 있었지만, 보장되는 것은 아무것도 없었다.

영은 알아낸 것이 있으면 그때마다 부합하는 문자열을 커다란 양피지 위에 붙였다. 그 바로 위에 그는 상응하는 그리스어 단어를 썼다. 그가 만족스럽게 흥얼거리는 소리가 들리는 듯하다. "틀림없이 며칠만 고생하면" 그것을 깰 수 있으리라고 영은 거니에게 썼다.[5]

그러나 오산이었다. 여름이 끝날 무렵 그는 "나는 한 달 동안 이 문제에 매달렸어" 하고 좌절하며 고백했다. 고생의 대가로 보여줄 것은 거의 없었다. 대체로 그는 오케르블라드가 이미 발견한 것을 그저 재발견했을 뿐이었다. 이는 "참을 수 없을 만큼 짜증 나는 일"이라고 영은 투덜거렸다.[6]

100퍼센트 성공의 전적을 가진 사람에게 이것은 그저 짜증이 나는 정도가 아니라 이해할 수 없는 일이었다. 자신이 풀 수 없는 수수께끼에 직면하자 이제 영은 자신이 고차원의 수수께끼를 대하고 있음을 깨달았다. 내 능력으로 어떻게 실패할 수 있지? 그는 실망과 놀라움 속에서 거니에게 이렇게 말했다.

그 어려움은 예상할 수 있는 어떤 이유들이 있는 경우와는 비교할 수 없을 정도로 컸네. 나는 거기에 엄청난 노력을 쏟고도 거의 효과가 없어 놀랄 지경이야.[7]

영은 공인된 고대 언어 권위자 드사시에게 편지를 썼다. 그는 드사시와 그 후에 오케르블라드가 로제타석에 매달렸었음을 알고 있었지만, 그것은 수십 년 전 일이었다. 그사이에 무슨 일이 일어났지? "나는 오케르블라드 씨가 그것을 해독하려는 시도를 계속했는지 매우 알고 싶습니다."[8]

드사시는 답장을 보내 안심시켰다. 그와 오케르블라드는 다른 문제로 방향을 돌렸고(수수께끼는 여전히 풀리지 않았지만) 어떻든 그는 속체자 자모의 원리를 발견했다는 오케르블라드의 주장에 관해 "언제나 상당한 의문을 품었"다.[9]

그런데 영이 안도의 한숨을 내쉬었을 그 순간, 편지는 불길한 이야기로 이어졌다.

나는 오케르블라드 씨가 로제타석의 이집트어 비문을 읽어냈다고 자처하는 유일한 사람이 아님을 첨언하지 않을 수 없습니다. 샹폴리옹 씨는 막 고대 이집트의 지리에 관한 책 두 권을 출판했고 활발하게 콥트어를 연구하고 있는 사람인데, 그 역시 그 비문을 읽어냈다고 주장합니다.[10]

영이 샹폴리옹의 이름을 들은 것은 이때가 처음이었을 것이다. 이 무렵 샹폴리옹이 영에 대해 알고 있었는지, 또는 영이 로제타석 연구에 나섰다는 소문을 들었는지는 아무도 모른다. 드사시가 제공한 정보는 그리 정확한 것이 아니었다. 실제로는 1814년 여름 샹폴리옹도 영과 마찬가지로 좌절하고 있었다. 샹폴리옹은 어느 지인에게 이렇게 썼다.

나는 언제나 로제타석 비문을 연구하고 있습니다. 하지만 생각만큼 성과가 빨리 나오지 않네요.[11]

그 뒤에 묘한 우연의 일치가 발생했다. 영이 한 프랑스 해독자의 소식을 담은 드사시의 편지를 받은 것과 거의 같은 시기에 샹폴리옹이 영에게 처음으로 연락을 했다. 실수였다! 샹폴리옹은 로제타석에 관한 정보를 청하는 편지를 썼다. 뭔가를 잘못 생각한 결과로 그는 이 편지를 영에게 보냈다. 이것은 완전한 우연이었다. 셜록 홈스가 어떤 사건에 관한 정보가 필요해 우연히 모리아티 교수(홈스의 최대 맞수인 명석한 범죄자)에게 도움을 요청한 격이었다.

일의 경위는 이랬다. 샹폴리옹은 로제타석에 관한 편지를 런던 왕립학회 회장에게 보냈다. 그는 자신이 두 가지 비문 사본을 가지고 있는데 일치하지 않는 부분이 많다고 썼다. "나는 원판을 가지고 만든 석고 모형을 내 눈으로 보았다면 이미 비문 전체의 해독을 마쳤으리라 확신합니다."[12] 어려움에 빠진 자신을 학회가 도와줄 수 있느냐는 것이었다.

그러나 왕립학회는 로제타석과 관련해 가지고 있는 것이 없었다. 샹폴리옹은 편지를 호고가협회로 보냈어야 했다. 전혀 다른 기구였다. 샹폴리옹의 편지는 왕립학회 해외국장에게로 갔다. 해외 과학자들과의 통신을 담당하는 사람이었다. 당시 해외국장은 토머스 영이라는 영국 과학자였다.

갑자기 샹폴리옹은 영이 향하는 모든 곳에 나타나는 듯했다. 영은 드사시의 경고 편지와 이어 샹폴리옹의 뜻밖의 편지를 받았다. 이번에는 친구 거니가 놀라운 소식을 담은 편지를 보냈다. 샹폴리옹이라는 프랑스인이 로제타석을 연구한다는 말을 들어봤느냐는 것이었다. 영은 곧바로 답장을 했다. "자네의 첫 편지가 나를 뒤흔들어놓았네. 샹폴리옹의 연구를 보고 싶은 조바심으로 말이야."[13]

영은 자신이 남들보다 앞서간다고 거니를(또는 스스로를) 안심시켰다. 그는 드사시와 오케르블라드가 해냈던 것보다 더 많은 단어를 해독했다고 단언했다. 그렇지만 그는 샹폴리옹에 대해서는 조바심을 냈다. 그는 거니에게 보내는 편지 말미에서 이집트 지리에 관해서 쓴 샹폴리옹의 책을 보내달라고 요청하며 이렇게 강조했다. "그가 어떤 일을 했는지에 대해 내가 적잖이 조바심을 내고 있음을 자네는 쉽게 상상할 수 있을 걸세."[14]

로제타석 연구에서 좌절을 맛본 영은 한 발 물러섰다. 그는 돌 위의 비문에만 전적으로 매달리기보다는 전반적인 이집트 문서를 파고들어 자신에게 시동을 걸 방법이나 패턴을 제공하는 무언가를 찾고자 했다.

처음 눈길을 끈 것은 영의 융통성이었으나, 그를 정말로 '귀재 영'으로 만든 것은 다방면에 걸친 명석함에 결합된 끈기였다. 멀리서 보면 그는 아마추어처럼 보일 수 있다. 온갖 일에 나서기 때문이다. 그러나 그의 메모와 논문을 보면 그런 인상이 얼마나 그릇된 것인지 알수 있다.

영은 홀로 처박혀서, 다른 일은 제쳐둔 채 집요하게 연구에 매달렸다. 그는 많은 해독자들과 마찬가지로 끝없는 인내심과 예외적인 시각기억을 지니고 있었다. 그는 직소퍼즐 맞추기를 잘했을 것이다.* 영은 로제타석 이전에 많은 해독 작업에 도전했는데, 희미하고 손상된 고대 언어의 문서를 몇 주씩 자세히 들여다보며 이 작은 곡선이 한때 어느 문자의 일부였으며 천 년의 시간이 지나는 동안에 어떤 단어들

---

* 우리가 15장에서 만나게 될 유명한 해독자 마이클 벤트리스의 한 동료는 벤트리스가 "해독으로 그 의미를 찾기 오래전부터, 텍스트의 많은 부분이 시각적 무늬로서 그의 머릿속에 새겨져서 그는 그 시각적 양상에 통달해 있었다"며 놀라워했다.[15]

이 시간과 벌레에 의해 손상돼 중간에 사라졌는지를 추측하는 일이 작업의 상당한 비중을 차지했다.

이런 종류의 작업은 상당히 어렵다. 1904년에 나온 악명 높은 사례의 하나로 한 영국 학자는 영국 바스에서 새로 발견된 라틴어 텍스트의 번역본을 출간해 많은 갈채를 받았다. 연판鉛板 위에 긁어놓은 이 글은 희미하고 불완전했으며, 그 번역은 학문적 위업으로 환영받았다.

90년 뒤, 옥스퍼드대학의 한 역사가는 흔적을 재검토했다. 본래의 번역은 완전한 오류임이 드러났다. 희망에 따른 추측과 미심쩍은 추정을 바탕으로 망상을 쏟아낸 것이었다. 1904년의 해독자는 서판을 거꾸로 놓고 읽었다.[16]

영은 너무도 밝은 눈을 가지고 있었기에 그런 큰 실수를 하지는 않았다. 그러나 날이면 날마다 하는 해독 작업은 끝없는 판정의 연속이 수반된다는 것이 변함없는 진실이다. 특히 손으로 쓴 글자의 경우 숨길 수 없는 실마리는 너무도 미묘해 알아내기가 거의 불가능하다. 그것이 컴퓨터가 아직 인간 해독자들을 대체하지 못하고 있는 이유다.

영은 자신이 거의 무의식적인 방식으로 수많은 패턴을 받아들일 수 있음을 알고 있었다. 그는 고대 이집트에 새로이 초점을 맞추면서 10년 전 자신이 개발한 기술을 이용했다. 그는 당시, 서기 79년(베수비오 화산 분출로 폼페이와 헤르쿨라니움이 용암 속에 묻힌 때다)에 거의 파괴된 파피루스 문서를 해독하고 있었다. 이것은 괴로울 정도로 느린 작업이었다. 파피루스들은 40미터의 재·모래·용암 아래 묻혀 있었고, 폭발의 열기는 이를 검은 덩어리로 뭉쳐놓았다. 그저 낱장을 떼어내

는 것만도 대단한 일이었다.[17]

영은 희미한 글자를 아주 천천히, 그리고 조심스럽게 손으로 모사하는 것이 어떻든 자신의 기억을 자극한다는 것을 깨달았다. 그는 이렇게 썼다.

쓰인 글의 훼손된 구절을 바로잡는 습관이 들지 않은 사람들은, 손이 그것을 따라가는 동안 모든 글자의 복잡한 이동으로 인해 부지불식간에 얻어지는 막대한 이점을 획득할 수 없다.[18]

이제 영은 로제타석 자체와 수집가들이 이집트에서 가져온 파피루스 파편, 조각상에 새겨진 연쇄적인 부호, 연구자들이 신전 벽에서 베껴 온 글 같은 것들에 같은 기법을 적용하기로 마음먹었다.

이 비문들은 서로 다른 서체로 되어 있었다(성체자와 속체자가 모두 있었다). 그것이 영의 작업을 더욱 어렵게 만들었다. 그러나 그렇지 않았다면 그가 자신에게 부여한 임무는 일기 속의 손으로 쓴 메모나 라스베이거스 거리의 네온사인 사진, 큰 글씨로 화려한 《뉴욕타임스》 제호를 실은 신문지 조각 같은 것들을 보며 어느 부호가 일치하는가를 추측하는 것과 대략 비슷했을 것이다. 우리의 자모에 대한 모든 지식이 오래전에 사라졌다면 소문자 t가 대문자 T와 같은 글자임을 알아내는 데 얼마나 많은 시간이 걸릴까? 또는 Y와 𝔜가 같은 것이고 i와 j가 다르다는 것을 알아내는 데는?

한 가지 전략이 영에게 상당한 도움이 됐다. 때로 같은 모습이 다른 위치에 나타나는 경우가 있었다. 앞서 보았듯이 이집트 문화는 아주 심하게 보수적이어서 선호하는 이미지를 수천 년 동안 거듭거듭 재사용했다. 영은 운이 좋은 몇몇 경우에 서로 다른 문자로 된 텍스트와 동반되는 동일한 이미지를 발견했다(현대의 상황으로 비유하자면 미국 신문과 중국 신문에 같은 장면의 사진이 실려 있고 거기에 각기 사진 설명이 붙어 있음을 발견하는 것과 같다).

여기서 영의 패턴 인식에 관한 재능이 발휘되었다. 그는 이전에 아무도 발견하지 못한 것을 지적해냈다. 속체자가(적어도 그 일부가) 성체자와 우연이라기에는 너무 가까운 유사성을 지니고 있다는 것이다. 이것은 놀라운 성과였다. 속체자는 "줄줄이 흔들리는 쉼표들"처럼 보여서 "읽기에 아주 끔찍하다"고 한 현대 이집트학자는 말한다.[19]

성체자와 속체자의 외양의 유사성은 사실이었지만, 알아차리기 어려웠다(영이 뻐기면서 줄잡아 표현한 대로 두 가지 문자 형태 사이의 "아주 현저한 유사성"은 없었다).[20] 그러나 영은 그런 가운데서도 진실을 보았다. 속체자와 성체자는 별개의 문자(a·b·c로 시작되는 로마 자모와 α·β·γ로 시작되는 그리스 자모처럼)가 아니고, 같은 문자의 두 가지 형태(로마 자모와 속기 사모 같은)였다.

1815년 여름, 영은 다시 한 번 드사시에게 편지를 썼다. 드사시는 이집트 문자 자모를 찾았지만 허사였다. 이제 영은 무엇이 잘못됐는

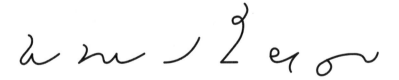

영문 'Four score and seven years ago'의 속기.

지 설명하고자 했다. 그는 이렇게 시작했다.

나는 당신이 (속체자) 비문의 일반적인 외양을 검토할 때 그것을 해독
할 수 있게 해주는 자모를 발견할 수 없다는 절망에 빠지곤 했다는 사
실에 놀라지 않습니다.

그런 뒤에 그는 그에게서는 보기 힘든 과장을 사용하며 이렇게 덧
붙였다.

당신이 알고 싶어하는 그것, 내가 찾은 '비밀'은 이 단순한 말에 담겨
있습니다. '그런 자모는 존재한 적이 없다.'[21]

이 말이 왜 그렇게 중요할까? 속체자가 자모로 이루어진 것이 아
니라면 그것은 어떤 낯설고 생각지도 못한 것을 바탕으로 만들어진
것이 되기 때문이다. 그리고 속체자가 낯선 것이라면(그리고 성체자와
속체자가 한 주제의 두 가지 변주라면) 성체자 역시 그 핵심에 특이한 무
언가가 있다는 것이다.

당시 모든 사람은 성체자가 무엇인지 알고 있었다. 그것은 돌에 쓰
인 영원한 진실이었다. 토머스 영이 옳다면 아마도 그 가정 또한 틀
렸을 터였다.

13

실마리를 찾아내다

모든 다이아몬드 강도, 모든 은행 강도, 모든 탈옥의 성공 여부는 취약점 발견에 달려 있다. 보안 카메라에 잡히지 않는 통로 구석이나 술을 좋아하는 경비원 같은 것을 찾아야 한다. 아무리 작은 것이라도 말이다.

암호·문자 해독자나 모든 종류의 추적자들에게 게임은 필연적으로 아주 약간 떨어져 있는 퍼즐 조각을 발견하는 것으로 시작한다. 가장 시시해 보이는 단서가 노다지로 이어질 수 있다. 나치스는 자기네의 에니그마 암호가 난공불락이라고 자신했다. 거의 그랬다. 한 가지 문제만 빼고. 에니그마는 메시지의 문자들을 비밀의 방법을 통해 다른 문자들로 바꾸었다(이를테면 a를 p로 바꾸는 식이었다). 문제는 이 방법에서 바뀌지 않는 문자는 없다는 것이었다(a가 a 그대로 있을 수는 없다). 그 작은 문제가 히틀러를 깨는 데 이바지했다.

흔히 첫 단계는 그저 무언가 이상한 부분을 찾아내는 것이다. 워터게이트 사건(닉슨 미국 대통령의 하야를 불러온 불법 도청 사건)은 문의 걸

쇠에 테이프가 붙여져 있는 것을 경비원이 발견하면서 시작됐다. 문이 닫히지 않도록 하기 위한 것이었다.

페니실린 이야기는 한 과학자가 휴가에서 돌아와 자신이 박테리아를 배양하고 있던 페트리접시를 보면서 시작됐다. 접시 일부가 어딘가에서 흘러들어온 효모균과 곰팡이로 오염되어 있었다. 그러나 오염된 접시 하나는 이상한 점이 있었다. 새로 들어온 곰팡이 주위는 깨끗했다. 박테리아가 살아남지 못했다! 언제나 절제된 영국인이었던 알렉산더 플레밍의 반응은 '유레카!'가 아니었다. 그는 그저 이렇게 중얼거렸다. "재밌군."[1]

결정적인 실마리는 더 작은 것일 수도 있다. 한두 해 전에 미국에서 대학 입학 스캔들이 터졌다. 고등학생이 썼다는 글에서 모든 마침표 뒤에 띄어쓰기가 두 번씩 되어 있는 것을 누군가가 발견했다. 젊은이들은 아무도 그렇게 하지 않는다. 띄어쓰기를 두 번 한 것은 타자기 시대에 타자를 배운 열성 학부모의 분명한 흔적이었다. 작가이자 연극 연출가인 조너선 밀러는 한때 이렇게 말했다. "그것은 대수롭지 않은 것이었기 때문에 상당히 많이 발견됐습니다."[2]

그러나 출발점을 발견하기 위해서는 끝없는 조사가 필요할 수 있다. 십자말풀이 애호가라면 그럴듯한 해답 하나를 찾기 위해 같은 단서를 몇 번이고 되씹어야 하는 참담한 기분을 안다. 토머스 영은 성체자 연구를 위한 발판을 발견하려고 애쓰면서 허우적거리고 비틀거렸다. 마침내 진전이 이루어졌을 때 그것은 그럴듯하지 않은 모습으로 예고도 없이 찾아왔다.

1816년 여름, 영은 중국 문자의 기초를 설명하는 잡지의 글을 읽게 됐다. "이 중국어에 관한 글은 해군청 차장 존 배로가 쓴 것"이었는데, 영은 자신이 알게 된 것으로 인해 "매우 기뻤"다고 친구인 허드슨 거니에게 말했다. 그는 이 "독특한 언어"에 관해 생각해보지 않았으며, "이전에 그 성격에 대한 이해가 전혀 없었"다.[3]

평생 공직에 있었던 배로는 (그는 여든한 살까지 자리를 지켰고, 은퇴 선물로 자신의 낡은 책상을 받았다) 평범하고 특색이 없어 보였다. 그러나 아니었다. 그는 엄청난 재능을 가진 사람이었고, 관심 범위는 거의 영과 맞먹을 만큼 넓었다. 그는 공식적으로 영국 해군청 차장이어서 영국의 해군 정책을 만드는 일을 돕는 자리에 있었다. 그러나 실제로 그는 지략이 있고 혁신적인 해결사였다. 모든 사람이 포기하는 상황에서도 의지할 수 있는 사람이었다.

바테를로 전투 이후 영국이 나폴레옹을 안전하게 치워둘 장소에 대해 고민하고 있을 때 그를 지구상 최고의 오지인 세인트헬레나섬으로 보내자는 아이디어를 낸 사람이 존 배로였다. 한 출판사가 해군사에 관한 시리즈의 출판 기획이 바닥났을 때 배로는 공식 기록을 샅샅이 뒤져《영국 군함 바운티호의 반란과 불법 점거The Mutiny and Piratical Seizure of HMS Bounty》라는 실록을 써냈다.

그는 젊은 시절 중국어를 배웠다. 5개 국어를 하는 신동을 지도하는 과정에서였다(중국어의 경우에는 학생과 교사가 역할을 바꾸었다). 10년 뒤인 1793년, 배로는 중국으로 가는 항해에 통역사로서 영국 대사와 동행했다. 대사는 경이로운 영국 기술이 담긴 선물을 들고 가 황제를 매료시키고자 했다. 망원경, 정교하게 장식된 소총과 권총, 열기구(조종사도 준비되어 있었다) 같은 것들이었다.[4] 그러나 중국은 사절과 선물을 모두 물리쳤다. 그들은 이렇게 호언했다. "우리는 기발한 물건을 좋아하지도 않고, 당신네 나라 제품이 눈곱만큼도 필요치 않소." 마찬가지로 황제에게는 대사가 전혀 필요 없었다. 그런 방문객은 "천조天朝 체제와 어울리지 않았다."[5]

영국인들은 다시 돌아가야 했다. 그러나 배로는 중국의 모든 것에 매혹됐고, 그것은 마침내 토머스 영에게로 고스란히 전해졌다. 영은 배로의 글을 읽으면서 수천 개의 글자로 이루어진 중국의 문자 체계가 모든 상상 가능한 일을 완벽하게 처리할 수 있음을 깨달았다. 하나만이 예외였다.

외국의 이름을 중국의 문자인 한자로 어떻게 쓸까? 예컨대 '나폴레옹' 같은. 일반적인 단어를 한문으로 번역하고 기록하는 데는 아무런 문제가 없다. 중국어에는 '집'이나 '오리'나 '바구니'에 해당하는 말이 있어서 쉽게 그것을 쓸 수 있다. 그러나 중국어에는 '나폴레옹'에 해당하는 단어가 없다. 어떻게 하면 될까?

영은 중국인의 해법이 아주 간단함을 알게 됐다. 외국인의 이름을 한자로 쓰려면 적절한 발음을 가진 문자를 선택하면 되고 그 의미는 무시된다. 이는 대체로 '위스키', '브라보', '탱고' 같은 식으로 이름을 적는 것과 비슷한 방식이다. '우드'라는 첩자는 치직거리는 전화로 말한다. "우드wood요. 위스키whisky, 오스카oscar, 오스카oscar, 델타delta." 〔여기서 '우드'는 네 단어의 두문자를 조합한 것이다.〕 아무도 위스키가 술이라고 생각지 않는다. 〔지은이는 한자의 음훈 체계를 잘 이해하지 못하는 영미권 독자를 위해 이런 예시를 들었지만, 우리로서는 한자로 외래어를 표기하는 사례 자체를 훨씬 잘 이해할 수 있다. 이를테면 프랑스를 불란서佛蘭西로 표기하

더라도 우리는 이를 '부처', '난초', '서쪽'이라는 의미의 조합으로 생각하지 않는다.〕

영은 마침내 출발점을 찾았다. 그는 로제타석의 그리스어판 곳곳에 비이집트계 이름들(가장 대표적인 것이 '프톨레마이오스'다)이 나오는 것을 알고 있었다. 성체자 비문이 그리스어판의 번역이라는 것도 알고 있었다. 그것은 '프톨레마이오스' 같은 이름들 역시 성체자 비문 곳곳에 숨겨져 있다는 얘기였다. 마치 강바닥의 금덩이처럼 말이다.

그가 그런 외국 이름들을 찾을 수 있다면, 그리고 이집트인들이 중국인과 같은 방법에 생각이 미쳤다면(영은 그러기를 열렬하게 희망했다) 그는 곧 성체자로 쓰인 여러 이름들을 읽는 방법을 알게 될 것이다. 그것들은 1500년 만에 의미가 밝혀지는 첫 성체자가 된다.

한 발 더 나아가 영은 이집트인들의 발음을 복원하는 일에 첫걸음을 떼게 된다. '프톨레마이오스'와 '알렉산드로스', 그리고 기타 이름들은 아마도 모든 언어에서 거의 같은 발음이었을 것이기 때문이다.

영은 앞으로 뛰어나갔다. 어디서 이름들을 찾을 수 있을까? 그는 로제타석의 열네 줄 성체자에서 각기 몇 개의 성체자를 둘러싸고 있는 대여섯 개의 타원체에 초점을 맞추었다. 이 타원체들이 특별한 것이었을까? 나폴레옹 군대의 연구자들 역시 그것을 알아차렸다. 그들은 이 타원체를 카르투슈cartouche라 불렀다. '탄약통'을 의미하는 프랑스어다. 모양이 소총 탄약통을 닮았기 때문이다. 그러나 그들은 그것을 어떻게 봐야 할지 몰랐다.

로제타석의 카르투슈 세 개는 형태가 동일했고, 나머지 세 개는 그

것들과 정확하게 같은 방식으로 시작하고 이어 부호 몇 개가 추가되어 있었다. •

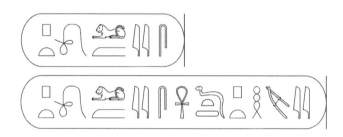

영은 카르투슈가 두 가지 기능을 하고 있다고 추측했다. 첫째로, 카르투슈는 그것이 둘러싸고 있는 성체자들이 어떤 면에서 주목할 만한 것임을 나타냈다(이탤릭체나 굵은 글씨가 특정 단어에 특별한 관심을 가지도록 하는 것과 마찬가지다). 둘째로, 그것은 이 성체자들을 음독音讀하라는 지시를 담고 있다.

카르투슈들은 로제타석의 성체자판에서 가장 눈길을 끄는 특징이었고, 왕의 이름은 그리스어판에서 두드러진 특징이었다. 카르투슈 안에 들어 있는 이 성체자들이 '프톨레마이오스'의 이름을 적었을 것이라는 기대는 너무도 자연스럽지 않은가?

'프톨레마이오스'의 문자 수는 카르투슈 속의 성체자 수와 일치했다(또는 대체로 부합했다. 그리스어에서 각 문자는 개별적으로 발음이 되고, 묵

• 로제타석의 이 카르투슈들은 본래 오른쪽에서 왼쪽으로 읽도록 적혀 있는데, 그를 그대로 보게 되면 그리스어 및 영어와의 비교가 어려워서 편의상 이 책에서는 카르투슈들을 왼쪽에서 오른쪽으로 읽도록 그렸다.

신의 기록

영은 그리스어판에서 '프톨레마이오스'라는 이름을 발견했다. 위 그리스어판 부분 중에서 셋째 줄 네 번째 글자부터 시작하는 'ΠΤΟΛΕΜΑΙΟΥ'를 찾아보라.

음默音은 없다). 그러나 성체자에서는 줄줄이 문제가 튀어나왔다. 한 성체자 위에 다른 성체자가 올려져 있는 경우 두 부호는 별개일까? 그럴 경우 어느 것이 먼저인가? 아니면 그들은 한 부호의 두 부분일까? 그리고 이 성체자들은 왼쪽에서 오른쪽으로 읽었을까, 오른쪽에서 왼쪽으로 읽었을까? 영은 덴마크의 언어학자 소에가가 이전에 제시했던 것과 같은 추측을 했다. 동물 그림의 옆모습은 행의 시작 부분을 향한다. 어디서부터 읽으라고 말해주기라도 하듯이.

자신의 추측이 맞기를 바라는 것 말고는 다른 방법이 없었던 영은 작업을 시작했다. '프톨레마이오스'가 앞의 첫 번째 카르투슈에 해당하는 것이라면 그리스어 발음과 이집트 문자의 그림을 연결해 표를 만들 수 있다.

| P | T | O | L | M | E | S |

이것이 성체자로 쓴 '프톨레마이오스'라는 이름이다. 로제타석은

거의 2천 년 동안 아무 말 없이 있었다. 이제 토머스 영이 바짝 다가가 그 말소리를 들었다.

앞서의 카르투슈 가운데 두 번째 것인 좀 더 긴 문자열은 프톨레마이오스의 이름 뒤에 예칭譽稱을 붙인 것이리라고 그는 추측했다. '지고자至高者 프톨레마이오스' 같은 식의.

이 모든 것이 그럴듯해 보였지만, 그 모두는 몽상일지도 모르는 것이었다. 운명의 여신이 좀 더 친절했다면 영의 앞길은 좀 더 순탄했을 것이다. 예컨대 로제타석이 온전했다면 그는 그리스어판의 '프톨레마이오스'와 성체자의 카르투슈 수를 세고 그 수가 일치하는지를 살폈을 것이다. 그러나 돌은 깨져 있었다. 또한 그 돌이 온전했다면 영은 '프톨레마이오스' 이외의 다른 이름들을 적은 카르투슈들을 발견했을 것이다. 그러나 카르투슈 여섯 개는 거의 동일했다.

이집트어 문법과 어휘에 대한 모든 지식이 사라지지 않았다면 그리스어 문장의 앞부분과 그에 상응하는 이집트어 단어들을 비교할 수 있었겠지만, 그렇지 않은 상황에서 두 언어가 단어를 같은 순서로 배열했는지 아닌지를 어떻게 알 수 있을까? 게다가 성체자는 중단되는 부분 없이 이어져 있었다. 개별 단어들을 어떻게 집어낼 수 있을까? 구조와 통사統辭에 관한 추론은 고사하고 말이다.

그렇지만 로제타석의 카르투슈가 '프톨레마이오스'의 이름을 담고 있다는 영의 육감은 그가 알아낸 것보다 더 많은 진실을 담고 있었다. 고대 이집트에서 카르투슈의 타원형은 그 자체로 의미가 있었다. 카르투슈는 양 끝을 한데 묶은 줄의 모습으로 그려졌다. 그 끝없는 고리는 하늘을 돌고 있는 태양을 표상했다. 카르투슈는 파라오의 이름을 둘러침으로써 그의 지배가 태양빛이 미치는 가장 먼 곳까지 뻗치고 있음을 상기시키는 역할을 했다. 이 그림은 다른 지역에서 "국왕 만세!"를 외쳤던 것과 같은 의미를 고대 이집트인들에게 전달했다고 역사가 로이 애드킨스와 레슬리 애드킨스는 설명한다.[6]

이는 이집트학자들이 결국 그런 이야기를 해주는 글들을 읽어냄으로써 알게 된 사실이다. 우리는 아주 먼 미래 세대가, 우리가 당연한 것으로 생각하는 부호들에 대해 알지 못하는 상황을 상상할 수 있다. 수천 년 뒤의 고고학자들은 사람 머리 위에 전구가 있는 모습이 한때 '유레카!'를 의미했음을 알아낼 수 있을까?

지금 와서 보면 알 수 없는 언어를 해독하면서 외국의 이름부터 시작한다는 전략이 거의 당연해 보인다. 그것은 흔히, 설명되는 순간 광채를 잃는 멋진 생각(마술 같은 것이 그렇다)의 운명이다.

이제 이름으로부터 시작하는 것이 해독자들에게 작업 표준이다. 이름은 사람을 가리키든 장소를 가리키든 특수한 것이다. 서로 다른 언어들 사이에서 같은 의미를 가진 일반 단어가 비슷한 모습을 띨 이유는 없다. '하우스house'와 '메종maison'과 '카사casa'가 달라 보이는 것이 놀라울 것은 없다(각기 영어, 프랑스어, 에스파냐어로 '집'을 의미하는 단어다). 그러나 '알베르트 아인슈타인'이나 '암스테르담' 같은 이름들은 미국의 《뉴욕타임스》든 프랑스의 《르몽드》든 에스파냐어권의 《엘문도El Mundo》든 비슷하게 나타날 것이다.

문자가 다를 경우라 하더라도 이름은 해독자들에게 약간의 실마리를 제공할 것이다. 러시아 문자로 'Albert Einstein(알베르트 아인 슈타인)'은 Альбéрт Эйнштéйн, 'Lev Tolstoy(레프 톨스토이)'는 Лев Толстóй다. 영의 생각이 뛰어난 점은, 그저 다른 정도가 아니라 중 국어나 이집트어처럼 완전히 동떨어진 문자를 다루는 경우라도 이 름은 여전히 출발점을 제공하리라는 것이다.

영은 혼자서 이런 생각을 해낸 듯하고 그가 이를 로제타석에 처음 적용한 사람인 건 분명하지만, 그 이전에도 이런 생각을 한 사람들은 있었다. 샹폴리옹은 몇 년 전인 1810년 이름의 중요성을 생각한 바 있다. 중국어라는 우회로를 통하지 않고서다. 그저 논리적으로, 이집 트인들이 성체자를 이용해 외국의 이름을 적었다면 특정 성체자가 소리와 대응해야 한다고 그는 지적했다. 그러나 당시 그는 금세 다른 문제에 매달렸다.

고대 언어 해독에서 이름이 중요함을 가장 먼저 지적한 사람은 역 사상 가장 압도적인 천재 가운데 하나(이자 아이작 뉴턴의 가장 큰 경쟁 자)인 고트프리트 라이프니츠였다. 이는 1714년의 일로 영보다 꼭 1세기 앞섰지만, 라이프니츠는 거의 언제나 다른 모든 사람들보다 훨씬 앞서 나갔다. 예컨대 그는 처음으로 컴퓨터를 구상한 사람이었 는데, 그가 살던 세계에는 전기조차 없었다.

라이프니츠는 영 이전 시대의 영 같은 사람이었다. 두 사람에 대한 전기가 《모든 것을 알았던 마지막 남자The Last Man Who Knew Everything》 라는 똑같은 제목으로 나왔는데, 이는 그들의 생각이 비슷한 방향으 로 흘러갔기 때문에 적절한 것이었다.[7] (라이프니츠는 너무도 압도적인 인물이어서 최고로 재능 있는 연구자들조차도 그의 능력을 생각하면 움츠러들었

신의 기록

다. 인류의 모든 지식을 모은 백과사전을 편찬한 철학자이자 시인 드니 디드로는 이렇게 썼다. "누구든 … 자신의 보잘것없는 재주를 라이프니츠와 비교하게 되면 그는 자신의 책을 던져버리고 어느 컴컴한 구석 깊은 곳에서 조용히 죽어버리고 싶은 충동을 느끼게 된다."[8]

라이프니츠는 세계 공통어를 만들어야 한다는 오랜 집착이 있었다. 그 시대의 많은 사상가들도 마찬가지였는데, 그들 모두는 과학혁명의 성공에 자극을 받은 것이었다. 중국에서 하늘을 향해 쏜 화살은 영국에서 쏜 것과 같은 곡선을 그렸다. 그것은 새로운 소식이 아니었다. 놀라웠던 것은 중국 수학자와 영국 수학자가 그 곡선을 같은 방정식으로, 같은 수학 기호를 사용해 묘사할 수 있었다는 것이다. 그리고 새로 고안된 수학적 언어가 자연 세계의 무수한 경이를 묘사할 수 있다면 이 세련된 회화繪畵적 언어가 바벨탑 사건 이래 세계를 괴롭혀온 불협화음을 대체할 수 있을 것이었다.

라이프니츠와 그 동시대인들이 품었던 이집트 성체자에 대한 매혹은 보편적인 상징 속의 깊숙한 진실을 포착하기 위한 초기의 시도를 보여준다. 라이프니츠가 외국 이름 해독에 관한 통찰을 하게 된 것은 그러한 세계 공통어의 본질을 생각하는 과정에서였다. 그러나 라이프니츠는 로제타석을 가지고 있지 않았다.

로제타석을 가진 영은 '프톨레마이오스'의 성체자 이름을 읽어냈다. 그것은 한 단어일 뿐이었지만, 1500년 만에 처음 읽은 단어였다. 단어 하나에서 전체 언어까지는 갈 길이 너무 멀다. 그러나 아무것도 없는 데서 한 단어로 가는 길은 더 멀다. 영은 그 틈새를 메웠다.

14

독보적인 선두

1814년 무렵부터 1820년 무렵까지 영은 로제타석을 대체로 독점했다. 이 시기는 샹폴리옹에게 불운의 시기였다. 그의 건강은 그다지 좋지 않았다. 그는 평생 동안 예측하기 어려운 병치레들을 했다. 현기증, 열병, 실신, 발작적 기침 등으로 숨을 고르기가 힘들었다. 이시기에는 더 악화됐다. 그러는 사이에 나폴레옹이 몰락했다. 그것은 프랑스 군주정이 부활하고 정권을 지지하는 사람들에게 새로운 기회가 온다는 얘기였다. 그것은 샹폴리옹 같은 반왕당파에게는 나쁜 소식이었다.

낙심하고 좌절한 그는 1814년에 쓴 한 편지에서 형에게 자신의 공포를 고백했다.

내 운명은 분명해. … 나는 디오게네스처럼 (들어가 살) 통을 하나 사고 싶어. … 나는 시대를 잘못 타고났고, 내가 바라는 것은 아무것도 이루어지지 않을 거야.[1]

1816년, 형제는 모두 정치적으로 신뢰할 수 없다는 이유로 그르노블대학 교수직에서 쫓겨나, 그들의 고향 피작으로 국내 추방 처분을 받았다. 상심한 샹폴리옹은 학자 생활을 집어치우고 대신 법조계로 갈 수 있는 가능성을 생각했다. 그는 형에게 이렇게 말했다.

형은 그것이 성직자가 방앗간 주인이 되는 것과 같다고 하겠지? 하지만 성직자도 굶으면 방앗간에서 밀가루를 구해 갈 텐데, 그게 무슨 문제겠어?[2]

그러나 샹폴리옹은 이 음울한 시간 동안 계속해서 콥트어 연구에 매진했다. 그것이 언젠가 성체자의 열쇠로 드러나리라고 굳건히 믿으며 말이다. 그는 1816년에 이렇게 썼다.

내 콥트어 사전은 매일 두꺼워지고 있어. 그러는 동안 이 사전의 저자는 더 말라가고 있지.[3]

그사이에 영은 치고 나갔다. '프톨레마이오스' 카르투슈가 로제타석에서 유일한 성과이기는 했지만 말이다. 그는 그리스어판에서 거듭 나오는 단어와 부합하는 것으로 생각되는 성체자 문자열을 찾았다. 그리스어판 비문은 '왕', '날', '달', '신' 같은 단어들이 반복적으로 언급됐고, 영은 대략 적절한 부분에서 성체자(또는 짧은 성체자 문자열)를 발견했다.

영은 로제타석에 있는 것만이 아니라 성체자를 전반적으로 해독한다는 목표 아래 전방위적으로 비문 수집을 계속했다. 그는 '하나', '둘', '열'에 해당하는 것으로 보이는 부호들을 발견했다. 그는 또한 일부 카르투슈의 끄트머리에 타원형 모양 위에 반원 모양이 있는 성체자 조합이 있음을 알아차렸고, 이것이 '여성'(아마도 여왕이나 여신을 가리키는)을 나타내는 것이라고 짐작했다.

이런 추측들은 대부분 옳은 것으로 드러났다. 그러나 짝 맞추기는 읽기와 같은 것이 아님을 유념하는 것이 중요하다. 영은 어느 정도의 성체자 문자열을 찾아내는 데는 성공했지만, 그 뒤에 있는 원리는 아직 그를 피해가고 있었다. 같은 방식으로 오늘날의 아기들도 '개'라는 단어를 인식할 수 있다(아마도 그림책에서 개 그림 아래에 나오기 때문일 것이다). 물론 그 문자들을 어떻게 발음하는지는 모르지만 말이다.

영은 성체자에서 예컨대 '파라오'라는 단어를 발견했지만, 그것을 알아차리지 못했다. 그는 '신전' 또는 아마도 '큰 집'이라는 단어를 발견했다고 생각했다. 그리고 실제로 그 의미의 단어를 발견한 것이 맞았다.

그러나 그는 첫 번째 부호가 '큰'을 의미한다는 것을 몰랐고, 그 발음이 '페르'임도 전혀 몰랐다. 두 번째 것이 '집'을 의미하고 '아아'로 발음된다는 것 역시 몰랐다. 그러니 이집트인들이 왕을 '큰 집', 즉 '페르아아'(바로 '파라오'다)로 불렀다는 것도 알 수 없었다. 우리가 "백악관이 발표했다"라는 말로 "미국 대통령이 발표했다"라는 의미를 전하는 것과 비슷한 방식이다.

영은 때로 실수를 했다. 룩소르 카르나크의 신전에서 나온 카르투슈에서 그는 베레니케라는 왕비의 이름을 발견했다고 확신했다. 이 신전에는 그리스어와 성체자 비문이 함께 있었고, 여기에도 그리스어로 '프톨레마이오스'라는 이름이 있었다(이 사람은 로제타석에 나오는 프톨레마이오스 5세가 아니라 그의 선조 프톨레마이오스 1세였다).

영은 여기서도 성체자들이 들어 있는 카르투슈 두 개를 발견했다.

한 카르투슈에 있는 성체자들은 로제타석의 '프톨레마이오스' 성체자들과 일치했다(위쪽 그림). 그것은 바로 영이 바라고 예상했던 것이었다. 따라서 두 번째 카르투슈만 남았다. 그 안에 있는 성체자 가운데 마지막 두 부호는 영이 이미 '여왕'을 의미한다고 밝혀낸 반원과 타원형이었다.

따라서 이 두 카르투슈 가운데 하나는 프톨레마이오스에 해당하는 것이고, 다른 하나는 그의 왕비에 해당하는 것이리라. 영은 고대 그리스 문서들을 통해 프톨레마이오스 1세가 베레니케라는 마케도니아 귀족 여성과 결혼했음을 알고 있었다. 두 카르투슈에 두 국왕 내외의 이름. 퍼즐 조각이 그렇게 말끔하게 배열되는 경우도 드물다.

영의 관점에서 무엇보다도 좋았던 것은 '베레니케'가 외국 이름이었다는 점이다. 그것은 자신의 성체자 탐색 비결을 적용할 수 있다는 얘기였다. (영은 토착 이집트인인 파라오들의 이름도 성체자로 쓰였다고 생각했지만, 그 경우 성체자는 관념을 나타낸 것이지 소리를 나타낸 것은 아니라고 보았다. 그가 보기에 관념을 나타내는 성체자는 의미를 지니지만 소리에 상응하지는 않았다. '웃는 얼굴' 그림이나 '해골과 뼈' 그림이 우리에게 작용하는 것과 대략 비슷한 방식이다.)

영은 이미 '프톨레마이오스'를 읽었다. 이제 그는 자신의 수집품에 또 하나의 이름을 추가하게 된다. 몇 개의 새로운 성체자와 함께.

불행하게도 '베레니케'는 '프톨레마이오스'와 공통되는 음이 거의 없었다. 따라서 영은 바닥부터 다시 시작해야 했다. 이것은 십자말풀이에서, 이미 답을 찾아내 바탕으로 삼을 수 있는 한쪽 힌트가 없는 새로운 영역을 채우는 것과 비슷하다.

'베레니케' 카르투슈의 첫 성체자 ⬳은 무슨 용기容器처럼 보였다. 영은 가슴이 뛰었다. '바구니'에 해당하는 콥트어 단어가 '비르'였고, 그것은 '베레니케'의 앞부분과 비슷한 소리였기 때문이다. 그리고 문자열 끝쪽, 타원체 위 반원 바로 앞에 있는 것은 새였다. 영은 그것이 거위라고 생각했다. 일부 자료에 따르면 '거위'에 해당하는 콥트어 단어는 K 음으로 시작한다고 그는 지적했다.

'베레니케'의 처음과 마지막 음이 이제 손에 들어왔다. 영은 작업을 계속해, 카르투슈의 그 사이 성체자들을 '베레니케'의 중간 문자들에 배정했다(아주 맞지 않는 것 하나는 '여분'으로 제쳐놓았다).[4]

영이 이 카르투슈가 '베레니케'라고 짐작하고 그에 맞추어 성체자들을 배정한 것은 모두 그의 희망 섞인 추측이었다. 19세기의 한 전기 작가는 "영 박사에게 가장 우호적인 옹호자도 이 분석이 … 그의 판단력보다는 독창성에 더 의존한 것임을 인정할 것"이라고 썼다.[5] 문제는 바구니가 향로香爐이고 거위는 독수리였다는 것이다. (새를 혼동한 것은 영의 잘못이 아니다. 그는 비슷하게 그려진 데 속은 것이다. 비문을 모사한 사람은 본래 독수리가 그려져 있던 곳에 거위를 그렸다.)

그렇지만 카르투슈 속의 이름은 정말로 '베레니케'였다. 이는 빨간 픽업트럭에 탄 용의자를 추적하던 형사가 노란 스포츠카를 우연히 불러 세웠다가 거기서 자신이 추적하던 진짜 범인을 발견한 것이나 마찬가지였다.

잘못을 저지르는 것은 수치스러운 일이 아니었다. 모든 해독자는 수도 없이 잘못을 저지른다(십자말풀이도 볼펜보다는 주로 연필을 사용한다). 그리고 영은 헛발질보다 성공한 경우가 훨씬 많았다.

그가 애초에 찾아낸 것들만 해도 인상적이다. 그의 해독 경력이 그렇게 일천했다는 걸 감안하면 더더욱 그렇다. 예를 들어 영은 반원과 타원체 성체자가 정보('이것은 여성의 이름이다')를 담고 있을 뿐만 아니라 이집트인들의 접근법이 영어의 구식 단어들에서 사용된 것(actress나 poetess처럼 '-ess'를 붙여 여성임을 표시하는 식의)과는 다름을 발견했다.

이집트에서 이 부호들은 그 앞에 있는 단어들의 일부가 아니고 발음되지도 않는다(또한 밑줄을 긋거나 강조 표시를 하는 따위의, 그들을 일반 성체자와 구분하는 어떤 표지도 없다). 독자는 그저 그 부호가 전하고 있는 정보에 주목할 뿐이다. 현대의 독자들이 〈시카고〉의 '〈 〉'를 보고 그것이 도시가 아니라 영화를 이야기한 것임을 알게 되는 것과 대략 비슷한 방식이다.

해독에 대한 영의 접근법은 그 자체로 중요했다. 그의 모든 선배들에게 '번역'이란 '무엇이든'의 게임이었다. 어떤 성체자 문자열이라도 무언가 의미를 지니고 있을 터였다. 성체자를 해독하는 것은 규칙도 없고 제한도 없는 작업이었다. 구름에서 형태를 찾는 것이나 마찬가지였다(햄릿은 폴로니어스를 이렇게 골린다. "저 구름 보이시나요? 거의 낙타처럼 보이는데." 그러고는 생각을 고쳐 "족제비 같다"거나 "고래 같다"며 동의를 강요한다). 그러나 영의 퍼즐 풀기 전략은 믿음에 의존하는 것이 아니라 검증될 수 있는 특정한 추측에 의존했다.

무엇보다 중요한 것으로 영은 개념상의 약진을 했다. 로제타석의 '프톨레마이오스'를 해독하면서 그는 성체자가 때로 소리를 나타낸다는 사실을 보여주었다. 그 간단한 진술은 엄청난 함의를 지니고 있었다. 성체자가 소리를 나타낸다면 그것은 생각을 나타내는 것이 아니었다. 그렇다면 1500년 동안 모든 권위자들은 문제를 잘못 생각하고 있었다는 얘기다.

그것은 앞으로 나아가는 큰 발걸음이었다. 그러나 영의 관심은 온전히 이름에(단어가 아니라) 머물러 있었다. 그것도 외국 이름에만 집중했다. 그는 아직 더 놀라운, 더 광범위한 가능성을 생각하지 못하고 있었다. 고대 이집트인들이 성체자의 소리를 보통의 이집트 단어들을 적는 데도 사용했을 가능성 말이다. 만약 그랬다면 사자와 새와 뱀은 외국인 지배자의 낯선 이름 같은 드문 사례에만 사용된 색다른 장치가 아니라, 일상적인 단어를 적기 위한 일상적인 도구 노릇도 했을 것이다.

이제 와서 보면 이름에서 단어로 옮겨간 것은 아기의 걸음마 같아 보인다. 당시 거기에는 정신적 도약이 필요했다. 영과 샹폴리옹 모두 천재였지만 둘 중 누구도 그것이 기회라고 생각지 못했다. 두 사람 모두 자신이 단어를 발음하는 데 얼마나 가까이 다가섰는지 아직 알지 못했다. 오늘 한 단어를 발음한다면 내일은 몇 단어를 더 발음할 수 있을 것이다. 그리고 진행이 순조롭다면 결국 매우 많은 단어를 발음할 수 있을 것이다. 죽은 언어를 되살릴 수 있는 것이다.

그들은 성공을 거두기 일보 직전이었다. 그러나 아직 누구도 그것을 발견하지 못했다.

1819년 12월, 영은 자신이 발견한 것을 《브리태니커 백과사전》의 '이집트'라는 제목의 중요 항목으로 썼다. 당시 《브리태니커》는 최고였다. 저명한 필자들이 동원됐다. 월터 스콧은 '기사騎士' 항목을 썼고, 존 스튜어트 밀은 '정부' 항목을 썼다. 영은 취향대로 익명으로 썼다. 그러나 그는 친구 거니에게 "권위 있게 인정해줄 수 있는 모든 사람은 누가 썼는지 알 것"이라고 말했다.[6]

그는 로제타석에 대해 논의하고 카르투슈 및 외국 이름의 중요성을 설명했다. 그리고 자신이 어떻게 '프톨레마이오스'와 '베레니케'를 해독했는지를 이야기하고, 자신이 음과 연결시키는 데 성공한 성체자들을 나열했다.

《브리태니커》에 쓴 글은 표지물 역할을 했고, 이로써 영은 다른 어느 경쟁자들보다도 앞서 나갔다. 이집트학인 로이 애드킨스와 레슬리 애드킨스는 이렇게 썼다.

영은 이때까지 샹폴리옹이 성체자에 관해 발표한 모든 것(사실상 거의
없었다)을 단연 능가했다. 그렇게 앞서갔으므로 따라잡힐 일은 없을
것 같았다.[7]

15

해독자의 자질

토머스 영은 도무지 노력을 하지 않는 것 같은 모습이었다. 한 대학 동창은 이렇게 감탄했다. "마루에는 책이 쌓여 있지 않고, 책상 위에 는 종이가 흩어져 있지 않아요. 그의 방은 게으른 사람의 방인 것 같 은 느낌이 확 나죠."[1]

그러나 사실 그는 꾸준히, 그리고 가차 없이 연구에 임했다. 웨스 트민스터 사원의 그를 기리는 명판銘板은 그의 성취를 길게 나열하고 영이 "끊임없는 노고를 참아냈다"라고 단언했다.[2] 맞는 말이다.

그러나 가장 재능 있는 해독자들조차도 대부분의 시간을 절망과 좌절에 빠져 지낸다. 어둠 속에서 길을 잃고 방황하면서도 결정적인 단서가 바로 이 근처에 있으리라고 확신한다. 희망과 절망 사이의 그 지하 세계에 살며 거의 잡은 것 같으면서도 잡히지 않는 상태에 갇히 는 것은 흥분되지만 미칠 노릇이다. 샹폴리옹이 로제타석에 대한 첫 번째 시도에서 빈손으로 돌아온 1804년, 그의 형은 그에게 "그 이집 트 비문 때문에 실망할 것 없다"라고 썼다. 그가 퍼즐의 작은 조각을 깰 수 있다면 전체를 규명할 수 있을 것이다.

> 문자 하나가 단어로 이어지고, 단어가 문장으로 이어지고, 문장이 나
> 머지 모든 것으로 이어진다. 따라서 모든 것이 문자 하나에 들어 있다
> 고 해도 과언이 아니다.[3]

따라서 멈춰 쉴 틈이 없다. 집요함이 핵심이다. 역사상 가장 뛰어
난 해독자 가운데 하나인 마이클 벤트리스라는 영국인은 가장 버거
웠던 언어학 문제의 해결에서 선도적인 역할을 했다. 1950년대에 벤
트리스는 로제타석 같은 어떤 도움도 없이 선형문자 B를 해독했다.
이것은 우리가 알고 있는 가장 이른 시기의 그리스 문자다. 소크라테
스와 플라톤 시대로부터 천 년 전이다. 트로이 전쟁이 정말로 벌어졌
다면(고고학자들은 그 해답을 내놓지 않고 있다) 선형문자 B는 오디세우스
와 아킬레우스가 사용한 언어를 기록했을 것이다.

선형문자 B로 쓰인 글은 크레타섬에서 처음 발견됐다. 이 섬은 미
노스 왕의 본거지였고(적어도 신화 속에서는), 한가운데에 사람을 잡아
먹는 미노타우로스가 있던 미궁迷宮 라비린토스가 있었다. 문자나 암
호를 해독하려는 모든 사람들에게 라비린토스 이야기는 특별 보너스
선물 같은 것이다. 이 신화에서 미노스의 딸 아리아드네는 테세우스
에게 실꾸리를 주어, 미노타우로스를 죽인 뒤 실을 따라 라비린토스
에서 다시 나오는 길을 찾을 수 있도록 했다.

벤트리스는 언어의 마법사였다. 그는 고고학의 수수께끼를 푸는
데서 누구보다도 능숙했다. 그는 명석했으며, 집요했다. 그는 2차 세

계대전 동안에 영국 공군의 항공사였다. 그가 독일 상공에서 폭격을 하고 기지로 돌아왔을 때 한 기자는 이렇게 썼다.

벤트리스는 경로를 정한 뒤 항공기 탁자의 한 부분을 치우고 즐겁게 그의 선형문자 B 자료를 들여다본다. 항공기가 으르렁거리며 고국으로 돌아올 때 탐조등이 그 불빛을 뻗고, 대공포가 발사돼 폭격기를 뒤흔든다.[4]

벤트리스는 진짜 포격 소리에도 아랑곳하지 않고 항공사 일을 "정말로 항공기 안에서 하는 책상머리 일"로 보았다고 한 친구는 말했다.[5] 그 위험은 풀리지 않는 문제의 유혹으로 충분히 상쇄됐다. 전쟁이 끝나고 몇 년 뒤 벤트리스는 마침내 진전을 이루었다. 한 동료는 이렇게 회상했다.

새벽 두 시쯤 문이 벌컥 열리더니 마이클이 불쑥 들어와 말했다.
"4천 년 만에 이 문자를 읽는 두 번째 사람이 돼보고 싶지 않소?"[6]

문자 해독과 암호 해독에서는 아주 작은 발걸음을 내딛는 데도 엄청난 어려움이 따른다. 나중에 보면 아무리 당연해 보이는 것일지라도 말이다. 역사가들은 1744년 성체자에 관한 책을 쓴 윌리엄 워버튼이라는 영국 주교의 업적에 갈채를 보낸다. 워버튼의 큰 공적은 성체자가 위장술이 아니라 단어라고 본 것이었다. 그 역할은 무언가를 말하려는 것이었다. 워버튼은 대담하게 주장했다.

(성체자는) 지금까지 생각되어온 것처럼 그것들을 비밀에 부친다는 생각으로 만들어진 것이 아니라, 사람들의 행동과 생각에 대한 기억을 보존하려는 의도를 가진 것이었다.[7]

천재들이라도 진행은 좌절감을 느낄 정도로 느렸다. 샹폴리옹은 1808년 이집트 파피루스 하나를 해독하려 했고, 결국 그 부호들이 자신을 좌절시켰다고 형에게 고백했다. "그것을 연구하고 온종일 생각해봐도 아무것도 이해할 수가 없어."[8]

2년 뒤 그는 한 강의에서 자랑스럽게 선언했다. "단언컨대, 성체자 한 글자마다 의미가 담겨 있는 것이 아닙니다. 그것은 집단으로 배열되어 있는 것입니다. 나는 이미 그것을 쉽게 구별할 수 있습니다."[9]

그것은 사실이었고 결정적이었다. 그러나 샹폴리옹이 출발선에서 그 짧은 거리를 전진하는 데 얼마나 많은 노력을 기울였을지를 생각해보라. 그것은 마치 영어로 쓰인 책과 잡지를 수천 시간 동안 연구한 뒤에 예컨대 'b'라는 문자 하나(그것 자체로는 아무 의미도 없는)를 발표하는 것이나 마찬가지였다. 그러나 인식할 수 있는 많은 문자열이 있었다. 예컨대 big(큰)이나 table(탁자)이나 mobil(모빌) 같은 것을 발견했을 수 있다. 그것이 무엇을 의미하는지에 대해서는 눈곱만큼도 아는 게 없더라도 말이다.

발명이나 발견 이야기는 언제나 실제의 상황과 다르게 재구성된다. 잘못된 출발과 쓸데없는 방황에서 줄곧 맴돌다가 한순간 겨우 돌파구가 나타나기 때문이다. 그런 절망스런 진짜 이야기를 견딜 독

신의 기록

자는 거의 없다. 마침내 진실이 발견된 뒤 아인슈타인이 한번은 이런 말을 했다.

기쁜 성취는 거의 당연한 것처럼 보인다. 명석한 연구자라면 큰 어려움 없이 그 성취를 붙잡을 수 있다고 여겨지는 것이다. 그러나 어둠 속에서의 수년에 걸친 간절한 연구, 그들의 강렬한 열망, 번갈아 나타나는 확신과 절망, 그리고 마침내 불현듯 찾아오는 빛 한 줄기. 이는 경험한 사람들만이 이해할 수 있는 일들이다.[10]

그렇게 피곤한 연구에 일생을 바치도록 이끌리는 사람은 많지 않다. 그리고 특히 문자 해독이나 암호 해독 같은 일들은 일반적인 과학의 신비를 푸는 것과는 달리 일에서 필요로 하는 것이 더욱 가혹하다. 이제 지적 능력과 끈기에 더해, 좀처럼 함께할 수 없는 두 가지 특성이 더 필요하다.

필수적인 것은 "고되고 자질구레한 일의 반복을 거의 무한정 참아내는 것"과 그런 특성의 "정반대의 것"(갑작스럽고 놀라운 상상의 도약을 이루는 재능)이라고 역사가 스티븐 부디안스키는 말한다. "이상적인 해독자는 회계원의 영혼을 가진 베토벤, 또는 그 반대의 인물이다."[11]

부부가 한 팀을 이룬 아주 유명한 두 암호 해독자 윌리엄 프리드먼과 엘리제베스 프리드먼(둘은 함께 2차 세계대전 동안 수천 건의 암호화된 나치스 통신문을 해독했다)은 관련 문제를 강조한 글을 썼다. 해독 작업은 과학과 예술의 기묘한 배합이라고 프리드먼 부부는 설명했다.

다른 과학에서는 규칙과 원리를 그렇게 잘 따르지 않고 그것들이 그렇게 자주 깨지는 경우가 별로 없다. 그리고 다른 예술에서는 추론과 논리가 그렇게 큰 역할을 하는 경우가 별로 없다.[12]

문자·암호 해독자는 과학적 재능과 예술적 취향의 배합보다 더 희귀한 또 하나의 흔치 않은 특성이 더 필요하다. 그들은 부디안스키의 말대로 거의 편집증 환자가 되어야 한다.

피해망상을 가졌다는 의미에서의 '편집증 환자'가 아니라, 거의 상관없어 보이는 세부 속에 엄청난 진실이 숨어 있다고 믿는다는 의미에서의 편집증 환자이자, 다른 모든 사람이 보지 못한 것을 볼 수 있다고 믿는다는 의미에서의 편집증 환자다.[13]

아마도 여기에 샹폴리옹과 영의 비슷한 부분이 있을 것이다. 두 사람은 모두 자신이 자연으로부터 선택받아 남들이 보지 못하는 비밀을 볼 수 있는 존재라는 조용한 믿음을 갖고 있었다. 두 사람은 모두 자신의 재능에 대한 철저한 믿음과 함께 '혼자서 가는 사람이 가장 빨리 간다'라는 널리 알려진 지혜에 대한 깊은 믿음이 있었다.

샹폴리옹 집안에서 오랫동안 즐겨 이야기한 가족 전승에 따르면, 어머니가 그를 임신했을 때 마을 의사는 "앞으로 수백 년 동안 빛이 될" 아들을 낳을 것이라고 말했다.[14] 또 다른 가족 전승에 따르면 샹폴리옹은 열한 살 때 연구자 조제프 푸리에를 만났는데, 그가 성체자 비문 몇 개를 보여주었다. 그러자 샹폴리옹은 언젠가 자신이 성체자

를 처음으로 해독하는 사람이 되겠다고 다짐했다(그가 나중에 그렇게 주장했다).¹⁵

영 역시 어려서부터 자기 방식대로 하는 확실한 고집을 드러냈다 (퀘이커교도들의 양육 방식이 그에게 "여론에 대한 완전한 경멸"을 심어주었을 것이라고 스스로 추측했다).¹⁶ 영은 여섯 살 무렵에 "비참한 기숙학교"로 보내졌다고 자전적 에세이에서 회상했다. 시작부터 그는 자주성을 고집했다. "심지어 그 나이에도 나는 독학을 시작했다."¹⁷

영은 그를 가르친 교사들 가운데 한 사람에게 최고의 칭찬을 했다. 그가 "학생들의 시간 사용에 약간의 재량권을 주는 양식이 있었다"는 것이었다.¹⁸ 영은 꺾이지 않는 망아지였다.

그는 결코 굴복하지 않았다. 그는 과학 연구에서(다른 일에서도 마찬가지였지만) 자신이 "최소한의 도움만 받고서도 모든 관찰을 할 수 있음을 확신한다"고 단언했다.¹⁹

문자·암호 해독자들은 영이나 샹폴리옹처럼 천재는 아닐지라도 아웃사이더이며 괴짜인 경우가 많다. 재능은 어디서나 튀어나올 수 있다. 블레츨리파크는 과학자와 언어학자만이 아니라 영국에서 십자말풀이를 가장 잘 푸는 사람들도 모집했다(그들에게는 "국가적으로 중요한 문제"에 도움을 주게 될 것이라고만 말해두었다).●²⁰

암호 해독의 세계에서는 문제 해결을 위한 감각만이 유일한 입장

● 나치스 역시 암호 해독자 후보를 찾아내기 위해 십자말풀이를 이용했다. 가장 잘 푼 사람들은 특수 훈련을 시켰다. 동기 유발을 위해 교관들은 신입자들에게 학급의 하위 90퍼센트는 소련 전선으로 보낼 것이라고 말했다.²¹

권이다. 학위는 중요한 것이 아니다. 고전학자 메리 비어드는 이렇게 썼다. "우리의 환상 속에서 우리는 모두 암호 해독자가 될 수 있다."[22]

우리는 모두 할 수 있다. 우리가 명석함과 끈질긴 노력 모두를 갖추었다면 말이다. 이것이 '유레카!'를 외쳤을 법한 모든 성취의 진짜 이야기다. 그리고 이것은 암호 해독이라는 특수한 분야에 대한 것만도 아니다. 심지어 영의 대선배이자 아마도 서방 역사에서 가장 위대한 지식인이었던 아이작 뉴턴조차도 천재성만큼 지구력과 완강함이 중요한 역할을 했다.

"중력 이론을 어떻게 알아냈나요?" 뉴턴은 노년에 이런 질문을 받았는데, 그는 간단하게 대답했다. "그것에 대해 계속 생각한 거죠."[23] 뉴턴은 농담을 한 게 아니다.[24] 한 가까운 지인은 이 거인이 크게 웃는 걸 딱 한 번 보았다고 회상했다. 이 말은 뉴턴이 그만큼 모든 순간에 집중하고 있었다는 의미였다. 경제학 연구를 하다가 짬을 내어 뉴턴 전기에 푹 빠졌던 존 메이너드 케인스는 이렇게 썼다.

그의 독특한 재능은, 순전히 정신적인 문제를 자신이 완전히 파악할 때까지 계속해서 붙잡고 있을 수 있는 능력이었다. 나는 그의 탁월함이, 역사상 그 누구보다도 직관력을 가장 강하고 가장 지속적으로 유지할 수 있었던 덕분이라고 생각한다.

보통 사람들은 중단 없이 집중하는 것이 거의 불가능하다. 주먹을 쥔 뒤 절대 풀지 않는다고 생각해보라. 케인스는 이어 말했다. "뉴턴은 어떤 문제를 생각하고 있으면 그것이 비밀을 내놓을 때까지 몇 시간이든 며칠이든 몇 주든 붙잡고 있을 수 있었을 것이다."[25]

그런 식의 가차 없는 집중은 사실 엄청난 고역이다. 스탠포드대학
의 신경학자 로버트 새폴스키에 따르면, 체스 경기 과정에서 정상급
선수들은 하루에 6천~7천 칼로리를 소모할 수 있다.[26] 의자에 앉아
나무로 된 작은 말을 움직이는 사색가가 전력 질주하는 마라톤 선수
들만큼의 에너지를 소비하는 것이다.

해독 작업의 역사를 다루는 역사가들은 모두 과제의 물리적 측면
을 강조한다. 고대 페르시아어 해독의 선구자 게오르크 그로테펜트
를 묘사한 한 구절은 특징적인 이야기로 보인다. 그의 한 친구는 이
렇게 회상했다. 그로테펜트는 "비상한 기억력과 뛰어난 체력의 소유
자였습니다. 그 덕분에 이른 아침부터 밤 늦게까지 연구할 수 있었
죠. 중단하거나 쉬지 않고 말입니다."[27]

체스든 수학이든 음악이든 재능(또는 적어도 열정)은 일찍부터 나타
나게 마련이다. 샹폴리옹은 열세 살 무렵부터 성체자에 사로잡혔다.
마이클 벤트리스는 열네 살 이후 선형문자 B에 빠졌다. 매카서 천재
상(정식 명칭은 매카서 펠로 프로그램) 최연소 수혜자인 데이비드 스튜어
트는 여덟 살에 마야 그림문자에 빠졌다.

때로 이런 조숙한 재능은 새로운 언어를 탐색하는 본능이라는 형
태를 띠기도 한다. 벤트리스는 아마도 가장 분명한 사례일 것이다.
그는 공부 없이 금세 언어를 아는 어린아이의 재능을 평생 동안 가지
고 있었다. 마걸릿 폭스는 선형문자 B 해독의 역사를 쓰면서 이렇게
말했다.

운 좋은 소수에게 결정적인 시기는 어른이 되어서도 그대로 지속되는 듯하다(잘 밝혀지지 않은 어떤 신경학적 이유가 있을 것이다). 그들은 스물이나 서른이 되어서도 여섯 살 때처럼 최소한의 노력을 들이고도 즉각적으로 외국어를 흡수할 수 있다. 마이클 벤트리스는 의심의 여지없이 그런 사람이었다.[28]

벤트리스 가까이서 선형문자 B를 연구했던 한 동료는 그가 스웨덴어 신문 기사를 읽고 있는 모습을 회상했다. 스웨덴어를 어디서 배웠지? 나중에 안 바로는 벤트리스가 건축 사업 때문에 몇 주 동안 스웨덴에 갔었던 게 전부였다(그의 직업은 건축이었고, 문자 해독은 취미였다). 그걸로 충분했다. 그 이후 벤트리스는 스웨덴 학자들과 스웨덴 말로 편지를 주고받았다.[29]

문자 해독은 장비가 거의 필요 없는 게임이기 때문에(그런 의미에서 요트나 폴로보다는 농구나 달리기에 가깝다) 계층 구분선보다는 재능이 중요한 경향이 있다.

벤트리스는 부유한 집안 출신이었고 영도 유복했지만, 샹폴리옹은 분명히 그렇지 않았고 선형문자 B 이야기의 또 다른 주인공 앨리스 코버도 마찬가지였다. 오랫동안 학자들은 게오르크 그로테펜트를 무시했다. 그가 대학 교수가 아니라 고등학교 교사였기 때문이다.

조지 스미스의 이야기는 고고학사 속의 어느 이야기만큼이나 낭만적이다. 그는 고등학교조차 다닌 적이 없었다. 스미스는 1854년 런던의 한 인쇄소에 들어가 일을 배웠다. 당시 열네 살이었고, 그의 공식 교육은 그것으로 끝이었다. 그는 시간이 나기만 하면 영국박물관

영국박물관 아시리아관에 있는 쐐기문자 점토판의 일부.

으로 가서 니느웨(니네베) 및 바빌론에서 출토된 점토판을 들여다보
았다.

문외한에게 그 서판들은 도무지 알 수 없는 것들이었다. 쐐기문자
는 직선과 쐐기가 말끔한 대형으로 정리되어 있는 모습이었다. 이것
은 강박장애가 있는 새떼가 젖은 진흙 위를 걸어가면 생길 법한 모습
이었다.●

이윽고 조지 스미스는 그 알 수 없는 글들을 어떻게 읽는지 세계에

● 어떤 문자들의 외양은 그 시초를 짐작할 수 있게 해준다. 예컨대 쐐기문자가 쐐기 무늬인 것은
젖은 진흙을 철필로 눌러 만들기 가장 쉬운 모양이었기 때문이다. 반면에 스리랑카의 자모는 거
의 전적으로 아름답고 둥근 모양으로 이루어졌다. 예전에 실론으로 불렸던 이곳의 고대 필사공들
은 마른 야자나무 잎에 글을 썼다. 그것은 곧지만 여린 엽맥(葉脈)이 있었다. 곧은 선으로 쓴 글
들은 그 엽맥을 따라 균열이 생기게 마련이었다.

가르치게 된다. 그리고 그는 기독교 성경의 것보다 앞선 시기의 홍수 이야기의 한 형태를 발견하게 된다.

스미스의 인생에서 최고의 순간은 1872년에 왔다. 니느웨에서 출토되어 영국박물관에 있던 고대 서판 일부를 번역해낸 것이다. 그가 발견한 것은 〈길가메시 서사시〉의 일부였다. 아마도 글로 쓰인 첫 이야기였을 것이다.

"내가 2천 년 만에 이걸 처음 읽었어!" 스미스는 소리를 질렀다. 그리고 한 목격자에 따르면 그는 갑자기 "펄쩍펄쩍 뛰고 격앙한 상태로 방을 뛰어다녔으며, 옷을 벗어 던져 그곳에 있던 사람들을 경악시켰다."●[30]

그러한 '유레카!'의 순간에 대한 가능성이 해독자들로 하여금 그 모든 음울하고 혼란스런 밤들을 지새우도록 유혹한다. 암호 해독가 엘리제베스 프리드먼은 그것을 "당신 인생의 짜릿함"이라고 불렀다. "단어의 형해가 튀쳐나와 당신을 뛰어오르게 만든다."[31]

● 역사가 스티븐 그린블라트는 《아담과 하와의 부침(The Rise and Fall of Adam and Eve)》에서 목격담이 과장됐을 수 있다고 말한다. "스미스의 동료들에게 그렇게 충격을 주었다는 탈의는 문학사가 데이비드 담로시가 말한 대로 그저 깃을 푼 것일 수 있다. 그곳은 어쨌든 빅토리아 시대 영국이었다. 그러나 아무리 많이 흥분했더라도 그 발견은 모든 것을 거의 용서하게 할 만하다."

16

헛다리 짚기

1819년이 되자 토머스 영은 성체자의 수수께끼에 대한 해답을 손에 넣게 됐다. 그는 성체자가 소리를 나타낼 수 있음을 보여주었다. 우리의 자모가 소리를 나타내는 것과 마찬가지다. 그는 나아가 몇몇 성체자를 소리와 연결시키는 〈소리?〉라는 가제假題의 표를 만들기까지 했다.[1] 사자 그림은 소리 L, 갈짓자 모양은 N, 반원은 T였다.

명석하고 야심 있는 영은 거기서 자신의 발상을 거부하는 쪽으로 나아갔다. 그에게는 두 가지 이유가 있었다. 하나는 좁은 것이고 하나는 넓은 것이었다. 하지만 둘 다 그를 그릇된 방향으로 기울어지게 만든 잘못이었다.

좁은 잘못이 먼저였다. 영은 성체자가 소리를 나타낼 수 있다고 판단했지만, 그것은 특별한 사례 중에서도 가장 특별한 경우에만 그렇다고 보았다. 비이집트인 지배자의 이름이 담긴 카르투슈 같은 경우를 제외한 모든 보통의 상황(성체자가 카르투슈 밖에 나타나고 그것이 외국인 왕이 아닌 다른 모든 것을 가리킬 때)에서는 소리와는 아무런 관계가 없다고 보았다.

영을 헤매게 만든 것은 카르투슈였다. 그는 카르투슈가 많지 않음을 알았고, 카르투슈 안의 성체자가 소리와 상응한다는 것을 알았다. 이 두 가지 사실을 함께 고려해 그는 이런 결론으로 비약했다. 카르투슈 밖에 있는 모든 성체자는 소리와 상응하지 않는다고.

그것은 오류였다. 그러나 영의 잘못은 경솔한 추론 때문에 생긴 것이 아니었다. 노련한 수학자인 그는 논리적 오류를 범할 수 없었다. 다만 그는 불완전한 증거로 인해 풍부한 학식을 동원한 추측을 했다.

그러나 그는 잘못 추측했다. 그를 잘못으로 이끈 것은 카르투슈가 매우 드물다는 것이었다. 그는 카르투슈가 특수한 것이라고 생각했고, 그것은 옳았다. 성체자 문서를 보는 사람은 누구나, 왜 어떤 성체자들 주위에는 타원형 선이 둘러져 있는지 궁금할 것이다. 그리고 실제로 카르투슈는 하나의 신호였다. 영이 말한 그대로다.

문제는 그가 신호를 잘못 읽었다는 것이다. 영은 타원체 안에 있는 성체자들이 관념이 아니라 소리를 나타낸다는 표시가 카르투슈라고 생각했다. 하지만 카르투슈의 실체는 왕의 이름을 적은 것이었다. 카르투슈가 많지 않았던 것은 왕이 많지 않았기 때문이지 소리가 많지 않았기 때문이 아니었다.

영은 멈춰 서서 자신이 잘못을 저질렀는지를 생각해보지 않았다. 그가 왜 자신이 한 일을 재고한단 말인가? 그가 '프톨레마이오스' 카르투슈를 해독한 것은 그 시점까지 이집트 문자 해독의 역사에서 가장 큰 업적이었다.

바로 그 성공이 앞으로 나아가야 하는 영으로 하여금 그 자리에 머물도록 만들었다. 여기, 숲을 개간한 곳에 와서 그곳을 한 뼘 한 뼘 탐사해 마침내 땅속에 묻힌 작은 금을 찾아낸 탐사자가 있다. 자신의 발견에 취한 우리의 불운한 탐사자는 보물을 더 찾을 수 있다는 희망을 가지고서 이후에도 내내 자신의 모든 노력을 그곳 주변을 파는 데에만 쏟는다. 바로 모퉁이를 돌면 훨씬 더 큰 보물이 있는데 말이다.

영의 두 번째 잘못, 더 넓은 잘못은 결정적인 것이었다. 카르투슈를 오해한 것은 발을 헛디딘 것이었지만, 이는 기술적인 퍼즐 풀기의 잘못이었다. 영의 더 넓은 잘못은 개념상의 잘못이고, 따라서 더 포괄적이고 더 위험한 것이었다. 이 잘못은 근본적인 수준에서 성체자의 성격을 오해한 것이었다.

영은 잘못된 방향으로 밀려가고 있었다. 그는 사실 2천 년 동안 축적된 통념의 무게에 떠밀리고 있었다. 그리고 그는 자신도 모르는 사이에 압력에 굴복했다. 미국의 의학자이자 작가인 올리버 웬들 홈스는 이렇게 말했다. "우리는 모두 아기 시절에 우리 부족의 신앙을 문신으로 새겨 넣었다. 그 기록이 겉에 새겨진 것일지라도, 그것을 지울 수는 없다."[2]

여러 세대의 유럽 학자들에게 그 신앙의 영향은 성체자를 신비에 젖어들게 하는 것이었다. 그것은 성체자를 그저 하나의 문자 체계로 보는 일을 거의 불가능하게 만들었다. 이 잘못된 교리와 가장 밀접하게 연결된 이름이 서기 400년 무렵에 살았던 이집트 사제 호라폴로다. '성체자'에 해당하는 '히에로글리피카hieroglyphiká'(그리스어로는 '성스러운 새김'이라는 뜻이다)라는 말을 처음 만들어낸 것도 호라폴로였다. 단어 선택에서 '새기기'('쓰기'가 아니다)가 핵심이다. 호라폴로의 요지는 히에로글리피카가 그림이지, 어떤 특이한 글 속의 글자가 아니라는 것이다.

호라폴로의 생애는 신비에 싸여 있다. 우리가 알고 있는 전기 속의 거의 모든 '사실'은 추측이다. 그러나 로제타석이 발견되기 이전까지 그는 성체자의 최고 권위자로 여겨졌다.

호라폴로의 명성은 그가 쓴 두꺼운 책 《히에로글리피카》에서 나온 것이다. 학자들은 이 책이 서기 400년 무렵 호라폴로가 이집트어로 쓴 것이라고 본다. 성체자를 사용하지 않게 된 지 오래 지난 후였다.

《히에로글리피카》는 호라폴로가 죽은 지 천 년이 지난 뒤인 1419년에야 발견됐다. 한 이탈리아 수도사가 그리스어 번역본을 우연히 발견했다.[3] 그동안 이 책이 어디에 있었고 애초에 어떻게 해서 번역됐는지에 대해서는 아무도 알지 못한다. 그러나 이 저작은 발견되자마자 성체자의 유일한 열쇠로 환호를 받았고, 400년 동안 그 지위를 유지했다. 그 시기 동안 이집트의 전승에 관한 호라폴로의 모든 발언은 '경외'의 대상으로 간주됐다고 한 현대 역사가는 말한다.[4]

호라폴로는 권위와 확신을 가지고 썼다. 질문과 반론은 전혀 고려되지 않았다. 논박은 말할 것도 없었다. 영은 다른 수많은 사람들과 마찬가지로 그의 주술에 걸려들었다. 호라폴로는 200여 장章에 이르는 자신의 저작에서 그의 중심 주제를 강조했다. 성체자는 문장紋章이고 우화이며, 거기에는 상징적 메시지가 담겨 있다는 것이다. 그는 이렇게 썼다. 이집트인들은 "신 또는 어떤 숭고한 존재를 상징화하려 할 때 … 매를 그린다." 왜 매일까? 그 이유는 이렇다. "다른 새들은 날고자 할 때 비스듬히 나아간다. 그들은 곧바로 날아오르는 것이 불가능하다. 오직 매만이 곧바로 날아오를 수 있다."

그는 또한 독수리 모습의 성체자가 '어머니'를 의미한다고 설명했다. 모든 독수리가 여성이라는 것은 잘 알려진 사실이기 때문이다. 거위는 '아들'을 의미하는데, 거위가 특히 자식에게 헌신적이기 때문이다. 산토끼는 '개방'을 의미하며, 이는 산토끼가 절대 눈을 감지 않기 때문이다.[5]

다른 성체자는 자연 세계에 대한 지식에 덜 의존하고 일종의 상징적 암호 해독에 더 의존했다. 호라폴로는 이렇게 썼다. "한 번도 여행을 해본 적이 없는 남자를 나타내기 위해 그들은 당나귀 머리를 한 남자를 그린다. 그는 해외에서 무슨 일이 일어나고 있는지 알거나 들어본 적이 없기 때문이다."[6] 불가능한 어떤 것을 나타내려면 "그들은 물 위를 걷는 남자를 그린다. … 아니면 머리가 없는 남자가 걸어가는 모습을 그린다."[7]

호라폴로에 따르면 전형적인 성체자는 여러 의미를 지니고 있고, 그 가운데 분명한 것은 별로 없다. 간혹 그 의미가 넓은 범위에 걸치는 경우도 있다. 예컨대 독수리는 '어머니' 외에도 '시각'("다른 모든 동물보다 더 날카롭게 보기 때문에")이나 '경계境界'("전쟁이 벌어지려고 할 때 그것이 일어날 지점을 지적해주기 때문에")나 '예지력'("더 많은 수의 병사가 죽게 될 군대 쪽을 보고 있기 때문에")이나 '동정심'("새끼에게 줄 먹이가 없다면 자기 넓적다리를 갈라 새끼들이 그 피를 마실 수 있게 하기 때문에")을 의미하기도 한다.[8]

이런 모든 해석은 억지스러워 보인다. 그리고 대부분은 실제로 억

지스러웠다. 그러나 호라폴로의 기이한 설명 가운데 일부는 나중에 옳은 것으로 밝혀졌다. 예컨대 독수리는 정말로 '어머니'를 의미했다. 그 진짜 이유는 호라폴로의 설명과는 아무런 관계가 없지만 말이다. 거위도 '아들'을 의미했고('거의' 그렇다고 해야겠다. 실제로 '아들'을 의미한 것은 오리였다) 산토끼는 '개방'을 의미했다. 그러나 본분을 다하는 부모라든지 눈을 뜨고 있는 것에 대한 호라폴로의 이야기는 잘 못 짚은 것이었다.

호라폴로의 얼마 안 되는 이 진짜배기 통찰은 잘 드러나 찾기 쉬운 보석이었다. 문제는 그 한 줌의 보석이 비슷하게 생긴 모조 장신구 더미에 있다는 것이었다.

그것은 두 가지 상반된 문제로 이어졌다. 우선 학자들은 보석을 놓치고 짝퉁을 붙잡았다. 그들은 호라폴로의 '번역'을 모두 진실하고 흥미진진한 것으로 받아들이고 여기에 자기네의 미심쩍은 번역을 추가했다. 호라폴로가 가르친 그대로 성체자가 상징이라는 분명한 믿음 속에 유럽의 학자들은 즐겁게 그릇된 방향으로 행진해 나아갔다.

천여 년이 지난 뒤에야 그들은 자기네가 길을 잃었음을 깨달았다. 18세기에 마침내 환상이 깨지기 시작하자 학자들은 과민하게 반응했다. 촌스러운 가짜에 당혹스러운 나머지 경멸하듯이 보석 더미 전체를 무시해버린 것이다. 이집트학자 존 레이는 이렇게 말했다. "가련한 호라폴로 영감은 신뢰를 상실해, 그가 이야기한 진실은 그가 펼쳐낸 신비로운 장광설과 함께 팽개쳐졌다."9

분명히 호라폴로는 성체자가 어떤 식으로 이루어졌는지를 정말로 아는 이집트 사제나 학자로부터 이 문자에 대해 배웠을 것이다. 아무런 힌트 없이 독수리가 '어머니'를 의미한다는 올바른 관찰 결과를 얻어낼 수 없었을 테니 말이다.

그러나 거기서 그는 잘못을 저질렀고(그의 '번역' 대부분은 완전히 틀렸다) 우리는 그가 왜 그랬는지에 대해 그저 추측만 할 수 있을 뿐이다. 아마도 그는 자신이 들은 것을 잘못 이해했거나, 확실한 정보와 잘못 알려진 이야기를 뒤섞어버렸을 것이다. 아니면 그가 성체자는 숨은 의미를 가진 상징이라는 것을 매우 독실하게 믿었기 때문에 고정된 믿음에 갇혀 경로를 이탈했는지도 모른다.

호라폴로의 주장이 그렇게 큰 영향력을 발휘한 것은 그것이 다른 저명한 인물의 기록과 일치했기 때문이기도 했다. 디오도로스 시켈리오테스라는 그리스 역사가는 서기전 1세기에 이집트에 갔는데, 이집트의 문자가 어떤 문자와도 다르다고 기록했다. 낱글자나 음절을 바탕으로 한 것이 아니라 은유적인 의미를 담은 그림을 바탕으로 한다는 것이다. 예컨대 악어는 '악惡'을, 눈은 '정의'를 나타낸다는 것이었다.[10]

서기 120년 무렵, 디오도로스보다 훨씬 유명한 그리스 역사가 플루타르코스는 성체자에서 물고기는 '증오'를 상징한다고 설명했다. 물고기 많은 바다가 생명을 제공하는 나일강을 먹어치우기 때문이다. 하마는 '폭력과 부도덕'을 상징하는데, 하마 수컷이 아비를 죽이고 어미와 짝짓기 때문이다.[11] 이런 해석은 어리석어 보이지만, 우리는 아직도 그림을 대체로 같은 방식으로 해독한다. 포스터에 나오는 흰머리수리는 '용기와 애국심'을 나타내는데, 독수리는 날래고 강하며 미국 원산이기 때문이다. 해골과 교차된 뼈는 '독毒'을 의미한다.

또 매우 존경받는 고대 작가인 알렉산드리아의 클레멘스는 그가 이집트인의 "상징적이고 신비로운 가르침"이라고 부른 것에 약간 다른 해석을 했다. 클레멘스는 그리스 태생의 신학자로 서기 200년 무렵 이집트에서 가르쳤다. 격언이 간단한 말 속에 심오한 진실을 담고 있듯이 성체자는 단순한 그림 속에 깊은 의미를 갖고 있다고 그는 썼다. 오직 바보만이 격언을 액면 그대로 받아들인다. '불을 쑤시지 말라'라는 것은 '화난 사람을 자극하시 말라'라는 의미라고 클레멘스는 설명했다. '음식을 개수통에 넣지 말라'라는 것은 '현명한 주장을 얼간이에게 낭비하지 말라'라는 의미다.[12]

그와 똑같은 방식으로 성체자는 일상적으로 보는 그림 같아 보일지 모르지만, 이 새와 초목과 접시의 진짜 중요성은 훨씬 크고 더욱 신비롭다고 클레멘스는 이어간다. 힘들더라도 진실로 가는 길을 찾는 사람들은 풍성한 보상을 받을 것이다. 클레멘스는 이렇게 썼다. "장막 너머에서 빛을 내는 모든 것은 더 크고 더 인상적인 진실을 보여준다."[13]

성체자에서 깊숙하고 상징적인 의미를 끌어낸 사람들 가운데서 가장 모험적이고 가장 두드러진 사람은 아타나시우스 키르허라는 예수회 사제였다. 그는 17세기 중반에 명성을 날렸다. 독일에서 태어난 키르허는 생애 대부분을 로마에서 살았다. 그곳에서 그는 수십 권의 책과 수많은 말들을 쏟아냈다(이집트에 관한 그의 대작은 세 권으로 엮였는데 총 2천 쪽에 달했다).

키르허의 연구는 터무니없다 싶을 만큼 광범위했다. 그는 수학자였고, 신학자였으며, 그리스어와 라틴어와 중국어와 히브리어와 용과 화산과 음악과 화석과 파인애플(철을 용해시키는 힘을 가졌다고 한다)과 노아의 방주에 대한 권위자였다. 지금은 거의 잊혔지만, 당대에 키르허는 세계적인 명성을 누렸다.

그는 우연히 성체자 연구를 하게 됐다. 1500년 전 전리품으로 로마로 가져온 이집트 오벨리스크에 대한 묘사를 책에서 보게 된 이후였다. 키르허는 곧바로 이 "아득한 옛날 새겨진 고대 이집트의 지혜에 대한 기록"을 해독하는 일에 착수했다.[14]

이 탐구에는 수십 년이 걸렸다. 그러나 키르허는 성공을 거두었다. 적어도 스스로의 생각에는 그랬다. 그는 이렇게 썼다. "성체자 예술의 모든 비밀과 그 규칙·방법·원리는 성령의 작용과 은총에 의해 내가 완전히 파악했다."[15]

그의 '번역'은 사실 억측에 불과했고, 과녁을 크게 벗어난 것이었다. 키르허는 일생 동안 매우 많은 것을 읽었기 때문에 모든 성체자들이 그의 마음속에서 수없는 연관성을 불러왔지만(이것은 오시리스 신과 관련된 모습이고 저것은 이시스 여신과 관련된 것이라는 식의) 그 모든 것은 사실 어떤 관련성도 없었다.

지금 이집트학자들은 예를 들어 한 고대 오벨리스크의 어떤 성체자 문자열이 서기전 600년 무렵의 지배자인 아프리에스라는 파라오의 이름과 칭호를 적은 것임을 안다. 단지 그뿐이며 더는 없다. 그러나 그 얼마 되지 않는 성체자에서 키르허는 "별나라의 미덕과 은혜"와 "오시리스 사발의 유익함"과 "양면적인 자아에 숨겨진 힘"과 그

밖의 많은 것들에 관한 메시지를 읽어냈다.[16]

이는 환상이었다. 150년 뒤 영과 샹폴리옹이 나올 때까지 아무도 입증하지 못했지만 말이다. 키르허는 자신의 명석함에 무한한 믿음을 가지고 있었다. 그는 자신의 성체자 해독 성과를 아메리카 대륙 발견이나 인쇄기 발명과 비교했다.[17] 그의 어느 저서는 이런 제사題辭로 시작했다. "모든 것을 아는 것보다 아름다운 것은 없다."[18]

근대 이후 그의 허풍스런 잘못은 그를 조롱의 대상으로 만들었지만, 그것은 그리 공정치 않다. 비록 잘못 이끌리기는 했지만 키르허는 논란의 여지없이 박식했고, 이집트에 관한 그의 저작은 환상도 있었지만 몇몇 귀중한 공헌도 했다. 예컨대 키르허는 콥트어가 "과거 파라오의 언어"였다고 딱 부러지게 단언했다.[19] 이는 당시에는 논란이 있는 주장이었지만, 그것은 절대적으로 옳은 것으로 판명됐다. 여기서 그치지 않았다. 키르허는 콥트어 사전을 편찬했고, 콥트어 문법의 기초를 제시하는 첫 논문을 썼다. 샹폴리옹 같은 후진들은 그런 저작들을 열심히 읽었다.

심지어 키르허의 싱체사에 관한 저작에도, 정중하지만 당혹스러워하는 한 현대 역사가가 지적했듯이 "엉터리"의 바다에 "이상한 천재성의 기미"가 있었다.[20] 특히 그는 특정 성체자가 어떤 음을 나타낸 것이라고 처음으로 올바르게 설명했다(그 성체자는 〰〰〰이었고, 그 발음은 N이었다).

키르허는 오직 이 사례 하나만 제시했고, 후속 연구는 하지 않았다(그는 성체자의 깊숙한 의미에 관심이 있었고, 그가 피상적인 의미라고 본 것에는 신경 쓰지 않았기 때문이다). 하지만 그는 그림과 소리 사이의 연관성을 강조함으로써 전체 성체자 수수께끼의 핵심적인 진실을 처음으로 파악한 사람이 됐다.

키르허의 문제는 그가 호라폴로 원리(성체자는 문자나 단어가 아니라 관념이라는)의 독실한 신봉자였다는 점이다. 그가 보다 실용적인 생각을 가졌다면 성체자 해독이 그렇게 어려웠던 일상적인 이유가 무수히 있다고 주장했을 것이다. 이집트인들은 우리에게 사어가 된 언어를 사용했으며, 그들이 특이하고 정교해 보이는 문자를 고안했고, 우리가 추측만 할 수 있는 신앙을 가졌고, 우리에게 완전히 낯선 세계에서 살았다는 등의 주장 말이다.

하지만 그는 그러지 않았다. 그의 생각은(그리고 고전기와 르네상스 시기 작가들의 일반적인 생각은) 성체자가 의도적으로 어렵게 만들어졌다는 것이었다. 한 현대 역사가의 요약을 빌리면, 이집트의 필사공들은 그들의 의미를 "비유와 수수께끼의 장막" 뒤에 숨긴다는 분명한 목표를 가지고 성체자를 만들었다는 것이다.[21]

실제로 많은 부호들은 외부인이 해독하기 어렵다. 악보나 미적분학 책에서 찢겨 나온 한 쪽은 이해하기 어려울 것이다. 그러나 음악과 수학의 부호는 분명한 의미를 가지고 있다. 적어도 그 분야 전문가들에게는 분명하다. 그것들도 필요에 따라 어려워진 것이다. 그것들도 일종의 언어이며, 외국어가 어려운 것과 똑같은 이유로 비전문가들에게 어렵다.

전쟁 때의 암호처럼 성체자는 애초에 어렵도록 고안된 것이라고 전문가들은 고집했다. 19세기까지는 전혀 이상하지 않았던 이런 믿음은 해독에 나선 사람들을 자꾸 틀린 방향으로 나아가게 했다. 그들은 그 신비의 부호 뒤에 있는 세속적인 의미를 찾아 땅속을 파는 대신, 허풍과 박식한 바보짓이라는 더욱 황당한 영역을 향해 돛을 높이 올렸다.

지금 와서 보면, 심지어 '과학의 시대'에 들어서까지 성체자를 정교한 가면 뒤에 신비의 진실을 숨긴 것으로 보았다는 사실이 당혹스러울 수 있다. 문제는 잘못된 믿음으로부터 시작됐다. 플루타르코스와 호라폴로, 그리고 그 밖의 사람들은 무시할 수 없는 이름이었고, 고대의 유물은 그들의 주장에 무게를 더했다. 비록 그들이 살았던 시기가 파라오 시대가 끝난 지 한참 뒤였지만, 그들의 말을 되뇐 유럽 학자들보다는 그래도 이집트의 원자료에 천 년이나 더 가까웠다. 르네상스 작가들은 대체로 그들을 추종했다. 그들 시대의 신학자들이 교회를 창건한 사람들을 추종했듯이 말이다.

그럼에도 현대의 많은 학자들은 실망스러워 고개를 젓지 않을 수 없었다. 역사가 에릭 이베르센은 이렇게 비난했다. "고전기 작가들이 그들의 그릇된 해석에 매달린 완고함과, 자기네의 선입관과 배치될 수 있는 모든 증거들을 고의적으로 무시한 것은 정말로 놀라운 일이다."[22] 그러나 신비로운 부호에서 신비의 의미를 찾아내려는 충동은 뿌리가 깊다.

우리는 근대 시기 역시 옛날만큼은 아니더라도 여전히 덜 합리적이어서 그랬을 거라고 생각할 수 있다. 그러면 훨씬 합리적이고 과학적일 것으로 보이는 현대의 학자들이 비슷한 상황을 맞닥뜨린다면

신의 기록

과연 다를까? 답은 '천만에'다.

이 이야기는 섬뜩할 정도로 이집트 이야기의 판박이다. 그것은 학자들이 여전히 마야 그림문자와 헛된 씨름을 하고 있던 1950년대에 일어났다. 마야에는 로제타석에 해당하는 것이 없지만, 키르허에 해당하는 사람은 있었다. 마야 연구 초기의 최고 거물인 에릭 톰프슨은 마야 상형문자에 대해 수십 년 동안 연구한 끝에 1950년, 그것을 어떻게 해석해야 하는지에 대한 고압적인 평결을 내렸다.

당시에는 그를 포함해 누구도 그 신비의 부호를 읽을 수 없었다. 그러나 톰프슨은 선언했다. 합리적 의심을 넘어서는 어떤 사실들이 확인됐다고. 마야 그림문자는 일부 학자들이 계속 고집했던 바와 달리, 소리나 음절 같은 일반적인 것을 나타낸 것이 아니다. 그림문자는 관념을 나타내는 부호다. 하나 남은 의문은 어떤 관념이냐는 것이다. 톰프슨은 이렇게 썼다.

멕시코 팔렝케에서 출토한 마야 그림문자.

글을 완전히 이해하지 못하면, 예컨대 개를 그린 그림문자가 인류에게 불을 가져다준 개의 역할을 이야기하는 것인지 죽은 자를 저승으로 인도하는 개의 역할을 이야기한 것인지 말할 수 없다. 그런 신비적 의미가 그림문자에 담겨 있다는 것은 의심할 여지가 없다. 그러나 마야의 필자가 마음속에서 그것을 어떤 것과 연결시켰는지에 대해서 우리는 아직 추측만 할 수 있을 뿐이다. 분명히 우리의 책무는 그 신화적 암시에 대해 더 많은 것을 찾아내는 일이다.

신화학의 길을 충실히 따라가면 신비의 해독을 이룰 수 있을 것이다. 그것은 초심자용이다. 더욱 중요한 것이 있다고 톰프슨은 이어간다. 부호 해독 접근법이 "열쇠를 손에 든 우리를 이끌어 마야 영혼의 깊숙한 고갱이로 들어가도록 초대한다."[23]

하지만 그것은 마야의 영혼이 아니라 상심과 좌절로 이끌었다. 결국 이집트에서처럼 '신세계'에서도 그림문자가 신비의 부호가 아님이 1970년대에 드러났다. 그것은 한 언어의 음을 나타내는 단순한 역할을 담당한 부호였다. 마야의 쓰기 방식은 이색적으로 보였지만, 여느 문자들과 거의 같은 방식의 문자 체계였음이 드러났다.

호라폴로와 키르허의 사례는 경고의 깃발 노릇을 했어야 한다. 그러나 그러지 못했다. 깊숙한 상징적 의미를 발견하려는 충동은 너무 강한 것이었다.

17

이집트에 대한 경외감

시간이 지나면서 성체자에 대한 경외감이 커졌다. 그러나 시대에 따라 그 경외감의 형태는 달라졌다. 막연한 숭배(성체자는 깊숙하고 비밀스런 진실을 말해준다)가 뚜렷한 믿음(성체자는 정확한 과학적 통찰을 드러낸다)으로 옮겨갔다. 여기에 거대한 규모의 역설이 있었다. 고대 이집트는 상상할 수 있는 가장 기본적인 기술의 바탕 위에 건설된 강력한 문화였다. 육체적인 노력 외에는 거의 없었고, 그 노동력의 거의 대부분은 소나 말 같은 동물이 아니라 인간에 의한 것이었다. 과학은 전혀 비집고 들어갈 틈이 없었다.

이집트 수학은 초보 수준이었다.[1] 이집트 의학은 민간전승과 틀린 믿음의 잡동사니였다(예컨대, 미라를 만들 때 이집트의 방부 처리사들은 심장을 고이 모시고 뇌는 가치 없는 것으로 여겨 쓰레기통에 버렸다. 그들은 심장이 의식이 머무는 곳이자 생각을 주관하는 기관이기 때문에 특별하다고 생각했다).[2] 고대 이집트인들은 과학적 법칙이라는 관념이 없었으며, 세계는 주술과 마법에 의해 지배된다고 보았다.

그러나 1700년 무렵 '과학의 시대' 성세盛世에 유럽인들은 이집트를 과학적 혁신의 본고장이자 탄생지로 보았다. 르네상스 해독자들이 실패한 또 하나의 이유가 여기에 있었다. 그들은 고대 이집트와 관련된 모든 것이 심오하고 어렵다고 생각했다. 성체자는 이 당혹스러운 땅의 가장 당혹스러운 수수께끼 가운데 하나였다.

이집트학자 존 레이는 유럽인들의 견해를 이렇게 요약했다. "이집트인들은 분명히 다른 사람들과 달랐다. 그들의 생각은 세속적이지 않았으며, 그들이 후세에 남긴 글 속의 여러 부호들은 그리스나 로마, 히브리나 아라비아의 평범한 자모와 같을 수가 없었다."[3]

호라폴로보다 천 년 이상 뒤에 살았던 아이작 뉴턴은 고대 이집트인들이 자연의 장대한 움직임의 모든 비밀을 파악하고 있었다고 열렬하게 믿었다. 현대 연구자들의 임무는 새로운 경지를 개척하는 것이 아니라 그 고대의 통찰을 회복하는 것이라고 뉴턴과 그 동료들은 생각했다.

뉴턴은 역사상 명석하기로 손꼽히는 과학자이며 자기 업적의 중요성을 잘 아는 사람이었다. 그렇지만 그는 자신의 모든 중요한 발견을, 자신보다 수천 년 전에 고대 이집트인들이 이미 성취했다고 생각했다. 그들은 중력의 법칙을 비롯해 모든 우주의 비밀을 알고 있다.[4] 성체자는 그 지식을 알 필요가 없는 사람들에게 그것을 보여주지 않기 위한 것이다. 뉴턴은 이렇게 썼다. "이집트인들은 평민의 수용 능력을 넘어서는 신비로운 일을 종교 의식과 성체자 부호의 장막 아래 숨겼다."[5]

영과 샹폴리옹은 뉴턴으로부터 한 세기 뒤에 등장했고, 그들은 이집트 과학에 관한 뉴턴의 그릇된 믿음에 동조하지 않았다. 샹폴리옹은 당시 프랑스의 다른 진보적인 학자들과 마찬가지로 종교와 교회를 경멸했다. 이집트의 것이든 프랑스의 것이든 마찬가지였다. 이집트의 사제들은 과학자가 아니라 후진성의 대변자였다. 영은 경멸의 강도를 더욱 높였다. 이집트 종교는 미신이었다.

그럼에도 불구하고 두 사람은 뉴턴이나 다른 고대의 지혜 옹호자들과 같은 지적 바다에서 헤엄치고 있었다. 그들은 모두 성체자 하나하나가 어떤 관념을 나타낸다는 것을 당연시했다. 차이점은 영과 샹폴리옹이 그 관념이 오도된 것이었다고 본 반면, 뉴턴은 그것을 진실의 등대로 생각했다는 점이다.

수천 년 전에 살았던 사람들이 우리보다 더 많은 것을(심지어 과학적인 일까지도) 알았다는 견해는 오늘날 우리가 믿는 모든 것과 정반대다. 그러나 17세기와 18세기에는 그것이 상식이었다. 이 교리는 '고대의 지혜'로 불렸다. 옛날에 사색가들은 자연의 비밀에 접근할 수 있었지만 이후 타락하고 죄를 저지른 인류가 그 신의 선물을 놓쳐버렸다고 학자들은 주장했다. 세계가 지적·도덕적으로 퇴락하면서 수많은 진실들이 사라졌다. "과거는 언제나 현재보다 나았다"라고 역사가 프랜시스 예이츠는 요약했다. "초기 사색가들은 그들의 후예인 분주한 이성론자들보다 더 신에게 가까이 있었다."[6]

일부 고대 문화, 특히 이집트는 지금은 잃어버린 그 지식들을 구현했었다. 예이츠는 이렇게 썼다. "이집트는 모든 지식이 출발한 본고장이었다. 그리스의 유명 철학자들은 이집트를 방문해 그곳 사제들과 이야기를 나누었다." 그리스 철학자들은 거기서 "이집트인들의 신전 지하실에서 거행하고 있다고 그들이 생각한 종교적 마법"을 받아들였다.[7]

따라서 뉴턴 같은 과학자들은 무언가 발견을 하더라도 어떤 새로운 것을 찾아냈다고 생각하지 않았다. (그들이 고대 이집트를 더욱 존경한 것은 다윈 이전 시기에 거의 모든 유럽인이 세계가 만들어진 지 6천 년이 됐다고 믿었기 때문이다. 이집트는 그저 단순히 오래전에 번영을 누렸던 것이 아니라 시간의 시작과 매우 가까운 시기에 번영을 누린 것이었다.) 오늘날 쓰고 있는 어휘도 오래전 황금시대에 대한 믿음을 반영한다. 역사가 대린 맥마흔은 이렇게 설명한다.

> 발견dis-cover이라는 것은 덮인cover 천을 벗겨내 숨겨지거나 간과되거나 잃어버렸던 것을 드러내는 것이다. 그러나 어떻든 그것은 이미 그곳에 있던 것이었다. … 발명invent이라는 것은 오래전에 모아다 놓은 지식의 재고품inventory에 접근하는 것이다.[8]

오늘날 우리에게 '새로운' 것과 '개선된' 것은 비슷한 의미로 보인다. 그러나 우리 조상들에게 '새로운' 것은 그리 좋은 의미가 아니었다. '새로운' 것은 '검증받지 않은' 것이고 '미심쩍은' 것이었다. 반면에 '오래된' 것은 '유서 깊은' 것과 '믿을 만한' 것이었다. 17세기에 살았던 작가 존 오브리는 이런 인식의 변화 시점을 콕 집어낼 수 있다고 생각했다. "1649년 무렵까지 학문에서 혁신을 시도하는 것은 낯설고 주제넘은 것이었다. 그리고 자신의 이웃과 조상들보다 많이 알려고 하는 것은 좋은 태도가 아니었다."9

박식한 조상, 잃어버린 지식, 묻힌 비밀 등에 대해 가장 정교한 공상을 고무한 것은 문명의 탄생지 이집트였다. 이는 부분적으로 먼 거리가 신비를 낳았기 때문이었다. 이집트는 시간상으로나 공간상으로나 접근할 수 있는 가장 먼 곳에 있었다. 그러나 비밀과 신비한 지식이라는 생각을 이집트가 자극한 더 중요한 이유는 전성기 이집트의 장대함을 있는 그대로 받아들이기가 거의 불가능했기 때문이었다. 모든 여행자의 현혹된 묘사가, 전체적으로는 이집트가 놀라운 수수께끼이고, 특수하게는 성체자가 특별하고 놀라운 것이며 숨은 의미에 주목하는 마음으로 접근해야 할 대상이라는 메시지를 강화하는 데 기여했다.

우리는 방향을 잃은 학자와 해독자들을 관대하게 대해야 한다. 오늘날까지도 이집트의 유물은 이골이 난 사람들조차도 망연자실하게 할 힘을 가지고 있다. 그 믿을 수 없는 광경들을 경탄하지 않고 볼 수 있는 사람은 아무도 없다.

우선 그 규모가 혼란스럽다. 대피라미드는 중세 시기까지 세상에서 가장 높은 구조물이었다. 그것은 높기만 한 것이 아니라 넓기도 했다(로마의 성베드로 대성전은 가뿐히 대피라미드 안에 들어갈 수 있다. 판지 상자 안에 케이크가 들어가듯이 말이다. 런던의 세인트폴 대성당은 그 안에서 굴러다닐 것이다).

피라미드는 야만적인 자랑거리였다. 한 역사가의 말대로 "권위주의적 지배가 건설한 사상 최대의 상징물"이었다.10 그것은 파라오를 내세로 싣고 가는 것을 목적으로 한 도구였다. 이 장치는 놀라울 정도로 비효율적이었다. 대피라미드의 핵심에 있는 오그라든 미라의 무게는 20킬로그램에 불과했는데, 그를 덮고 있는 인공 산의 무게는 2천 톤이다.[11] 그러나 영생을 얻는다는데 누가 숫자를 가지고 투덜댔겠는가?

이집트의 웅장한 광경은 고무적일 수도 있고 동시에 위협적일 수도 있다. 나폴레옹의 병사들이 오늘날의 룩소르에서 카르나크 신전을 처음 보았을 때를 연구자 드농은 이렇게 묘사했다. "모든 병사들은 갑자기, 그리고 한마음으로, 흩어져 있는 유적을 보고 놀라서 멈춰 섰다. 그리고 기쁨이 넘쳐 손뼉을 쳤다."[12]

프랑스 병사들의 입을 떡 벌어지게 한 유적들은 오늘날에도 방문객들의 경외심을 불러일으킨다. 카르나크의 신전 단지는 세계에서 가장 크다. 우아한 돌기둥들이 숲을 이루고 있다. 모두 해서 134개다. 하나같이 거대하다. 어른 여섯 명이 손을 맞잡아도 기둥 하나를 둘러싸지 못한다. 가장 큰 것은 하늘로 20미터나 솟아 있다. (플로베르는 1850년에 이렇게 썼다. "나는 카르나크 신전의 첫인상을 결코 잊지 못할 것이다. 그곳은 거인들이 사는 집처럼 보였다. 거인들이 인간을 종다리처럼 통째로 구워 꼬치구이로 황금 접시에 내놓는 곳."[13])

이 기둥들은 피라미드와 마찬가지로 끝없는 노동력 공급으로 무엇을 이룰 수 있는지를 입증한다. 각 기둥은 조립식으로 만들어졌다. 두터운 석판을 하나씩 올린 것이다. 처음에 짧고 땅딸막한 돌기둥이 자리에 놓였다. 그리고 모래와 흙으로 경사로를 만들고, 놓인 석판 위에 새로운 석판을 올렸다. 모래와 흙을 더해 경사로를 돋우고, 또

카르나크 신전의 한 부분. 사진 중앙의 사람들 크기를 주목하라.

다른 석판을 올렸다.

　같은 작업이 반복되고, 마침내 치솟은 돌기둥 꼭대기에 마지막 원통형 석판이 놓이고, 그것을 가로질러 지붕보가 설치된다. 이 시점에 경사로는 공중으로 20미터 위에 도달했다(그리고 그런 것이 수십 개 있었다). 드디어 모든 기둥들이 거대한 방을 채웠다. 다음 명령이 떨어졌다. 모래를 제거하라!

　이런 이집트가 그리스와 로마 시대부터 중세를 거쳐 르네상스에 이르기까지 놀라움의 대상이 된 것은 당연한 일이다. 그런 뒤에, 앞서 지적했듯이 흥미로운 일이 일어났다. 독단과 권위 숭배를 바탕으로 한 문화를 경멸할 것으로 여겨졌던 '과학의 시대'에 이집트는 오히려 명성이 한 단계 더 높아졌다.

　과학혁명의 위대한 학자들의 흥미를 끈 것은 다른 무엇보다도 성체자였다. 그런 매혹은 이집트인들이 성체자에 둘러싸여 살았다는 그들의 믿음에서 나온 것이었다. 뉴턴과 그의 동시대인들은 세계가 거대한 암호이며, 신이 설계한 수수께끼라는 것을 당연시했다. 당시의 한 유명 작가의 말을 빌리자면 그들의 임무는 그 "이상한 암호문"을 해독하는 것이었다.[14]

신은 세계의 모든 것을 직접 만들었고, 그 각각의 것에는 보통 사람에게는 숨겨져 있으나 신의 마음을 읽는 법을 배운 사람들에게는 보이는 어떤 비밀스런 본질이 담겨 있다고 이 과학자들은 믿었다. 한 프랑스 외교관은 이를 다음과 같이 간결하게 정리했다. "모든 자연은 다만 암호이며 비밀 문자일 뿐이다."[15]

그런데 당시 과학자들의 방식도 이 메시지의 변주였다. 그들은 자연의 비밀 하나를 발굴하면 그걸 자기네만이 아는 암호로 위장했다. 그 결과로 불분명한 메시지에 숨은 의미가 있다는 생각에서 아무도 어떤 이상한 점을 발견하지 못했다. •

예를 들어 1610년 초에 갈릴레오는 동료 천문학자였던 요하네스 케플러에게 메모를 한 장 보냈다. 갈릴레오가 망원경을 설치한 뒤 무한히 넓은 밤하늘에서 예기치 않았던 경이를 발견하고 놀란 뒤였다. "사랑의 어머니는 킨티아의 모습을 모방합니다."[16]

나중에 알려졌지만 갈릴레오가 '사랑의 어머니'라고 한 것은 행성인 금성을 의미했고 '킨티아'는 신화에서 달과 연관된 이름이었다(달의 여신 아르테미스의 별명이다).

• 우리 자신의 취향을 가져다가 자연에 배정하는 이런 식의 지적인 속임수는 오랜 역사를 갖고 있다. 아인슈타인은 "신은 우주와 주사위놀이를 하지 않는다"라고 단언했는데, 이 표현은 그가 주사위와 무작위를 싫어했기 때문에 나온 것이다. 몽테스키외는 수백 년 전에 이런 충동을 지적했다. "트라이앵글에게 신이 있다면 그 신은 3면으로 이루어져 있을 것이다."

이 암호 언어는 대담한 주장을 숨기고 있었다. 금성은 달과 같은 상相을 가졌다고 갈릴레오는 말한 것이다. 그것은 금성이 태양 주위를 돈다는 엄청난 얘기였다. 갈릴레오가 옳다면 교회가 틀린 것이다. 태양이 우주의 중심이고 지구는 우주에서 특색 없는 한 점일 뿐이었다.

초기 과학자들에게 그 함의는 분명해 보였다. 세계의 거의 모든 신비는 일종의 해독을 필요로 한다. 그것은 자연에 새긴 신의 기록에 대해서도 진실이었지만, 이집트의 신의 기록에 대해서는 더욱 진실이었다. 태양과 달이 제기하는 수수께끼는 어떻게 보면 2차적인 신의 기록이었지만, 이집트의 성체자는 신의 기록 자체였다.

시간이 지나면서 이집트 성체자가 비밀을 숨기고 있다는 가정은 어느 때보다 강해졌다. 데이비드 흄과 애덤 스미스의 친구이자 매우 존경받는 스코틀랜드 학자였던 휴 블레어는 갈릴레오와 뉴턴의 시대로부터 100년도 더 지난 뒤인 1783년에 이러한 생각에 대해 설명했다.

성체자는 보다 고급스럽고 보다 세련된 형태의 그림이라고 블레어는 말했다. 보통의 그림은 일상적인 물건을 그리지만, "성체자는 보이지 않는 물건들을 그렸다"는 것이었다. "외부 세계에서 가져온 비유들"을 이용해서 말이다.[17] 예컨대 눈은 '지식'을 의미하고, 원은 시작도 없고 끝도 없기 때문에 '영원'을 나타내는 것이다.

불과 몇 년 뒤인 1799년 로제타석이 발견되던 시기에 그것은 거의 모든 학자들에게 씌워진 눈가리개였다. 영과 샹폴리옹 역시 눈가리개를 쓰고 있었고, 그들의 첫 번째 큰 과제는 그것을 벗어버릴 필요성을 인식하는 것이었다.

18

두 번째 실마리

'프톨레마이오스'를 밝혀낸 토머스 영의 성체자 해독은 대단한 진전이었지만 성과는 그것 하나뿐이었다. 그것은 약진일 수도 있었지만 요행수일 수도 있었다. 그리고 샹폴리옹은 누가 보더라도 그만큼도 나아가지 못하고 있었다. 영과 샹폴리옹이 앞으로 나아가려면 여러 사례에 적용될 수 있는 성체자 독법이 필요했다. 그들에게는 새로운 이름이, 새로운 카르투슈가 필요했다. 요컨대 새로운 검증 자료가 필요했다.

그러던 와중에 다음번 퍼즐 조각이 결국 나타났고, 그것은 결정적인 것임이 결국 드러났다. 그것이 어떻게 등장하게 됐는지에 관한 이야기는 그렇게 이상하고 그렇게 슬플 수가 없다.

19세기 초에 영국에서는 윌리엄 뱅크스만큼 잘생기고 늠름하고 매력적인 사람이 없었다. 그의 집은 말할 수 없이 부유했다. 뱅크스의 아버지는 2만 5천 헥타르에 걸친 땅을 물려받았다.[1] 맨해튼 크기의 네 배나 되는 면적이다. 뱅크스는 그의 재산 덕에 그 시대의 가장 유명한 여행가 가운데 한 사람이 됐다.

영국에서의 생활은 "매우 따분하고 매우 성가시고 매우 바보 같고 매우 잘못된 것"이었다고 그는 친구인 바이런에게 말했다. 특히 여행자의 "자유롭게 떠도는 생활"과 비교할 때 말이다.[2] 뱅크스가 해외로 모험을 떠나는 중간중간 런던에 머물 때 만찬 모임에는 꼭 그가 나타났다. 그런 모임을 연 한 여성은 뱅크스가 여행담을 풀어놓는 동안 자신이 즐거워서 "두 시간 내내 웃었다"고 말했다.[3]

사실 뱅크스는 이상적인 만찬 손님 훨씬 이상이었다. 이십대 이후 그는 진지하고 대담한 여행가였다. (그는 스무 살에 생각지 않았던 재산을 물려받았다. 선박 조난 사고로 형이 죽은 것이다. 둘째 아들이었던 뱅크스는 갑자기 자신의 방랑벽을 지속할 수 있는 무제한의 기회를 갖게 됐다.) 그는 요르단의 '사라진' 도시 페트라를 스케치한 첫 유럽인이 됐다.• 그리고 이집트 곳곳을 탐험하며 무덤과 신전으로 위험한 여행을 했다. 서방 세계에 잊혔거나 잘 알지 못했던 곳들이었다.

뱅크스는 자신이 보게 된 성체자를 읽을 수 없었다(그가 처음 이집트를 여행한 1815년에는 누구도 읽을 수 없었다). 그렇지만 몇 시간을 들여 그것을 공책에 꼼꼼하게 기록했다. 뱅크스는 부자였지만 호사가는 아니었고, 호기심이 많은 만큼이나 꼼꼼했다. 특히 그의 스케치는 웅장한 풍경과 달빛 속 멜로드라마보다는 평면도와 꼼꼼한 측량을 강

• 뱅크스가 페트라를 찾은 지 수십 년 뒤인 1845년, 영국 성직자이자 시인인 존 버건이 이곳을 "영원한 시간의 절반만큼 오래된 장밋빛 도시"로 묘사한 것은 유명하다. 다윈 이전 시기의 많은 동료들과 마찬가지로 버건은 신이 6천 년 전에 세계를 창조했다고 믿었으므로 저 시간적 표현은 3천 년을 의미하는데, 서기전 1400년경부터 이 도시가 번성하기 시작했기 때문에 이 표현은 실제를 반영한 것이다.

조했다.

온갖 종류의 거리 풍경도 뱅크스의 관심을 끌었다. 탐구할 가치가 없는 평범한 것은 거의 없었다. (바이런은 자신의 친구를 "만악萬惡의 근원"이라고 불렀다.[4]) 한 현지인이 그에게 살아 있는 메뚜기 묶음을 주자 뱅크스는 무엇에 쓰는 거냐고 물었다. 알고 보니 점심이었다. 뱅크스는 그것이 버터에 볶으면 "새우와는 아주 다르게" 바삭바삭하고 맛있다는 것을 알게 됐다.[5]

약간의 위험은 모든 여행을 더 즐겁게 했다. 뱅크스와 한 무리의 친구들은 1815년 룩소르에서 뱀 부리는 사람을 만났다. 그는 자신이 마법 가루를 섞어 뱀에게 물려도 해가 없다고 했다. 뱅크스가 자청해 한번 해보자고 했다. 마술사가 뱅크스에게 흰 가루를 바르고 주문을 왼 뒤 그에게 뱀들을 걸쳐놓았다. 뱀이 물어 피가 났지만 뱅크스는 자신이 전혀 아무렇지도 않다며 즐겁게 이야기했다. 나중에 그는 십중팔구 미리 뱀의 독을 제거했을 것으로 짐작했다.[6]

뱅크스의 호기심은 몇 차례 보상을 받았다. 1818년, 그는 룩소르 부근의 도시 아비두스의 한 신전 벽에서 비문을 발견했다. 카르투슈가 줄줄이 긴 줄을 이루며 멀리까지 뻗쳐 있었다. 모두 76개였다. 뱅크스는 자신이 시대 순으로 나열된 파라오 명부를 발견했다고 생각했는데, 그 생각은 정확했다. (영은 뱅크스에게 할 수 있는 한 많은 성체자를 베끼고 특히 "타원형 고리로 둘러싸여 있어" 인식할 수 있는 왕의 이름들을 찾도록 간청하는 편지를 보냈는데, 이것이 결정적인 힌트를 제공했다.) 뱅크스는 즉각 이 중요한 이름 목록을 베끼는 일에 착수했다.•

같은 해인 1818년, 뱅크스는 또 하나의 중요한 발견을 했다. 그것 역시 카르투슈가 있는 것이었지만, 이번에는 두 개뿐이었다. 오늘날의 아스완 부근의 섬 필라이의 한 신전에서 뱅크스는 땅에 넘어진 거대한 오벨리스크를 발견했다. (너무도 아름다워서 초기 탐험자들이 '나일강의 진주'라고 부른 이 신전은 아스완 댐이 건설되면서 나세르호 아래에 잠겼다. 1960년대에 신전은 인근 섬으로 옮겨졌다. 오늘날에도 이 건축물은 20미터 높이의 출입문과, 기둥들이 늘어선 거대한 마당으로 방문객들을 매혹시킨다.)

이 오벨리스크는 분홍색의 거대한 통짜 화강암이었다. 그것은 성체자로 장식되어 있었고, 길이가 6.7미터, 무게는 6톤이었다. 뱅크스는 곧바로 이것을 고국으로 운반해 킹스턴레이시에 있는 자기 시골 집 마당에 세우려고 마음먹었다.

이 오벨리스크는 한때 화강암 받침대가 있었는데, 어느 땐가 사라졌다. 뱅크스는 그것을 찾아냈다. 오벨리스크에서 그리 멀지 않은 곳에 진흙 속에 묻혀 있었다. 그는 여러 해가 지난 뒤에도 자신의 발견이 이집트의 미궁을 헤치고 들어가 그 한가운데로 가는 길을 알려줄 것임을 알지 못했다.

오벨리스크를 수습해 고국으로 운반하는 데는 3년이 걸렸고, 그 과정에서 코미디에나 나올 법한 여러 가지 낭패를 겪었다.[7] 뱅크스가 이 일을 맡긴 작업 총괄은 곡예단 괴력사에서 고고학자로 변신한 조

• 뱅크스는 그 비문을 그 자리에 남겨놓았다. 10년 뒤 프랑스 총영사가 그것을 벽에서 떼어내 프랑스로 가져갔다. 영국박물관은 1837년 그 '왕명표(王名表)'(지금 그렇게 불린다)를 구입했다. 그것은 지금까지 이 박물관에 수장되어 있다.

반니 벨초니라는 사람이었다. 그는 휘하 사람들에게 나일강까지 뻗치는 잔교를 건설하도록 지시했다(신전에서 약탈해 온 돌들을 쌓아 올려 만들었다). 계획은 주워 모은 막대기와 기둥들을 굴림대로 삼아 잔교 위로 오벨리스크를 끌어올린 뒤 배 위로 밀어 올린다는 것이었다. 한 목격자는 이렇게 회상했다. "모든 사람이 작업에 나섰고, 그것을 배에 올리는 데는 5분만 더 하면 될 것 같았다."[8]

그러나 가설한 잔교가 오벨리스크의 무게를 견디지 못했다. 벨초니는 이렇게 회상했다. "아! 잔교와 그 위에 올려졌던 오벨리스크, 그리고 몇몇 사람들이 느린 동작으로 장엄하게 강으로 무너져 내렸다."[9]

뱅크스는 의연하게 잘 견뎌냈다. 평정을 유지해냈다기보다는 가만히 있었다고 하는 편이 맞을지도 모르겠다. 벨초니는 거의 패닉 상태였다. 그는 나중에 이렇게 썼다. "고백하자면, 나는 몇 분 동안 막대기처럼 뻣뻣한 상태로 있었다."[10]

오벨리스크의 아주 일부가 물 위로 고개를 내밀고 있었다. 나머지 대부분이 들어 있는 곳의 유일한 흔적은 강가 부근 가슴 깊이의 물에서 일고 있는 소용돌이뿐이었다.

벨초니는 어느 모로 보나 실제보다 부풀려진 인물이었는데, 그에 대해서는 뒤에 다시 이야기하겠다. 그는 이제 문제를 처리해야 했다. 먼저 벨초니는 일꾼 한 무리를 강으로 들여보내 오벨리스크 부근에 돌을 쌓게 했다. 그의 생각은 오벨리스크 밑에 지렛대를 넣고 돌들을 지렛점으로 이용한다는 것이었다. 그러면 오벨리스크가 지렛대 끝에 걸려 들어 올려질 것이다.

지렛대를 맡은 사람들이 해보니 꿈쩍도 하지 않았다. 벨초니가 다시 명령을 내렸다. 당기는 것을 그만두고 대신 지렛대 끝으로 기어 올라가라고 했다. 거기서 균형을 잡으면 그들의 체중 때문에 지렛대가 내려갈 것이다.

다른 일꾼들은 밧줄을 잡고 그것을 가라앉은 오벨리스크에 건 뒤 한쪽 끝은 강둑의 대추야자 나무 둘레를 감쌌다. 그들은 온 힘을 다해 밧줄을 잡아당겼다. 오벨리스크가 흔들거리며 나아가는 동안 또 다른 일꾼들은 강으로 달려가 그 아래에 더 많은 돌을 끼워 넣어 그것이 새 위치를 유지할 수 있도록 했다.

마침내 그들은 오벨리스크를 다시 지상에 털썩 내려놓는 데 성공했다. 벨초니는 대추야자 나무로 임시 건널판을 만들고 일꾼들에게 돌을 배 위로 끌어올리라고 지시했다. 이번에는 제대로 됐다.

물결이 잔잔할 때는 배가 그 무거운 짐을 싣고 겨우겨우 앞으로 나아갔다. 그러나 곧 희미하게 우르릉 소리가 나더니 금세 우레와 같은 노성으로 변해버렸다! 이것이 유명한 나일강의 거센 급류였다. 바로 앞에 300미터쯤의 험로가 있었다. 바위가 줄지어 있고 파도와 소용돌이가 휘돌아 급류가 선장과 선원 모두를 겁먹게 했다. 벨초니는 나중에 이렇게 썼다. "배가 조금이라도 바위들에 부딪혔다면, 그렇게 무거운 것을 실은 채 휘몰아치는 급류 속에서 내동댕이쳐져 산산조각이 나는 운명을 면치 못했을 것이다."[11]

이 괴력사는 지나치게 무거운 짐을 실은 배를 다독이느라 최선을 다했지만 어설픈 그의 조심은 믿음이 가지 않았다. 축 늘어진 밧줄 하나가 배에서 나와 기슭의 나무를 두르고 있었고, 거기에는 일꾼들이 대기하고 있었다. 미친 듯이 잡아당기면 충돌을 피할 수 있을 것이라는 희망이었다. 벌거벗은 사람들이 강 양쪽 바위 위에 앉아 뱃전과 연결된 밧줄을 잡고 있었다. 배를 당겨 이쪽 또는 저쪽으로 움직이려는 것이었다. 다섯 명의 선원이 노를 잡고 준비했다.

온통 혼란스러웠다고 뱅크스의 친구는 회상했다. "커다란 배는 나아가고 방향을 바꾸며 일부 물이 찼고, 벌거벗은 사람들은 바위에 몰려 있거나 그 사이에서 걸어 다니거나 헤엄쳤으며, 어떤 사람들은 고함을 치고 어떤 사람들은 유도 밧줄을 끌고, 선주는 땅으로 몸을 던져 머리 위의 먼지를 털며 얼굴을 가렸다."[12]

그러나 모두 무사했다. 그리고 뱅크스의 오벨리스크는 몇 년 동안 몇 번 배를 갈아탄 뒤 안전하게 영국에 도착했다(받침대는 골치 아픈 존재가 돼버려서 어느 땐가 나일강 모래톱에 버려졌다가 결국 영국에 도착했다).

이 오벨리스크는 킹스턴레이시의 마당 위에 당당하게 서 있다. 비가 많은 영국에서 200년을 서 있는 동안, 햇볕이 쨍쨍한 이집트에서 2천 년 동안 상한 것보다 더 많이 성체자가 상하기는 했지만 말이다. 뱅크스는 최대한의 효과를 거두도록 세심하게 그 위치를 잡았다. 친구인 웰링턴 공작 아서 웰즐리의 도움을 받았다. (뱅크스는 그의 집과 대지의 전반적인 모습을 고려해서 그의 목표는 "상당한 편안함과 충분히 장엄함을 조합"하는 것이라고 웰즐리에게 말한 바 있다.[13])

오벨리스크의 받침대가 마침내 영국에 도착하자 뱅크스는 그것을 꼼꼼하게 닦았다. 희미하게 새겨진 스무 줄의 그리스어가 모습을 드러냈다. 아쉽게도 이 오벨리스크와 받침대는 또 하나의 로제타석은 아니었다. 그 내용이 일치하지 않았던 것이다. 그렇기는 해도 그리스어와 이집트어의 짝은 결과적으로 중요했다.

윌리엄 뱅크스가 이집트로부터 운반해 거주지인 킹스턴레이시에 세워둔 오벨리스크.

윌리엄 뱅크스와 이어 토머스 영, 그리고 장프랑수아 샹폴리옹이 이 비문을 보게 된다. 뱅크스가 먼저 시도했다. 그는 받침대의 그리스어로부터 시작했다. 거기서는 왕과 왕비, 즉 프톨레마이오스 8세와 클레오파트라 3세를 언급하고 있었다(이들은 로제타석의 프톨레마이오스와 로마 시대의 클레오파트라가 아니다. 이집트에서는 돌 토막과 마찬가지로 왕의 이름도 집중적으로 재활용되었다). 일단 그리스어로 쓰인 왕의 이름 둘을 얻었다.

그런 뒤에 뱅크스는 관심을 오벨리스크로 돌렸다. 거기에는 오직 성체자만 새겨져 있고 그리스어는 없었다. 알 수 없는 부호들 가운데에서 뱅크스는 카르투슈를 찾아냈다. 딱 두 개였다! 게다가 그중 하

신의 기록

나에 들어 있는 성체자들이 로제타석 카르투슈의 성체자들과 일치했다. 모든 정황이 그 카르투슈가 '프톨레마이오스'를 표기한 것으로 짐작하게 했다.

뱅크스는 그 비문의 그리스어와 이집트어를 모두 옮겨 적었다. 그리고 두 번째 카르투슈 옆의 여백에 연필로 단어 하나를 적어 넣었다. '클레오파트라'.[14]

그 추측이 옳다면 대박이었다. 뱅크스는 그 이름을 읽은 것이 아니었다. 그저 새로운 이름과 새로운 카르투슈를 가지고 그것이 연결된다고 추측했을 뿐이다.

'클레오파트라'는 외국 이름이었다. 그 이름을 적은 성체자가 그 이름을 구성하는 음들에 부합해야 한다는 얘기였다. 더욱 다행스럽게도 '클레오파트라'의 일부 문자는 '프톨레마이오스'에도 나온다. 로제타석의 '프톨레마이오스' 카르투슈가 정말로 '프톨레마이오스'를 이야기하고 있다면, 마침내 검증할 방법이 생긴 것이다.

뱅크스는 비문 사본을 많은 학자들에게 보냈다. 토머스 영과 저명한 연구자이자 프랑스 미술가인 비방 드농도 포함됐다. 드농은 이 사본을 샹폴리옹에게 전달했다.

뱅크스가 자신이 발견한 비문을 돌린 1821년, 그의 아늑한 세계에서는 모든 것이 잘 돌아가고 있었다. 유명한 친구들, 으리으리한 집, 두툼한 주머니를 가진 그는 그야말로 부러움의 대상이었다. 그런데 그런 그의 인생이 망가져버렸다.

뱅크스의 몰락은 이집트나 성체자 이야기와 별로 관련이 없고 한참 뒤에 일어난 일이지만, 비문 해독에 끼친 그의 지대한 공헌을 감안해(그리고 그의 이야기가 아주 강렬하기도 하기 때문에) 잠시 그의 이야기를 살펴보고 넘어가자.

문제는 1833년에 시작됐다. 뱅크스는 마흔일곱 살이었고, 하원 의원이었다. 그는 웨스트민스터 사원 부근의 한 공중 화장실에서 한 병사와 함께 '부자연스러운 위법 행위를 저지르려 시도했다'는 혐의로 체포됐다. 경찰은 두 사람을 연행했다. 화가 난 2천 명의 군중이 경찰서를 둘러싸고 그 안에 있는 범죄자들을 향해 욕을 퍼부어댔다.

영국 동성애 남성들에게 이 19세기 초의 수십 년은 끔찍한 시기였다. 이른바 '남색男色' 신념을 가졌다는 것은 감옥에 가고 이어 교수형을 당해야 한다는 의미였다.[15] 뱅크스가 스무 살짜리 케임브리지 대학생이던 1806년에 영국에서는 "살인죄보다 동성애 처형이 더 많았다"고 현대 역사가 아놀드 D. 하비는 말한다. 1800년에서 1835년 사이에 영국에서는 동성애로 50명 이상이 처형됐다.[16]

동성애를 사형으로 처벌하는 것은 해적 행위, 노예무역, 강간에 대한 사형이 폐지된 뒤에도 규정이 남아 있었다.[*][17] 그러다가 영국은 1861년 마침내 법을 바꾼다. 동성애에 대한 처벌이 사형에서 종신형

---

* 영국의 법은 여성 사이의 동성애에 대해서는 훨씬 위협의 강도가 약했다. 1811년의 한 악명 높은 사례에서는 두 여성이 "음란하고 범죄적인 행위"인 성관계를 가진 죄로 기소됐는데, 기소된 여성들은 기소자를 비방죄로 고발했다. 결국 이 사건은 상원에 회부됐다. 기소된 여성들은 무죄 판결을 받았고, 애덤 길리스는 이렇게 선언했다. "여기서 주장된 범죄는 실체가 없다고 생각합니다." 다른 판결에서 나온 '기소된 사안의 물리적 불가능성' 개념은 이 사건의 핵심이었다. 어떻게 이런 터무니없는 기소를 진지하게 할 수 있단 말인가! 최고법원 차장 찰스 호프는 이렇게 말했다. "그것은 천둥이 영국 국가를 연주했다더라는 것과 같은 얘기죠."[18]

재판을 받을 무렵의 윌리엄 뱅크스.

으로 낮춰졌다(실제로는 보통 10년형이 내려졌고, 동성애로 교수형에 처해진 것은 1835년이 마지막이었다).[19]

그사이에 유럽 다른 곳들은 동성애 남성에게 훨씬 덜 적대적이었다. 동성애를 처벌하도록 하는 법도 없었고, 틀림없이 그들을 사형에 처하게 하는 법도 없었다. 바이런은 1820년에 이탈리아의 경우를 이렇게 말했다. "그들은 열을 내는 대신 웃어버린다. 여자들은 재능 있는 남자들의 안쓰러운 일이라고 말한다."[20]

뱅크스는 1833년 재판에 회부됐다.[21] 여러 저명한 증인들이 그를 위해 증언했다. 아서 웰즐리는 아마도 당시 영국에서 상상할 수 있는 가장 신뢰할 만한 성격 증언자였을 듯한데, 그의 친구 뱅크스가 "지금 기소된 것 같은 범죄를 저지를 가능성이 전혀 없다"고 딱 잘라 말했다. 뱅크스는 석방됐다.

그러나 1841년, 그는 다시 체포됐다. 런던의 공원 그린파크에서 병사 한 사람과 함께 붙잡힌 그는 "사악하고 음란하고 추잡하며 부자연스러운 생각과 성향을 가진 사람"으로 지목됐다. 이어 너무도 타락에 빠져 "미상의 사람을 설득해 (기독교인들이 입에 담을 수 없는) '남색'이라는 혐오스럽고 가공할 범죄를 저지르려는 마음을 먹고 이를 실행하고자 노력했다"고 비난받았다.

사형 처벌이 아직 가능한 상황에서 뱅크스의 변호사는 그에게 재판에 회부되기 전에 해외로 달아나라고 조언했다. 뱅크스는 그의 대저택과 다른 모든 재산을 몰수당하지 않기 위해 동생들에게 양도 처리하고 프랑스로 건너갔다. 그는 다시 고국으로 돌아오지 못했다.

정부는 위협을 가하고 엄포를 놓긴 했지만 뱅크스를 추적하지는 않았다. 그는 프랑스에서 잠시 지낸 뒤 이탈리아로 갔고, 남은 생애 대부분을 베네치아에서 보냈다.

망명 중인 뱅크스는 다시 볼 수 없는 자신의 대저택에 대한 집착이 커졌다. 그는 대리석, 금, 나무, 가죽의 최고 기술자를 찾았고, 조각상, 조각한 난간, 장식된 문, 가지 달린 촛대 등을 끊임없이 고국으로 보냈다. 옛날 거장들의 그림이 벽을 가득 채웠고, 심지어 어느 방에는 천장에도 있었다.

이 모든 것에는 수많은 디자인상의 선택이 필요했고, 뱅크스는 모든 결정에 세심한 관심을 기울였다. 뱅크스의 전기 작가 앤 세바는 이렇게 썼다. "1850년 무렵이 되면 그는 정확한 목재 착색의 정도나 문의 돌쩌귀를 부드럽게 움직이도록 하는 따위의 일들에 관해 매일 지시를 써서 보냈다. '그 모습이 어떤지 당장 알려달라'라거나 '이걸 당장 시작하도록 권한다'라는 식으로 요구했다."[22]

신의 기록

세바는 뱅크스가 죽기 전에 자신의 집을 몰래 찾을 좋은 기회가 있었다고 본다. 1854년 봄이나 여름에 그가 한때 밀수꾼들이 애용했던 영국 남해안 도셋 해변의 외진 곳에서의 만남을 추진했다는 것인데, 그 사실 여부는 밝혀지지 않았다.

윌리엄 뱅크스는 1855년 베네치아에서 죽었다. 그는 자신의 시신을 고향으로 보내달라는 지시를 남겼다. 그해 여름, 뱅크스는 마침내 고향으로 돌아와 가족 납골묘에 묻혔다.

19

샹폴리옹이 납신다

오랫동안 지켜만 봐온 샹폴리옹이 이제 경기에 뛰어들었다. 뱅크스의 비문이 정확히 어떻게 그의 눈을 뜨게 했는지 그가 기록을 남기지는 않았지만, 갑자기 그가 전력으로 질주하기 시작했다.

행운을 가져온 핵심 요소는 '프톨레마이오스'와 '클레오파트라'가 공통되는 문자 몇 개를 가지고 있다는 것이었다. 앞서 보았듯이 영은 몇 년 전 로제타석의 카르투슈에 '프톨레마이오스'가 성체자로 적혀 있다고 추측한 바 있었다.

이제 샹폴리옹이 같은 일을 했다. 그는 로제타석의 이 카르투슈를 살펴보았다.

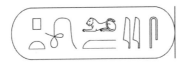

그리고 이렇게 추론했다.

P T O L M E S

이는 몇 년 전 영이 했던 것과 정확히 일치했다. 샹폴리옹이 이를 혼자서 알아냈을 수도 있고, 영이 1819년 《브리태니커 백과사전》에 기고한 것을 읽고 알게 되었을 수도 있다. (샹폴리옹의 형은 영의 글이 발표된 직후 동생에게 편지를 써서 이에 대해 이야기했다. 샹폴리옹은 경멸하면서도 ─"그 영국인은 말레이어, 만주어만큼이나 이집트어에 대해 아는 게 없어."─당장 사본 한 부를 보내달라고 형에게 요청했다.[1])

두 사람의 열성 지지자들은 지금까지 200년 동안 서로에게 모욕을 가했다. 샹폴리옹이 영과는 관계없이 자신의 길을 나아갔는지(그는 항상 그렇게 주장했다) 아니면 영의 생각이 그의 마음을 자극했는지는 결코 알 수 없을 듯하다. 이후의 시기에 샹폴리옹은 자신의 생각이 어떻게 진화했는지에 대한 어떤 논의도 무시하게 된다. 그는 영을 전혀 언급하지 않고 그저 자신의 결론만을 이야기했다. 이 세상에서 가장 길거리 싸움에 나타날 것 같지 않은 사람인 영은 가벼운 불평의 수준을 거의 넘어서려 하지 않았다. "나는 (샹폴리옹의 저술에서) 좀 더 분명하게 진술된 나의 연구 이력을 발견하기를 틀림없이 기대했다."[2]

'프톨레마이오스' 카르투슈는 첫 발짝이었다. 샹폴리옹은 뱅크스의 비문 사본을 받은 직후인 1822년에 '클레오파트라'로 옮겨갔다. 이미 1810년에 그는 외국 이름이 고대 문자를 이해하는 길을 제시할 수 있음을 알아차렸다. 이제 여기에 '클레오파트라'가 있었다. 이집트 이름이 아닌 그리스 이름이었고, 게다가 '프톨레마이오스'와 겹친다.

신의 기록

샹폴리옹은 뱅크스의 카르투슈를 검토했다. 이것이 '클레오파트라'일까?

그는 새로운 카르투슈에서 로제타석의 '프톨레마이오스' 성체자들이 올바른 자리에 나타나는지 살펴보았다. 그것들이 '클레오파트라'라는 이름에서 제대로 맞아떨어질까?

이 새로운 카르투슈에 '프톨레마이오스'에서 나온 글자들을 대입하면 이렇게 된다.

_ _ L E O P _ _ _ _ _

더 긍정적인 것은 새로운 부호(샹폴리옹은 그것을 '새매'라고 불렀다) 하나가 새로운 카르투슈에서 두 군데 나온다는 점이었다.[3] P 바로 뒤에 나오고 부호 두 개를 건너서 또 나온다.

샹폴리옹은 곧바로 살펴봤다. 만약 🦅=A라면 새로운 카르투슈는 이렇게 된다.

_ _ L E O P A _ _ A

맞지 않는 게 하나 나왔다. '프톨레마이오스'와 '클레오파트라'에 는 모두 문자 T가 있는데, 샹폴리옹의 해독에 따르면 '프톨레마이오 스'의 T는 ⌒이고 '클레오파트라'의 T는 ⌐⌐이었다. 어떻게 된 일 일까?

샹폴리옹은 이집트인들이 같은 음을 기록하는 데 두 개 이상의 방 식을 가지고 있지 않았을까 생각했다. 그의 생각이 옳다면 '프톨레 마이오스'와 '클레오파트라'의 맞지 않는 부분은 호기심의 대상일 뿐 위험의 징조가 아니었다. 한 역사가의 영국 군주 명부에 'Catherine' 이 있고 다른 역사가의 명부에 'Katherine'이 있는 것이나 마찬가지 였다.

그러나 그것은 논증이 아니라 기대였다. ⌒과 ⌐⌐ 같은 불일치 는 성체자의 암호를 푸는 것이 그렇게 어려운 주요 요인이었다. (암호 해독자들은 적어도 첩보 기술과 암호 만들기의 초창기 단계에서는 일이 훨씬 쉬 웠다. 암호가 규칙에 따라 만들어졌기 때문이다.)

샹폴리옹이 모두 옳았음을 입증하는 데에는 꽤 시간이 걸릴 것이 었다. 많은 자료를 뒤져보고 ⌒과 ⌐⌐이 거의 호환할 수 있는 것 임을 보여주는 많은 사례를 발견해야 했다.

Catherine과 Katherine을 다시 생각해보자. 샹폴리옹의 목표는 말하자면 문자 C와 K가 서로 대체될 수 있는 쌍들을 찾는 것이었다. 이윽고 그는 Carl과 Karl, Chris와 Kris, curb와 kerb 등과 비슷한 이 집트의 이름과 단어들을 찾아냈다. Krispy Kreme〔미국의 도넛 체인으 로, crispy creme의 철자를 변형시킨 것〕같은 것을 발견했다면 그의 주장 을 단숨에 입증했을 것이다.

신의 기록

사례를 여럿 손에 쥔 샹폴리옹은 '프톨레마이오스'와 '클레오파트라'의 불일치를 느슨하게 본다는 자신의 결정을 긍지와 안도를 가지고 돌아볼 수 있었다. 그는 달갑잖은 증거를 무시하는 사람이 아니었고, 많은 사람들이 감지하지도 못한 작은 실마리에서 메시지를 읽어낼 수 있었다.

'클레오파트라'의 빈칸을 채워 몇 개의 새로운 성체자(C, R, A 음에 해당하는 것이다)가 그의 수집품 목록에 추가됐다. 이제 그는 다른 비문과 다른 파피루스 조각에 눈을 돌려 더 많은 카르투슈를 찾았다.

단순하고 품이 많이 드는 작업이었다. 새로운 카르투슈를 발견하면 그 안에 있는 이미 밝혀진 성체자 문자를 발음해보고, 그 불완전한 단편이 전에 다른 어딘가에서 마주쳤던 지배자의 이름들을 상기시키기를 기대해야 한다. 다행히 그런 게 있다면 빈칸을 새로운 성체자 문자로 채우고, 더 큰 확신을 지닌 채 또 다른 카르투슈로 나아간다. 매번 성공을 거둘 때마다 새로운 문이 열리는 것이다.

말이야 쉽지만 십중팔구 나오는 것은 없고 좌절뿐이었다. 아직 밝혀내지 못한 성체자로 카르투슈가 채워져 있기 일쑤였다. 때로 그럴듯해 보이는 것이 나와도 알려진 어떤 지배자와도 일치하지 않는 경우도 많았다. 그 원인은 여러 가지로 생각할 수 있었다. 단순히 추측을 잘못했을 수도 있고, 역사에 기록이 남지 않은 파라오일 수도 있다(투탕카멘이 거의 그럴 뻔했다). 옛 명부에 기록된 이름이지만 매우 파편화되거나 오해할 수 있는 방식으로 기록돼 놓쳤을 수도 있다. (이집트의 가장 강력한 왕들 가운데 하나는 오지만디아스라는 그리스어 이름으로 가장 잘 알려져 있다(우리에게는 람세스 2세로 더 익숙하다). 셸리는 사막에서 깨지고 잊혔던 조각상이 발견된 이 파라오에 관한 유명한 시에서 "내 이름은 오지만디아스, 왕 중 왕"이라고 썼다. 그러나 이 파라오는 이집트 기록에 '우세르마아트레'로 되어 있다.)

샹폴리옹은 아랑곳하지 않고 앞으로 나아갔다. '클레오파트라' 이후 그의 첫 성과는 이 카르투슈에서 나왔다.

샹폴리옹은 곧바로 첫 번째 성체자를 알아봤다. 이는 자신이 '클레오파트라'에서 봤던 '새매'였다. 그는 이것이 A를 나타낸다고 판단했었다. 그다음은 사자였다. 그것 역시 전에 본 것이었다. '프톨레마이오스'와 '클레오파트라' 모두에서다. 사자는 L이었다.

다음은 '얕은 찻잔'이었다. 샹폴리옹은 알아볼 수 없었다. 그다음은 '구부러진 선'인데, 자신이 '프톨레마이오스'에서 S로 본 것이었다. 그다음은 '깃털'로, '클레오파트라'에서 E였다. 다음에 밝혀지지 않은 지그재그가 있고, '클레오파트라'에서 T였던 '펼친 손', '클레오파트라'에서 R이었던 '벌린 입', 그리고 마지막으로 알 수 없는 가로선(중간에 무언가가 있다)이 있었다. 마지막 것은 샹폴리옹에게 "왕권을 상징하는 지팡이 두 개를 안쪽을 향해 수평으로 놓은 것"처럼 보였다.[4]

신의 기록

종합하면 이러했다.

$$AL\_\_SE\_\_TR\_\_$$

그는 금세 빈칸을 채웠다. 이것은 'ALKSENTRS'였다. 약간 다듬어주면 그리스어 '알렉산드로스'였다.

이것은 대단한 성과였다. 새롭고 중요한 이름을 발견한 그 자체도 물론 중요하지만, 다른 카르투슈에도 거듭거듭 적용할 수 있는 방법을 사용해 발견했다는 사실이 더 중요했다.

샹폴리옹은 성체자가 나와야 할 곳에서 나오는 데 짜릿함을 느꼈다('프톨레마이오스'와 '클레오파트라' 모두에서 P를 나타내는 작은 네모꼴처럼). 또한 어떤 것들이 나와서는 안 될 곳에 나오지 않는 것을 기쁜 마음으로 바라보았다. 예컨대 '클레오파트라'에서 샹폴리옹이 A를 나타낸다고 판단한 '새매'는 '프톨레마이오스'에서는 나오면 안 되는 것이었고, 실제로 나오지 않았다. R을 나타내는 타원형(샹폴리옹은 그것을 "앞에서 본 벌린 입"이라고 불렀다)의 경우도 마찬가지였다. '클레오파트라'에는 나왔지만 '프톨레마이오스'에는 나오지 않았다.

샹폴리옹은 계속 달려갔다. 그는 곧 '베레니케'를 적은 성체자를 해독했고, '카이사르'를 해독했고, '황제'를 뜻하는 그리스어 아우토크라토르autokrátōr를 해독했다.

샹폴리옹은 영을 따돌리고 속도를 냈다. 앞서 보았듯이 영은 몇 년 전 혼자 힘으로 '베레니케'를 거의 읽어냈다. 그는 찾는 것을 알아내는 데 상당한 이점을 가지고 있었다. 옆에 있는 비문에 그 이름이 그리스어로 쓰여 있었기 때문이다. 그럼에도 그 정도로는 충분치 않았다(샹폴리옹은 나중에 자신의 발견을 정리하는 글에서 "이 영국인 학자"의 우스운 잘못을 우려먹기 위해 긴 각주를 달았다).[5]

'클레오파트라' 카르투슈는 샹폴리옹이 속도를 내서 나아가는 데 도움을 주었다. 그러나 영에게 이 카르투슈는 엄청난 기회 상실을 의미했다. 뱅크스는 그에게도 자신의 오벨리스크 비문을 보냈고, 영은 곧바로 특이점을 발견했다. 그 또한 그리스어 비문에서 뱅크스의 두 번째 카르투슈가 '클레오파트라'를 적은 듯하다고 생각한 것이다. 그런데 사본 제작자가 엄청난 실수를 했다. 클레오파트라 이름의 첫 부호를 K에 해당하는 성체자가 아니라 T를 나타내는 성체자로 써버린 것이다.

영은 쓸쓸한 얼굴로 비문을 치워버렸다. "나는 당시 그 이름을 다른 지배자들의 이름과 아주 꼼꼼하게 비교할 여유가 없었기 때문에 내가 찾은 자모를 그 분석에 적용할 생각을 하지 못했다."[6]

이것은 엄청난 실책이었다. 오자誤字가 있었더라도 영이 '클레오파트라' 카르투슈를 잠시 살펴봤다면 그 성체자들을 '프톨레마이오스' 카르투슈의 몇몇 일치하는 성체자와 짝지을 수 있었을 것이다. 정확하게 샹폴리옹이 했던 대로 말이다. 그런 뒤에 다른 이름들을 해결하기 위해 나아갔을 것이다. 그러나 그는 여기서 눈을 돌려버렸다. 이는 범죄 수사 영화에서 참을성 없는 형사가 보안 카메라 녹화 영상을 보면서 범인이 나오는 장면이 있는데도 흘려버린 것이나 마찬가지다. 형사가 야구 모자를 쓰고 사흘 동안 수염을 깎지 않은 용의자의 '변장'에 집중력이 떨어진 것이다.

이론을 깨부수는 듯이 보이는 발견물을 어떻게 다루어야 하는지의 문제는 까다로운 일이다. 토머스 헉슬리는 "과학의 가장 큰 비극"은 "추한 사실로 아름다운 가설을 죽이는 것"이라는 유명한 말을 했다.[7] 그러나 이론이 흉물스럽도록 추한 사실을 마주친 뒤에도 천연덕스럽게 유지되는 일은 비일비재하다. 《뉴욕타임스》는 언젠가 1면 머리기사로 "우주의 90퍼센트 '실종 상태', 천문학자들 확인"이라는 호들갑을 떨었지만 해당 천문학자는 "우주의 사라진 물질들이 발견될 수 있기를 희망한다"고 차분히 언급했다.[8]

때로는 이것이 방법이다. 무언가 나타날 것이다(천문학자들의 경우, 우주의 사라진 물질을 찾는 과정에서 최근 과학사의 가장 결정적인 몇몇 도약이 이루어졌다). 그러나 영은 오자 때문에 낙담하고 다른 문제로 옮겨가 버렸다.

20

필사의 어려움

영이 스쳐 지나간 일을 흘려버릴 수만은 없다. 판돈이 워낙 컸으니까 말이다. 천재들도 실수를 한다. 그들의 드문 실수는 구경꾼인 우리에게 피겨스케이팅 선수들의 엉덩방아와 비슷한 느낌을 준다. 직업 선수들이라 쉬워 보일 뿐, 그들의 길이 위험을 수반하고 있음을 깨닫게 되는 것이다.

영과 샹폴리옹, 그리고 그들과 같은 해독자들에게 사본 제작자의 실수는 위험 요소 목록의 상위에 올라 있는 것이었다. 사진이 발명되기 이전 시대에 그것은 해독자들이나 번역자들에게 일상적인 골칫거리였다(앞서 보았듯이 샹폴리옹과 영이 처음 접촉했을 때 샹폴리옹은 로제타석의 사본이 부정확하다고 영에게 투덜댔었다). 작은 실수 하나가 엄청난 문제를 일으킬 수 있었다.

예컨대 기독교 성경의 가장 유명한(그리고 가장 당혹스러운) 구절은 필사의 잘못으로 탄생했을 것이다. 예수는 사도들에게 이렇게 말했다.

내가 너희들에게 말하건대, 부자가 하느님 나라에 들어가는 것보다 낙타가 바늘귀를 빠져나가는 것이 더 쉬울 것이다.

기독교 초기 이래 학자들은 이 이상한 이미지에 고개를 갸우뚱했다. 낙타라니? 서기 5세기에 알렉산드리아의 키릴로스가 처음 주장하고 현대의 여러 작가들이 지지한 한 이론은 현실적인 설명을 제시한다.[1] 키릴로스는 고대 그리스어에서 '낙타'와 '밧줄'에 해당하는 말이 거의 흡사했다고 지적했다. '낙타'는 kamilos, '밧줄'은 kamêlos였다. 아마도 전승 과정에서 어느 땐가 피곤한 필사공이 '밧줄'을 '낙타'로 잘못 썼고 그 이후 여러 세대의 성경학자들을 거치면서 잘못이 유지됐을 거라는 얘기다.

자연의 암호에서도 역시 가장 눈에 잘 띄지 않는 오류가 엄청난 결과를 낳을 수 있다. 우리 세포 각각의 DNA는 수많은 유전자로 이루어졌는데, 그 각각은 A, T, G, C가 무수한 조합을 이룬 긴 문자열로 이루어져 있다. 즉 DNA는 네 글자 모스부호나 다름없는데, 하나라도 삐끗하면 평생 대가를 치러야 한다. 시력 장애의 일종인 망막색소변성증 같은 경우가 그렇다. 이것은 문자 하나가 잘못되면 일어날 수 있다. 좋은 시력과 시각 장애의 차이는 AGTTTCTTTCGC로 시작해 1만 자가 이어지는 문자열의 T 자 하나가 G로 바뀌는 정도의 작은 일일 수 있다.[2]

옛날에 필사하는 것은 어렵고, 고통스러울 정도로 속도가 느렸다. 이 과정을 단축시킬 도구가 없었기 때문에 "이거 하나 베껴줘" 하는

신의 기록

명령은 단추를 하나 누르는 것이 아니라 끝없는 고역의 시간을 예고하는 것이었다.

무시무시한 아시리아의 지배자 아슈르바니팔은 수많은 잔혹행위로 악명이 높았는데(정복당한 왕의 턱을 밧줄로 꿰어 개집 안에 묶어놓는 일까지 있었다),[3] 왕립 도서관에 전 세계 모든 책의 사본을 쌓아놓겠다는 계획을 선포했다(이것은 서기전 650년 무렵의 일이었는데, 아슈르바니팔이 염두에 두었던 '책'은 거의 모두 쐐기 모양의 쐐기문자로 새긴 점토판이었다). 그는 정복된 나라의 필사공들에게 각자의 도서관에 있는 문서들을 필사해서 자신에게 보내라고 명령했다.

아슈르바니팔의 도서관은 정말로 고대 세계의 보물이 됐다. 그 수많은 점토판들은 2천 년 동안에 사라졌지만 말이다. 이것이 앞서 15장에서 이야기했던 바로 그 서판들이다. 독학의 천재 조지 스미스가 길가메시 이야기와 세계를 물에 잠기게 했던 기독교 성경 이전의 홍수 설화를 해독했다는 것 말이다. 역설적이게도 이 서판들은 그것들을 소장하고 있던 도서관들이 파괴된 덕분에 살아남았다.

초기 도서관들에 있던 이 문서들을 구한 것은 불이었다(알렉산드리아 도서관 이래로 불은 도서관의 파괴자였다). 그 문서들이 종이나 파피루스가 아니라 점토판에 쓰여서 벌어진 일이었다. 역사가 스티븐 그린블라트는 이렇게 썼다. "전쟁과 침략의 와중에 메소포타미아의 대도시들이 불에 탈 때, 도서관과 왕실 문서고의 햇볕에 말린 서판들은 내구성이 있는 상태로 구워졌다. 왕궁과 신전들은 죽음의 고통 속에서 벽돌가마가 됐다."[4]

조용한 곳에서 알려진 언어와 익숙한 문자로 된 글을 필사하는 것도 힘겨운 일이다. 하물며 이집트의 열기와 소란 속에서 신전 벽에 있는 많은 분량의 낯선 부호를 완벽하게 옮겨 적는다는 것은 불가능에 가깝다. (또 다른 위험성은 더 많은 문제를 일으켰다. 때로 원본 자체에 오류가 있었던 것이다. 성체자를 돌에 새기거나 벽과 기념물에 그린 기술공들이 대개 문맹자였기 때문이다. 그들은 필사공이 쓴 문안으로 작업을 했지만, 자기네가 베끼고 있는 것을 읽을 수 없었다. 반면에 파피루스에 쓰인 글들은 필사공 자신이 쓴 것이고 따라서 오류가 있을 가능성이 훨씬 적었다.)

한 초기 여행자는 복사자들이 직면한 위험에 대한 생생한 기록을 남겼다. 덴마크의 탐험가이자 학자인 카르스텐 니부르는 1760년대에 이집트를 방문했다.[6] 니부르는 세심한 관찰자로, 망원경, 천문관측의, 나침반, 온도계 같은 여러 가지 과학 장비를 가지고 갔다. 그는 피라미드의 정확한 치수를 재거나 온도를 기록하지 않을 때는(그는 매일 세 차례 동일한 시각에 측정을 했다) 자신이 읽을 수 없는 긴 성체자 비문들을 꼼꼼하게 베꼈다. 그가 작업을 하는 동안 험악한 사람들이 수변에 모여들어 그가 무슨 일을 하는지 알아보려 했다. 경찰이 돈을 요구하거나 두들겨 패겠다고 위협하기도 했다.

니부르는 어려움을 무릅쓰고 잘해냈고, 나폴레옹의 연구자들도 마찬가지였다. 그들은 총을 쏘는 데 대처해야 했고, 적대적인 현지인에도 대응해야 했다. 그러나 유럽에 있던 해독자들은 경쟁을 하고 있었고, 예절은 일찌감치 사라졌다. 샹폴리옹은 《이집트 이야기》에서 성체자를 찾으면서, 부주의로 인한 실수와 나태한 필사공에 대해 화를 내고 딱딱거렸다.

신의 기록

"학술적 목적으로 보자면 그 그림은 엉망이었다"라고 한 현대 이집트학자는 말했다.[6] 불가피하게 일부 성체자는 잘못 베껴졌고, 아예 건너뛴 경우도 있었다. 행을 건너뛰거나 뒤바꾸기도 했다. 오른쪽을 향한 새와 왼쪽을 향한 새가 같은 부호일까? 작은 뿔이 두 개 달린 뱀과 중간이 구부러진 뱀은 다른 것일까?

입장을 바꿔서, 낯선 문자(예컨대 타이 문자)를 한 문장이라도 베끼려 한다고 상상해보자(이집트어와 마찬가지로 타이어도 단어 사이를 띄지 않는다). "만나서 기쁩니다"에 해당하는 타이어는 이렇다.

ฉันยินดีที่ได้พบคุณ

샹폴리옹은 영에 비해 오자로 인한 실패의 가능성이 훨씬 적었다. 매우 끈질기게 이집트에만 집중했기 때문이다. 영은 언제나 마음속에 수십 가지의 긴급한 일들을 가지고 있었다. 그는 자신에 대해 이렇게 썼다(그가 즐겨 쓰던 삼인칭 시점이다). "그는 공부를 섞어 하는 학생 때의 버릇을 오랫동안 유지했다. 각각에 대해 한 번에 한두 시간씩만 할애하고자 한 것이다."[7] '클레오파트라' 카르투슈가 나왔을 때 그는 《항해 연감The Nautical Almanac》이라는 출판물을 위해 항해 및 천문학에 대한 방대한 자료 수집물을 수정하고 재평가하는 일과 관련된 큰 과제를 맡고 있었다.[8]

그의 '전방위 고려' 접근법은 위험성이 있다고 영은 인정했다. "자신의 재능을 좁은 한계 내로 한정"했다면 아마도 더 많은 것을 이룰 수 있었을 것이다. 그러나 그는 이 가능성을 제기하자마자 박차버렸다. 그는 다시 생각해보고, 여러 주제를 넘나드는 습관이 자신의 "다재다능한 능력"을 가능케 한다고 판단했다.

더욱 중요한 것으로, "좁은 한계"로 제한된 삶은 판에 박힌 삶과 매우 큰 유사성을 지닌다고 영은 이어서 말했다. 그는 효율성을 위해 일을 작은 과업으로 쪼개라는 요구에 저항하는 노동자에게 공감한다고 썼다. 연구자에게도 육체노동자에게와 마찬가지로 전문화는 "존재 척도에서의 그의 존엄성을 이성적 존재에서 단순한 기계로 격하"시키기 위한 술책이라는 것이었다.[9]

샹폴리옹은 아마도 영을 게임에서 떨어져 나가게 한 클레오파트라 오자를 보았을 것이다. 그는 아랑곳하지 않았다. 하찮은 일에 당황하기에는 너무나 희망에 넘쳤다. 그는 금세 자신의 해독 전략에 대한 새로운 확증을 발견했다.

다시 한 번 외국 지배자의 이름이 그에게 열쇠를 제공했다. 흐샤야르샤(크세르크세스)는 서기전 480년 그리스를 침공한 무서운 페르시아 왕이었다. 고대 세계는 흐샤야르샤 앞에서 움츠러들었다. 헤로도토스에 따르면 그는 200만 군대를 이끌었다. 그때까지 누구도 모으지 못했던 최대 규모의 병력이었다.[10]

샹폴리옹은 어느 프랑스 언어학자(쐐기문자 전문가였다)에게 둘이서 한 사설 수장고에 있는 꽃병 하나를 살펴보자고 제의했다. 그것이 관심을 끈 이유는 간단했다. 꽃병이 오래된 것이었고, 페르시아 쐐기문자와 이집트 성체자가 있었다. 학자들은 쐐기문자에 관해 이미 약간 알고 있었다. 그들은 꽃병의 첫 번째 페르시아 단어를 읽을 수 있었다. '흐샤야르샤'였다. 이제 이집트어 차례였다. 그것은 카르투슈로 시작됐다. 샹폴리옹은 그 안에 있는 그 성체자들을 알고 있었고, 그 것들을 발음해보았다. '흐샤야르샤'였다![11]

그것은 약진이었다. 그러나 샹폴리옹은 아직 그것이 무슨 의미인지 알지 못했다(영도 마찬가지였을 것이다). 그렇다. 어떤 성체자는 소리를 나타내는 것이고, 이름을 적는 데 사용될 수 있었다. 그것들을 조합해 일종의 자모로 쓸 수 있다. 그러나 그다음엔?

고전학자 모리스 포프의 말을 빌리면, 당시까지 샹폴리옹은 "자신의 자모가 고유명사나 외국 단어의 영역을 넘어 응용될 수 있다거나, 그것이 오랫동안 찾았던 성체자에 대한 열쇠를 입증하리라고는 전혀 생각지 못했다."[12]

여기까지 전진했으면서도 아직 길을 찾지 못한 샹폴리옹은 좌절감에 빠져 툴툴거렸다. "성체자 비문을 보면 정말로 혼란스럽다. 제자리에 있는 것은 아무것도 없다. 관계가 감지되지 않는다. 가장 모순적인 것들이 서로의 바로 옆에 놓여 말도 안 되는 결합을 이룬다."[13]

분명히 성체자는 문자이지 어떤 기묘한 형태의 벽면 장식은 아니었다. 그러나 문자 체계가 어떻게 그토록 그림에 중점을 둘 수 있을까? 그림 해독을 바탕으로 한 문자는 필경 끝이 없고 무익한 추측 게임에 빠지게 마련이라고 샹폴리옹은 한탄했다. 그것은 "불가피하게 아주 모호할 것이고, 그 생각을 은유와 비교와 쉽게 풀 수 없는 수수께끼의 연쇄로밖에 표현할 수 없을 터다."[14]

이집트인들은 어떤 방식으로 생각을 했던 걸까?

21

글쓰기의 탄생

샹폴리옹의 의문에 대해 잠시 생각해보자. 그림으로 어떻게 전체 언어를 담아낼 수 있지? 그의 당혹감을 금세 이해할 수 있을 것이다.

'개'와 '모자' 같은 단어들은 그리기가 매우 쉬울 것이다. '낙석 주의' 같은 구절도 마찬가지다. 그러나 이 세상은 그림으로 나타내기가 거의 불가능한 것들 천지다. '희망'이나 '내일'이나 '왜'나 '무망無望' 같은 것은? 성체자는 금세 불가해성이 증가할 것이다. 정확히 샹폴리옹이 주장했던 대로다. 매를 그려 '신'이나 '장엄'을 나타낸다는 생각은 상당히 타당해 보이지만 말이다.

한 예로서 2007년의 이 그림을 보자. 수천 년 뒤의 사람들에게 죽음에 대한 경고를 전달하고자 한 것이다.

핵폐기물은 1만 년 뒤에도 여전히 치명적일 것이다. 우리 후손들은 그것이 묻혀 있는 장소를 가까이하지 않아야 함을 알 필요가 있다. 오랜 시간 뒤에 지금 쓰는 언어가 알아볼 수 없을 정도로 변할 것이 거의 분명하지만 말이다. 국제원자력기구의 이 경고 그림이 서기 12007년에 "위험! 치명적인 것이 있음! 접근 금지!" 같은 메시지를 전달할 수 있을까?

추상적인 개념만의 문제는 아니다. '픽셔너리Pictionary'라는 보드게임은 '재즈', '놀람', '적' 같은 통상적인 단어들조차도 그림으로 나타내기가 매우 어려웠기 때문에 인기를 끌었다. 그리고 알아보기 쉬운 그림들도 해석하기가 어려울 수 있다. 역사가 존 맨은 이렇게 썼다. "안전모 그림은 '안전모를 쓰세요(없으면 구하세요)'라는 의미다. 그러나 휠체어 그림은 '휠체어에 타세요(없으면 구하세요)'라는 의미가 아니다."[1]

문장 단위로 옮겨가면 어려움은 훨씬 커진다. 예컨대 "그는 커피를 마신다" 같은 것은 어찌어찌 그림으로 표현할 수 있을 것이다. 그러나 "그는 커피를 줄이려고 애쓴다" 또는 "그는 늦지만 않았다면 꼭 커피점에 들른다" 같은 것은 어떨까?

가장 이른 형태의 쓰기는 그림으로 시작된 것으로 보인다. '주의: 바닥 젖었음'을 나타내는 넘어지는 사람 그림, 고속도로 표지판의 양식화된 주유 펌프와 커피 잔 그림 같은 것의 고대판인 셈이다. 그러나 그것은 곧 한계에 부닥쳤다.

그런 뒤에 세계의 몇몇 문화권에서 대략 비슷한 시기에 해답을 제시했다. 메소포타미아와 이집트에서는 서기전 3100년 무렵의 어느 시기, 인도에서는 서기전 2500년 무렵, 중국에서는 서기전 1200년 무렵에 문자가 만들어져 어떤 단어든 약간의 직선과 곡선으로 표현할 수 있게 됐다. 고고학자들이 역사를 볼 때 이 2천 년이라는 시간차는 눈 깜짝할 사이다(고고학자들은 눈을 천천히 깜빡인다).•

  그런데 하필 왜 그때 생겨났고, 그 수만 년 전(우리 조상들이 이미 지적 수준이 높아졌을 때다)에 나오지 않았을까? 동굴 벽화를 보라. 돌진하는 황소와 달리는 말로 동굴 벽을 장식한 미술가들은 빼어난 기량을 발휘했다. 그들의 그림은 2만 년 전의 것이다. 하지만 가장 이른 문자는 불과 5천 년밖에 되지 않았다. 그 이른 시기의 미술가들은 그림을 그렸지만 글자를 쓰지는 않은 것이다. 그들이 자기네 그림에 설명을 덧붙이는 선택을 할 수 있었을까?[2]

  아마도 아니겠지만, 왜 아니었을까? 도구가 없어서는 아니었다. 물감과 먹, 조각 도구는 미술의 초창기부터 사용되고 있었고, 그것들은 글을 쓰는 데도 똑같이 이용될 수 있었다. 지능이 모자랐던 것도 아니었다. 동물들이 라스코 동굴을 장식한 것 같은 생각을 해낼 수는 없다.

  그럼 왜 그렇게 오래 걸렸을까? 일반적인 추측은 묘하게도 글쓰기의 탄생이 도시의 성장과 관련이 있다는 것이다. 보다 구체적으로는 교역 및 상업의 등장과 관련이 있다. 대략 5천 년 전 어느 시점에 도

• 학자들은 수십만 년 동안 문화가 제자리걸음을 하고 있었고 그동안 우리 조상들의 삶은 조금도 변하지 않았다고 말한다. 예컨대 "그들은 30만 년 동안 (북중국의) 외풍 들고 매캐한 동굴에서 연기 나는 등걸불에 박쥐를 구우며 동굴이 자기네 쓰레기로 가득 찰 때까지 살았다"라고 어느 저명한 언어학자는 말했다.

시가 매우 크게 성장하고 교역이 아주 복잡해져 기억에만 의존해서는 누가 누구에게 얼마를 줘야 하는지를 추적할 수 없었다.

이것은 내 것이고 저것은 네 것이다.
이것은 곡물 다섯 통의 영수증이다.
그것은 버들가지 바구니 세 개의 차용증이다.

교역의 성장이 이런 기록의 필요성을 제기했고, 기록은 바로 글쓰기를 의미했다.

기록을 유지하는 방법에 대한 추구는 꼭대기에서 바로 나왔다. 왕이 강력하면 강력할수록 만기친람하려는 욕구는 더 커진다(그리고 자기네 왕국에 무엇이 얼마나 있는지 정확한 수치를 알고 싶어진다). 도시가 커지면 군대를 모아야 하고, 수확량을 세어야 하고, 들판을 조사해야 하고, 수로를 준설해야 한다. 가장 중요한 것으로 세금을 거둬야 한다. 그 모든 일들은 이후 세대들이 '문서 업무'라고 부른 것을 빈번하게 하도록 만들었다. •

통설에 따르면 쓰기의 발전은 수천 년에 걸쳐 펼쳐진 대하소설이다. 그 이야기는 아직 마무리되지 않았지만, 이야기의 서아시아 편이 가장 전거가 많다.

글쓰기의 초기 단계를 엿볼 수 있게 해주는 첫 실마리는 100년쯤

• 잉카인들은 그런 규칙의 예외였다. 문자 체계를 사용하지 않은 제국으로 유일하게 알려진 사례다. 잉카인들이 '키푸'라 부른 매듭 끈은 숫자(그러나 분명히 단어는 아니었다)를 기록하는 정교한 방법을 제공했다.

전 지금의 이라크의 몇몇 고대 도시 유적지들에서 나왔다. 그곳들에서 고고학자들은 타원, 구, 원반, 원통, 원뿔 모양의 점토 덩이들을 잔뜩 발견했다. 이 증표(그렇게 불리게 된다)들은 서기전 8000년에서 서기전 3500년 무렵 사이에 사용된 것인 듯했다. 학자들은 이것을 어떻게 봐야 할지 알 수 없었다(고고학자들은 그것을 무가치한 것으로 여겨 던져버리기도 했다).

율리우스 요르단이라는 독일 연구자가 그 수수께끼를 거의 풀었다. 이 점토 덩이들은 "항아리, 빵, 동물 같은 일상생활 속의 상품처럼" 보였다고 그는 1929년 자신의 일기에 썼다.[3]

이야기가 시작된 지 수천 년이 지난 서기전 3500년 무렵의 어느 시점에 줄거리가 복잡해졌다. 이제 고대 수메르인들은 증표들을 속을 파낸 점토 '봉투' 속에 넣기 시작했다. 봉투 외면에는 작은 자국이나 있었는데, 분명히 증표를 안에 넣기 전에 점토 표면에 대고 눌러 만들어진 것이었다.

1970년대에 프랑스의 한 '탐정'이 나타나 도대체 무슨 문제인지 해결에 나섰다. 젊은 고고학자 드니스 슈만트베세라는 이 원뿔과 구가 그냥 덩어리가 아니라 부호라고 설명했다. 예를 들어 원뿔 하나는 정해진 양의 곡물, 타원체는 기름 한 항아리 같은 식이다. 기름 두 항아리를 수송하기 위해 고용된 중간상인은 일종의 영수증으로 점토 타원체 두 개를 가지고 가는 것이다.[4]

시간이 지나 이 체계는 더욱 복잡해졌다고 슈만트베세라는 이어갔다. 누군가가, 속임수를 막기 위해 증표를 점토 봉투 안에 넣고 봉인해 손대지 못하게 하자는 묘안을 냈다. 그러나 증표를 봉인해버리면

귀찮게 그것을 깨어 열어야만 봉투의 내용물을 알 수 있다. 좀 더 간편한 방법이 없을까?

이 젊은 프랑스 여성에게 그 해답은 거의 자동으로 터져 나왔다. 그 안에 무엇이 들었는지를 봉투 '외면'에 표시하면 되는 것이었다. 슈만트베세라의 설명에 따르면 처음에 그 '딱지'는 증표를 봉투 표면에 눌러 만든 증표 자체의 자국이었다.

이윽고 누군가가 봉투에 증표의 그림을 그리는 것이 더 쉽고 나을 것이라는 생각을 했다. 훨씬 더 많은 시간이 흘러 누군가, 봉투 위에 대충 만든 부호를 그려도 꼼꼼하게 그림을 그리는 것만큼 기능을 할 수 있다고 생각했다. 그리고 더 나중에 어떤 혁신가가 증표-봉투 작업을 아예 없앨 수 있다고 생각했다. 같은 정보 모두를 부호로, 몇몇 의미를 지닌 선과 자국으로 점토판 위에 쓰는 것이었다. 쓰인 부호들이 점토 증표를 나타냈다. 실제 증표는 필요가 없었다. 보라, 쓰기의 탄생을!

전체 이야기를 밝혀낸 열쇠는 특히 운이 좋았던 한 발견이었다고 슈만트베세라는 회상했다. 이라크 북부의 한 유적지에서 고고학자들은 하나의 거래를 기록한 두 개의 쐐기문자 새김글을 발견했다. 하나는 이런 내용의 점토판이었다.

암양 21마리, 다 자란 숫양 8마리, 암염소 6마리, …

두 번째 새김글은 겉면에 같은 "암양 21마리, 다 자란 숫양 8마리, 암염소 6마리, …"가 나열된 점토 봉투였다. 이 목록에는 모두 49마리의 동물이 적혀 있었다. 연구자들은 봉투를 깼다. 49가지 증표가 쏟아져 나왔다. 21개가 같은 모양, 8개가 또 다른 같은 모양, 이런 식이었다. 슈만트베세라는 이렇게 썼다.

그 점토 봉투는 쓰기 체계의 로제타석이었다.[5]

점토 증표에서부터 점토에 누른 자국, 점토에 그린 그림, 점토판 위에 쓴 부호에 이르기까지 추상성이 계속 증가한 그 긴 연쇄는 참으로 서서히 이루어졌다. 인류 문화의 진화에서 추상화는 언제나 거대한 장애물이었다. 더 많은 추상화가 아직도 이루어지고 있다. 쓰기가 양이나 염소 같은 구체적인 대상을 그린 부호에서 구어口語를 형성하는 순간적인 소리나 작은 공기의 파열을 나타내는 부호로까지 발전하면서 일어나는 일이다.

증표 이야기를 누구나 믿는 것은 아니지만, 회의론자들의 의심은 쓰기가 '어떻게' 나타났느냐로 향한 것이지 쓰기가 '왜' 발명됐느냐에 대해서는 아니다. 앞서 살펴보았듯 쓰기가 생겨난 까닭에 대해서는 이미 널리 받아들여지는 중론이 있다. 그것은 심오한 사상을 기록하는 것이 아니었다. 중국에서나 고대 서아시아나 이집트나 인도나 '신세계'에서나 자극제는 언제나 장사였다. 세계 어느 곳에서나 초기의 쓰기는 "여자는 밤처럼 아름답게 걷는다" 같은 식이 아니라 "도기 잔 2개를 영수함, 하나는 손잡이가 깨짐" 같은 것이기 십상이었다.

오랜 시간이 지난 후에 문학이 등장했다. 쓰기 자체의 발전과 마찬가지로 상업으로서의 쓰기에서 예술로서의 쓰기로의 전환은 느린 속도로 이루어졌다(그 긴 기간 동안에 노래와 구전 설화가 아마도 일반적이었을 것이다). 한 학자의 추산에 따르면 이집트에서는 쓰기가 세금 기록에서 이야기와 우화로 옮겨가는 데 천 년이 걸렸다.[6]

그런데 쓰기의 한 가지 중요한 새 역할이 이야기 전달보다 훨씬 먼저 나타났고, 그것은 결코 사라지지 않았다. 바로 선전으로서의 쓰기였다. 지배자들은 이 새로운 도구를 일찌감치 손에 넣었고, 기회만 있으면 자기네의 힘을 선포하고 자기네의 성스러운 임무를 기렸다. 왕의 자랑은 돌에 새기면 영원히 전해질 터였다.

이집트의 역사 내내 파라오들은 과장된 자랑과 말의 허세에 탐닉했다. 서기전 1400년 무렵에 빗돌에 새긴 한 전형적인 이집트 비문은 파라오 아멘호테프 2세가, 적병들이 수레를 몰고 자신에게 접근했음을 알아차렸을 때 무슨 일이 일어났는지를 묘사했다.

폐하께서는 신의 매가 날듯이 갑작스럽게 그들을 쫓았다.

아멘호테프는 혼자였지만 문제가 되지 않았다.

폐하 곁에는 아무도 없었다. 건장한 팔을 가진 자신만이 있을 뿐이었다. … 그들은 폐하를 보자 기가 죽었다. 그러자 폐하는 전투용 도끼로 다름 아닌 적장을 쓰러뜨렸다.

아멘호테프는 그 승리에 이어 곧바로 또 다른 정복을 이야기했다.

이제 지배자는 신의 매처럼 사납게 휘몰아쳤고, 그의 말들은 하늘의 별처럼 날아다녔다.[•7]

고대 이집트에서 점잖음은 미덕이 아니었고, 파라오만 큰소리치란 법은 없었다. 서기전 2100년 무렵에 한 지역 통치자는 자신의 선행을 자기 무덤 벽에 기록했다.

나는 인류의 시작이자 끝이다. 나와 같은 사람은 이전에 존재하지도 않았고 앞으로도 존재하지 않을 것이다. 나와 같은 사람은 이전에 태어나지도 않았고 앞으로도 태어나지 않을 것이다. 나는 조상들의 위업을 능가했고, 미래 세대는 앞으로 수백만 년 동안 나의 위업에 맞먹는 일을 이룰 수 없을 것이다.

이 비문의 결론은 이러하다.

나는 비견될 자 없는 주인공이다.[8]

발명의 역사에는 아무도 예견하지 못한 용도를 가진 것으로 판명되는 기발한 생각의 사례들이 무수하다. 승강기는 본래 건설 현장에

• 다른 고대 제국 지배자들의 자랑 사례들과 비교해볼 때 이것은 꽤 인자한 편이다. 예컨대 아시리아의 수많은 비문과 조각품은 고문과 대량 학살을 매우 꼼꼼하게 묘사한다. 서기전 700년 무렵의 지배자인 센나케리브라는 왕의 다음 회상이 전형적이다. "나는 양의 목을 치듯 그들의 목을 쳤다. … 나는 그 전사들의 시체로 평원을 채워 풀을 대신하게 했다. 나는 그들의 고환을 잘라내고, 그들의 성기를 외씨 뜯듯이 뜯어버렸다."[9]

서 자재를 들어 올리도록 설계된 것이었다. 그것은 곧 목재보다는 사람을 옮기게 됐고, 그 덕분에 도시의 스카이라인은 위로 치솟았다. 렌즈는 처음에 노인들이 작은 글자를 읽을 수 있도록 하는 안경을 위한 것이었다. 그것은 곧 무수한 별을 보여주는 망원경과, 생물체들이 바글거리는 아주 작은 세계(그 존재는 상상조차 하지 못했다)를 볼 수 있게 하는 현미경으로 변신했다.

뇌 자체는 더욱 놀라운 사례다. 물론 이 경우 발명자 역할을 한 것은 자연이지만 말이다. 뇌는 "뛰어! 사자야!" 같은 생각을 전달하기 위해 만든 살아 있는 기계였다. 그러나 그 기계는 시인에게 연애시를 쓰도록 고무하고, 온 세계의 사람들로 하여금 오늘 이후를 바라보고 죽음 이후의 가능성 때문에 몸을 떨도록 자극했다.

뇌라는 존재에 의해, 가장 간단한 반응과 가장 심오한 통찰은 같은 직선의 서로 다른 위치에 있게 된다. 덤불의 흔들림에서 위험을 감지하는 것은 손의 떨림에서 죽음을 아는 것과 결국 그리 다르지 않을 것이다.

쓰기는 그렇지 않다. 이야기의 앞부분만 듣고는 아무도 결말을 추측할 수 없다. 염소 세는 용도로 만들어졌던 도구가 우리에게 문학과 역사와 기억을 제공하리라고 누가 예견할 수 있었을까? 쓰기는 의도하지 않은 결과를 가져온 발명의 궁극적인 사례일 것이다.

22

천천히, 그러다 갑자기

샹폴리옹은 상당히 진전했음에도 불구하고 아직 좌절하고 혼란스러워했다. 현재까지(이때는 1821년이었고, 그는 이집트와 성체자에 10년 이상 매달리고 있었다) 그는 카르투슈에 들어 있는 이름 수십 개를 해독하는 데 성공했지만, 자신이 아직 전모를 보지 못했음을 알고 있었다. 물론 영도, 다른 누구도 마찬가지였다.

사실 그들은 거의 도달한 상태였다. 물론 그들이 그 사실을 알지는 못했지만 말이다. 헤밍웨이의 《태양은 다시 떠오른다The Sun Also Rises》에는 한 인물이 다른 인물에게 어떻게 해서 파산했느냐고 묻는 유명한 구절이 나온다. 그는 이렇게 대답한다.

"두 가지였지. 천천히, 그러다 갑자기."

그것은 해독 이야기의 도약에서도 마찬가지였고, 이제 '점진적인' 단계들이 다닥다닥 이어져 '갑작스런' 순간이 거의 불가피해졌다.

샹폴리옹은 자신이 어떻게(또는 언제) 발견을 해냈는지에 관해 전혀 내비친 바가 없었다. 그는 밟아온 과정을 되짚기보다는 계속해서 마술을 부려 보는 사람들을 놀래기를 좋아했다.

이는 부분적으로 스타일의 문제였다. 샹폴리옹은 치고 빠지기에 능했다. 그러나 이목을 끄는 능력이 다는 아니었다. 샹폴리옹의 주변에는 회의론자들이 들끓었기 때문에 그는 깔끔하게 설명해야 보다 주목을 끌 수 있음을 알았다. 엉성한 추측과 어설픈 추적은 안 될 일이었다.

샹폴리옹은 10년 동안 성체자에 매달리면서 그것은 "자모 방식은 전혀 아니"며 "소리가 아니라 사물의 부호"라고 한 학술 논문에 썼다.[1] 다시 말해서 이집트의 문자는 그 구성 요소를 이해할 수는 있지만 발음할 수는 없는(외국 이름을 적기 위해 떼어둔 약간의 특수 성체자는 예외이고) 정교한 창작물이었다.

그런데 1821년에서 1823년 사이의 어느 시기에 두 가지 일이 일어났다. 어느 것도 그 자체로는 놀라운 일이 아니었다. 그러나 샹폴리옹은 이 둘을 통해 자신의 이전 생각을 모두 뒤집어야 한다는 생각을 하게 됐다(계속해서 《항해 연감》 일에 푹 빠져 매달려 있던 영은 여전히 뛰어들지 못하고 있었다).

샹폴리옹은 어느 시점(아마도 1822년)에 퍼뜩 생각이 미쳤다. 로제타석의 단어와 성체자 수를 세어보자. 그런 초보 단계의 작업에서는 이것이 당황스러울 정도로 늦었다 싶었다. 그러나 그것은 샹폴리옹 자신만의 생각이었고, 그는 자신의 통찰을 과소평가할 이유가 전혀 없었다.

그가 헤아린 성체자는 1419자, 그리스어 단어는 486개였다. 성체자의 다수는 여러 번 나왔고, 중복을 빼면 모두 166자였다.[2] 이상한 일이었다. 왜일까? 성체자 수는 너무 많았고, 동시에 너무 적었기 때문이다(앞서 보았듯이 덴마크 언어학자 외르겐 소에가도 1798년 매우 유사한 관찰을 한 바 있었다). 너무 많다는 것은 중복과 상관없이 로제타석에 새겨진 모든 성체자 글자가 그리스어 단어보다 세 배나 많다는 것이 말이 되지 않기 때문이었다. 모든 사람이 생각하는 대로 성체자 하나하나가 한 단어나 개념을 나타낸 것이라면 성체자 수와 그리스어 단어 수는 거의 비슷해야 했다.

이 불균형은 사실 처음 생각했던 것보다 훨씬 심했다. 로제타석에서 성체자 부분은 일부가 떨어져 나갔다. 따라서 1419자는 분명히 실제보다 적은 숫자였다.

그러나 다른 관점에서 보면 성체자의 수는 너무 적었다. 성체자 하나가 한 단어나 한 관념을 나타낸 것이라면 전체 언어를 표현하는 데는 수도 없이 많은 그림이 필요하다. 성체자의 전체 수는 충분히 수천, 수만에 이를 것이고, 166개로는 어림도 없었다.

그것이 첫 번째 수수께끼였다. 두 번째 수수께끼는 처음에는 이집트나 성체자와는 아무런 관련도 없는 듯했다. 이것은 집착이 강한 장피에르 아벨레뮈사라는 젊은 프랑스인의 작업과 관련이 있었다. 그는 한문의 신비 속으로 깊숙이 뛰어들어 혼자 개척한 학자였다. 아벨레뮈사는 비참한 어린 시절을 견뎌냈다.[3] 사고로 한쪽 눈이 멀었고, 몇 년 동안 침대에 누워 있어야 했다. 그러다가 아버지가 죽자 남은 모자는 먹고살기 위해 허둥댔다. 그는 건성으로 의학을 공부했다. 거기서 나오는 수입을 위해서였다. 그런 그를 분발케 한 것은 약초학에 관한 중국 책과의 우연한 만남이었다. 관심을 끈 것은 약초와 약이 아니었다. 아벨레뮈사를 유혹한 것은 갈피마다 들어 있는 신비로운 문자였다.

푹 빠진 그는 "선생도 교재도 사전도 없이" 혼자서 한문 공부에 뛰어들었다.[4] 당시 열여덟 살이었다. 5년 뒤인 1811년 그는 첫 출판물 《중국어문론Essai sur la langue et la littérature chinoises》으로 이름을 알렸다. 그것이 샹폴리옹의 옛 스승 실베스트르 드사시의 눈길을 끌었고, 이에 따라 샹폴리옹도 관심을 가졌다.

1822년쯤에 아벨레뮈사는 프랑스에서 한문에 관한 최고 권위자가 되었다.[5] 샹폴리옹은 이렇게 말했다. 아벨레뮈사는 "그의 선배들이 봉인했던, 신비로운 어둠으로부터 중국 연구를 밝은 곳으로 끌어낸 최초의 사람이었다."

1822년 아벨레뮈사가 《한문법 입문Élémens de la grammaire chinoise》이라는 새 저작을 출간하자 샹폴리옹은 그것을 파고들었다.

특히 한 가지가 그의 눈길을 끌었다. 아벨레뮈사의 계산에 따르면 한자는 수천 자가 이용되는데, 이는 샹폴리옹이 찾아낸 성체자 숫자보다 훨씬 많은 것이었다. 그런데 한자는 그렇게 많은 문자를 동원하면서 형성形聲이라는 특수한 문자 범주를 활용하고 있었다(이것이 두 번째 수수께끼였다). 아벨레뮈사는 이를 '소리 표기'로 번역했다.

이 문자들은 소리를 나타낼 뿐만 아니라 "일반 한자의 절반 이상을 차지한다"고 샹폴리옹은 지적했다.[6]

중요한 것은 '일반'이다. 아벨레뮈사는 중국 작가들이 외국 이름을

신의 기록

어떻게 처리하는지를 말하는 것이 아니었다. 그는 중국인들이 평범한 일상의 단어들을 어떻게 처리하는지를 이야기하고 있었다.

여기서 엄청난 중요성을 지닌 전환이 일어났다. 10년 전 샹폴리옹은 자모 방식이 아닌 문자로 외국 이름을 적으려면 소리를 나타내는 문자를 사용하는 수밖에 없다고 설명했다. 그러나 이제 아벨레뮈사는 '소리 문자'가 외국 이름뿐만 아니라 일반 단어에도(그것도 많이) 나온다고 주장하고 있었다.

샹폴리옹은 자신은 물론 다른 누구도 생각지 않았던 것을 떠올리기 시작했다. 이집트인들은 먼 나라에서 들어온 이름들뿐만 아니라 평범한 이집트 단어들에도 '소리 문자'를 사용했던 것이 아닐까?

샹폴리옹이 프랑스에서 한문 문법을 파고들고 영은 영국에서《항해 연감》을 만들고 있는 동안, 전직 곡예단 괴력사 조반니 벨초니는 이집트에서 성체자들을 찾고 있었다. 그가 거기서 발견한 것은 곧 샹폴리옹을 말 그대로 놀라 자빠지게 만든다.

19세기 초에 이집트는 고대 유물 발굴(그리고 판매) 경쟁을 벌이는 하이에나들이 득시글거리는 광활하고 조사되지 않은 보물 창고였다. 여행자들에게 미라만큼 짜릿한 기념품은 없었다. 직접 미라를 '발견'하는 것은 가장 흥분되는 일이었다. 장사꾼들은 몰래 무덤에 들어가 미라를 숨겨놓아 고객들이 발견하게 만들었다. 열렬한 여행자들은 손이나 팔을 떼어내(여행자의 가방에는 전신이 들어가기 어려웠다) 나중에 고국으로 가져다가 전시했다.[7]

고고학자들이라고 그들보다 점잖지는 않았다. 대개 약탈자들과 구분하기 어려웠고, 벨초니는 특히 노련하고 부지런한 약탈자였다. 그는 또한 과시자를 위해 일하는 과시자였다.

2미터 가까운 신장에 잘생기고 산처럼 튼튼한(공연을 다니던 시절에 그는 열한 명이 동시에 그의 위에 올라타게 하는 묘기를 부렸다) 벨초니는 이 집트에 늦게 왔지만 곧바로 연속 히트를 쳤다.[8] 예컨대 "경멸을 담은 냉정한 명령"을 내리는 강력한 지배자에 관한 셸리의 시 〈오지만디아스〉를 탄생시킨 람세스 대왕의 깨진 조각상을 발견한 것도 바로 이 이탈리아 서커스단 괴력사였다(오늘날 이 조각상은 영국박물관의 보물 가운데 하나다).* 그리고 앞서 보았듯이 뱅크스의 오벨리스크를 필라이 섬에서 끌어다가 긴 여정 끝에 마침내 영국으로 옮기는 데 성공한 것도 벨초니였다.

결국 유럽에 있던 문자 해독자들을 흥분시키고 전율케 만든 단서를 발굴한 것은 벨초니의 무덤 약탈 기량에 의한 것이었다.

벨초니는 자신의 떠들썩한 회고록에서 이집트 모험에 대해 이야기했다. 그는 초기의 약탈 하나에 대해 특히 상세하게 회상했다.[9] 그는 룩소르에서 나일강 건너편에 있는 여러 고분의 지하 깊숙한 곳으로 기어 들어갔다. 그는 답답한 땅속을 꿈틀거리며 수백 미터 나아간 끝에 마침내 똑바로 앉을 수 있을 만한 높이의 작은 방으로 들어갔다. 벨초니는 진저리쳤다. "그러나 멋진 안식처였다! 주변은 모두 시체

---

* 셸리는 이집트 땅에 발을 들인 적이 없고, 이 거대한 오지만디아스 조각상이 영국박물관에 도착한 이후에도 그것을 본 적이 없다. 그러나 그는 이 조각상에 관한 글을 읽었고, 10분 이내에 이 시를 휘갈겨 썼다. 그는 2주 뒤에 이 시를 거의 수정하지 않고 발표했다. 조각상이 영국에 도착하기 직전이었다.[10]

신의 기록

고고학자이자 약탈자 조반니 벨초니(왼쪽). 그가 좋아했던 아라비아풍 복장을 한 모습이다. 그의 가장 멋진 재주는 몇 사람을 동시에 땅에서 떨어져 있게 하는 것이었다(오른쪽). 마침내 그는 열한 명을 동시에 떠받칠 수 있는 방법을 고안했다.

였고, 사방에 미라 무더기가 있었다."

유일한 불빛은 벨초니가 데려온 아라비아인 일꾼들이 높이 치켜든 횃불이었다. 일꾼들은 "벌거벗고 흙을 뒤집어써 그 자체로 살아 있는 미라처럼 보였다."

다행히 벨초니는 오래전에 후각을 잃어버렸다. 그럼에도 입과 목에서 미라의 먼지가 느껴지자 속이 메스꺼워졌다. "참을 만하게 되자 나는 쉴 곳을 찾았고, 한 군데 발견해 겨우 앉았다. 그러나 나의 무게가 한 이집트인의 시신을 누르자 그것은 종이 상자처럼 푹 꺼졌다."

벨초니는 바닥으로 쓰러졌다. 그는 15분 동안 속수무책으로 누워 숨을 고르려 애썼다. 마침내 그는 6미터 길이의 통로로 기어 내려왔다. 폭은 겨우 꿈틀거리며 지나갈 수 있는 정도였다. 벨초니는 이렇게 썼다.

거기에는 미라가 꽉 차 있었고, 부패한 미라 얼굴에 내 얼굴을 부딪지 않고는 지나갈 수 없었다. 통로가 아래쪽으로 기울어지자 내 무게로 저절로 나아갈 수 있었다.

나는 위에서 쏟아지는 뼈, 다리, 팔, 머리 들에 뒤덮일 수밖에 없었다. 이렇게 나는 한 동굴에서 다음 동굴로 나아갔다. 모두 여러 가지 형태로 쌓인 미라 천지였다. 서 있는 것, 누워 있는 것, 심지어 거꾸로 서 있는 것도 있었다.

왜 그 고생을 자청했을까? 벨초니는 솔직하게 이어갔다.

내 탐색의 목적은 이집트의 파피루스를 그들로부터 훔쳐 오는 것이었다. 그 가운데 일부는 그들의 가슴 속에 숨겨져 있었고, 팔 밑이나 무릎 위 공간이나 다리 위에도 있었다. 미라를 감싸고 있는 여러 겹의 천에 덮여 있기도 했다.

옛날에 약탈자들은 파피루스 파편에 신경 쓰지 않았다. 낡아챌 금 팔찌와 목걸이, 술잔과 조각상이 있을 때는 말이다. 한 이집트학자의 추산에 따르면, "무덤 도굴이 천 세대가 넘어가면서" 중요한 보물들 상당수가 사라졌다.[11]

유럽의 수집가들과 박물관들이 이집트 열기에 따른 광란에 빠지면서 파피루스 문서(또는 성체자가 쓰인 어떤 다른 물건이라도)는 돈을 내며 더 구해달라고 외치는 구매자들을 끌어들이는 보증수표가 됐다. 그런데 벨초니는 몇 년 동안 더 큰 상에 눈독을 들이고 있었다. 아직까지는 그것이 그의 손에 잡히지 않았다.

23

아부심벨 신전

벨초니를 이집트로 끌어당긴 것은 보물의 유혹이었지만, 또 다른 한 유럽인 여행가와 우연히 만난 이후에야 가장 큰(그리고 가장 눈부신) 발견을 했다. 그 유럽인은 거의 전적으로 호기심과 방랑벽 때문에 온 사람이었다.[1]

그 발견에 벨초니와 윌리엄 뱅크스는 또 한 번 의기투합했다. 그들의 오벨리스크 모험 뒤에 곧바로 일어난 일이다. 그것은 성체자 해독 과정에서 또 하나의 도약을 이끌어내게 된다.

대략 1810년에서 1820년까지의 시기에 벨초니와 뱅크스는 다른 보물찾기 경쟁자들처럼 이집트를 이리저리 뛰어다녔다. 두 사람의 인생은 키 크고 수염이 덥수룩하며 아사 직전의 인물을 만나면서 바뀌었다(그리고 우리의 해독 이야기도 새로운 방향으로 획 틀어졌다).

요한 루트비히 부르크하르트는 거의 홀로 돌아다니는 여행자였다. 스위스 태생인 그는 1809년 스물다섯 살 때 유럽을 떠나, 다시 돌아가지 않았다. 그는 처음 몇 년을 시리아에서 보내며 아라비아어 공부에 몰두했다. 부르크하르트는 곧 그 말에 유창해졌고, 덥수룩한 수염과 머릿수건 및 복장 등이 더해져 현지인 행세를 할 수 있었다. 그는 세이흐 이브라힘 이븐 압둘라흐라는 이름으로 서아시아와 아프리카 탐험에 나섰다. 무기도 동반자도 없이 그저 끝없는 호기심만 가지고 있었다. 그는 서유럽인 가운데 메카를 방문한 초기 사람들 가운데 하나였으며, 요르단의 페트라는 최초 방문객이었다(앞서 보았듯이 뱅크스는 페트라를 처음으로 스케치한 사람이다).

1813년에 부르크하르트는 누비아 사막 깊숙이 들어가 있었다. 카이로에서 남쪽으로 1천여 킬로미터 떨어진 곳이었고, 나폴레옹의 연구자들 가운데 가장 멀리 갔던 사람보다도 160킬로미터 이상 더 들어간 것이었다. 이곳은 혹독한 무법 지대였다. 부르크하르트는 나일강 기슭에 있는 방치된 옛 신전에 대한 소문을 추적하고 있었다.

결국 그는 신전을 발견했다. 나중에 누비아라고 이름 붙여진 오랫동안 잊힌 땅의 한 벼랑 사면에는 여섯 개의 거대한 조각상이 세워져 있었다(현재의 아스완에서 남쪽으로 약 270킬로미터 떨어진 곳이다). 바위 속으로 들어가는 입구 양편으로 각각 세 개씩이었다. 이 신전 단지는 육로로 오는 사람에게는 마지막 순간까지 눈에 잘 띄지 않지만, 강에서 보면 놓칠 수가 없었다. 부르크하르트는 그 안에서 더 많은 조각품과 채색 조각상, 그리고 수많은 성체자를 발견했다.

그는 약간 탐사를 해본 뒤 돌아서 나왔다. 그가 다시 강에서 벼랑을 기어 올라갔을 때 그는 남쪽을 바라보게 됐다. 갑자기 그의 눈에 거대한 조각상 네 개가 눈에 띄었다. 이미 보았던 조각상들보다 훨씬 컸다. 이것 역시 사암砂巖 벼랑에 조각되어 있었다. 모래가 그것을 대부분 덮고 있었다.

부르크하르트는 이집트 최대급으로 밝혀지게 되는 이 잊힌 신전을 지나칠 뻔했다. 그가 처음 발견한 것은 일종의 부속 신전, 자매 신전이었다.

그는 더 가까이로 달려갔다. 한 조각상의 머리와 가슴은 모래 위로 나와 있었다. 줄지어 선 다음 조각상은 거의 보이지 않게 파묻혀 있었고, 나머지 두 개는 윗부분만 드러나 있었다.[2]

이 '윗부분'은 나중에 보니 왕관이었다. 이 조각상들은 파라오들을 묘사한 것이었다. 더 정확하게 말하자면 한 파라오를 네 번 만든 것이었다. 부르크하르트는 머리가 드러난 조각상 위로 기어 올라갔다. 이것은 "아주 잘 표현된 젊은이의 얼굴"이었고, 이집트에 있는 다른 어느 조각상보다도 "그리스풍의 미에 더 가까워 보이는" 것이었다.

부르크하르트는 어깨 사이의 거리를 측정했다. 6미터 남짓이었다. 귀 하나를 맨 위에서 밑까지 쟀다. 1미터였다. 조각상이 서 있는 모습인지 앉아 있는 모습인지는 알 수 없었다. 그것이 만약 서 있는 모습이라면 높이가 20미터 안팎일 것이라고 부르크하르트는 추측했다. 여기는 도대체 뭐 하던 곳이야?

모래를 치워야 그 진면모가 나타날 것이었다. "거대한 신전이 드러날 것이다. 이 거대한 조각상들은 아마도 그 입구에서 장식물 노릇을 하고 있는 것이리라."

부르크하르트는 지금 아부심벨로 알려진 유적지를 발견한 것이다. 서유럽인 가운데 이를 본 사람은 아마도 2천 년 동안 아무도 없었을 것이다.* 오늘날 이곳은 유네스코 세계유산의 하나이며, 전 세계에서 온 관광객들이 찾는 장소가 됐다.

나중에 밝혀졌지만 부르크하르트가 처음 마주쳤던 더 작은 신전은 네페르타리라는 왕비에게 봉헌된 것이었다. 두 번째의 더 큰 신전이 네페르타리의 남편이자 모든 파라오들 가운데 가장 유명한 축에 속하는 람세스 2세를 기리는 것이다.

1813년에는 누구도 람세스(또는 라메세스)라는 이름을 알지 못했다. 그들이 고대의 파라오 명부를 볼 줄 알았더라면 거기서 봤을 테지만 말이다.

나중에 학자들이 성체자를 읽을 줄 알게 되자 람세스에 대해 많은 것이 밝혀졌다. 그는 스무 살 무렵인 서기전 1279년에 즉위했고, 66년 동안 통치했다. 그동안 내내 자신을 위한 기념물들을 건설했다. 그가 죽을 무렵 이집트의 상당한 지역은 람세스를 엄숙하고 초연하며 무적이고 영원한 존재로 묘사하는 거대한 석상들의 무게에 짓눌려 신음했다.

그의 생애와 치세에 관한 모든 것은 굵은 활자로 인쇄된 것처럼 과장되어 있다. 람세스는 매우 오래 통치했기 때문에 10여 명의 태자가 그보다 먼저 죽었다(그렇다고 해서 후계자를 세우지 못할 걱정은 없었다. 람세스는 아들을 100명, 딸을 60명 낳았다고 주장했다). 일부 기록에 따르면 람세스는 기독교 성경에 나오는 파라오였고, 이것이 그를 여러 파라

---

* 아부심벨은 여전히 외진 곳이다. 그러나 지금 이곳 부근에는 당일치기 여행자들을 끊임없이 끌어 모으는 공항이 있다. 전체 단지는 1968년 수백 미터 옮겨졌다. 아스완 댐 건설로 수몰될 처지였기 때문이다.

람세스 2세의 아내 네페르타리의 무덤 속 벽화 일부.

오 가운데 하나가 아니라 파라오의 대표자로 만들었다.

〈십계〉 같은 영화나 많은 대중서가 그를 그렇게 그렸지만 그런 관점에 대한 실질적인 증거는 없다. 우리가 기껏 말할 수 있는 것은 기독교 성경의 파라오와 역사 속 람세스 모두 매우 자만심이 강한 사람이었다는 것이다. 〈출애굽기〉 5장 2절에서 파라오는 이렇게 호통친다. "야훼가 누군데 내가 그의 말을 듣고 이스라엘을 내보내겠느냐?" 적어도 그 분위기만은 같아 보인다. 람세스와 관련된 모든 것은 무제한의 권력과 통제되지 않는 자아라는 같은 정서를 전달한다. 비문들은 전사로서의 그의 용맹을 찬양하고, 벽에 새긴 조각들은 적을 발 아래 짓밟은 채 창을 들어 다른 적을 찌르려는 듯한 자세를 취한 그의 모습을 그린다.

그는 호화스런 자신의 새 수도를 건설하고 페르람세스('위대한 승리자 람세스의 집')라는 이름을 붙였다. 그를 기리는 조각상과 신전은 다른 어느 파라오에 비해서도 많다. 그의 눈에 띄는 것은 몽땅 거기에 충당한 것이 그 한 이유다. 새로운 기념물을 세우거나, 기존의 기념물에서 자기 조상의 이름을 지우고 자기 이름을 새기거나, 기존 신전을 헐고 그 돌들을 이용해 자기 이름을 건 신전을 다시 건설했다.[3]

람세스는 이집트 어디에나 있었다. 지중해 근처에 있는 그의 새 수도에는 그의 조각상이 28미터 높이로 솟아 있었다. 오늘날 남아 있는 것이라고는 동강이 나 본체와 떨어진 발뿐이다. 어른이 아무리 손가락을 쭉 벌려 펼쳐도 이 거인의 커다란 발가락 끝과 끝에 닿지 않는다.[4]

영국박물관에 있는 거대한 '오지만디아스' 조각상은 앞서 이야기한 것처럼 람세스를 묘사한 것이다.* 이것은 새 수도에서 남쪽으로 약 800킬로미터 떨어진 룩소르에서 발견됐다. (람세스의 미라는 1881년 그 부근 '왕들의 계곡'이란 뜻의 와디알물루크에서 발견됐다. 람세스는 죽은 뒤에도 여전히 특별 대우를 받았다. 1976년 미라의 상태가 나빠질 조짐을 보이기 시작하자 이집트학자들은 그것을 파리로 수송해 검사를 받게 했다. 람세스는 공식 여권—거기 직업 난에는 '왕(작고)'이라고 적혔다[5]—을 지닌 채 프랑스 군용기로 옮겨졌고, 르부르제 공항 관계자들은 살아 있는 왕에 대한 최고의 군대 의장儀仗으로 그의 도착을 영접했다.)

람세스가 자신을 위해 건설하도록 명령한 모든 봉헌물 가운데서,

---

* 파라오들은 모두 몇 개의 이름이 있었다. 아명(兒名)이 있고, 치세가 시작된 이후 선택하는 왕명도 있다. '오지만디아스'는 람세스의 왕명을 그리스어화한 것이다.

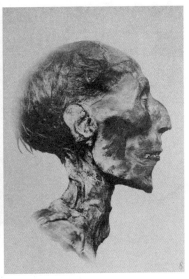

셸리의 시 〈오지만디아스〉를 탄생시킨 이 람세스 2세의 조각상은 영국박물관의 보물 가운데 하나다. (프랑스인들은 오른쪽 어깨 부근에 구멍을 뚫었다. 틀림없이 이 거대한 조각상을 운반할 방법을 찾을 수 있으리라는 희망에서였을 것이다. 역사가들은 그들이 줄을 달거나, 몸통에서 머리를 떼어내기 위해 거기에 화약을 넣어 폭파시키려 했을 것으로 본다). 람세스의 미라는 1881년 발견됐다.

이집트의 최남단 국경 부근에 있는 아부심벨 신전은 아마도 가장 공들인 것이었을 듯하다. 거대한 조각상 네 개는 모두 람세스를 묘사했다. 이 사치스러운 경의의 표현은 북쪽으로 쳐들어올 생각을 할지도 모르는 어떤 적들에게도 이집트의 힘을 과시하는 메시지의 역할을 했을 것이다. 이집트학자 피터 브랜드의 말에 따르면 단지 전체는 "거대한 '파라오 조심!' 경고판" 역할을 했다.[6]

그 조각상들의 크기는 야단스럽고 눈에 띄지 않을 수 없는 자랑질이었다. 조각과 건축에서 이집트적 취향을 벗어난 것은 없었다. 크면 좋고, 거대하면 더 좋았다. 람세스를 묘사한 오지만디아스 조각상은

아부심벨 신전 입구에 있는 네 개의 거대한 조각상. 각기 6층 건물 높이이고, 모두 람세스를 묘사하고 있다. 신전 문 오른쪽 조각상의 머리와 가슴은 오래전에 바닥으로 떨어져 내려 거기에 남아 있다.

온전했을 때 무게가 20톤 이상이었고, 머리와 양 어깨만 7톤이다(미켈란젤로의 조각 〈다비드〉의 무게가 6톤이다).• 아부심벨에서 왕좌에 앉아 있는 람세스의 조각상은 각기 머리에서 발끝까지가 20미터다.[7] 링컨 기념관에 있는 링컨 대통령의 좌상은 높이가 5.8미터다.

부르크하르트는 1813년에 아부심벨을 발견했다. 2년 뒤인 1815년 겨울 카이로에서, 그와 그의 새 친구 두 사람은 부르크하르트가 본 엄청나고 접근하기 어려운 신전에 관해 신나게 떠들어대며 여러 날을 보냈다. 당시 카이로에는 유럽인이 많지 않았으므로 이 삼인방은

• 영국박물관에 있는 부분 조각상은 높이가 2.5미터인데, 이는 전체의 3분의 1에 불과하다.

신의 기록

특히 튀었다.

키가 큰 금발의 남자는 윌리엄 뱅크스였다. 부유한 영국인 수집가로, 필라이에서 오벨리스크를 발견했다. 덩치 큰 그의 동반자는 벨초니였다. 곡예단 괴력사에서 고고학자로 변신한 사람으로, 뱅크스가 그 오벨리스크를 고국으로 수송하는 데 도움을 주었다. 두 사람은 대체로 부르크하르트의 의견을 따랐다. 그들 가운데 가장 경험이 많은 여행자였기 때문이다. 부르크하르트는 속임수와 실패와 강탈과 위기 탈출 이야기를 줄줄이 읊어댔다. 듣던 두 사람은 아부심벨 이야기가 나오자 특히 아우성을 쳤다. 모래 속에 어떤 보물이 들어 있지?

이집트에서 일하는 고고학자들에게 모래는 언제나 문제였다. (나폴레옹의 연구자들이 처음 스핑크스를 발견했을 때 그것은 턱까지 모래에 묻혀 있었다.) 아부심벨에서 모래는 수천 년에 걸쳐 쌓였다. 한 람세스 조각상의 다리에 서기전 600년 무렵의 두 그리스 병사의 낙서가 새겨져 있는 것으로 보아 알 수 있다.

벨초니는 자신의 탐사를 통해 모래 더미가 어떻게 만들어지는지를 보았다. 바람이 여러 날 거세게 불면 모래가 공중으로 자욱하게 날아오른다. 벨초니는 이렇게 썼다.

온통 혼돈에 싸인 것 같다. 때로 많은 양의 모래와 작은 돌들이 상당한 높이까지 올라가 지름 20미터 안팎의 기둥을 이룬다. 그것은 밀도가 매우 높아 한 지점에 머물러 있으면 고체처럼 보인다.

그 모래폭풍은 때로 한 번에 30분씩 지상을 선회하고 마침내 모래와 돌 더미를 지상에 쏟아붓는다고 벨초니는 말했다.

신이시여, 그 바람에 휘말린 가련한 나그네를 보살피소서![8]

모래가 일단 산을 이루기 시작하면 더 많은 모래가 같은 곳에 떨어지기 십상이었다. 빅토리아 시대의 유명한 고고학자 플린더스 페트리는 그것이 일어나는 것을 보았다. 그는 이렇게 썼다.

(모래폭풍은) 런던의 안개처럼 짙게 지상으로 날아올라 그 소용돌이가 머금을 수 있는 최대한의 모래를 머금는다. 그리고 어떤 장애물이라도 그 속력에 지장을 주면 곧바로 초과분의 모래가 떨어진다.[9]

페트리는 고고학의 역사에서 걸출한 인물이었고, 보물 사냥꾼이라기보다는 근면한 학자였다. 더구나 그는 타고난 괴짜여서 모래폭풍 앞에서도 태연하기로 유명했다. 페트리는 고생에 아랑곳하지 않고 (어쩌면 오히려 그것을 즐겼는지도 모른다) 사막의 태양 아래 나가 분홍색 통짜옷 차림이나 때로는 벌거벗은 상태로 일을 했다.[10] 가장 가혹한 조건에도 그는 굴하지 않았다.

나중에 '아라비아의 로런스'로 알려지게 되는 토머스 에드워드 로런스 같은 불굴의 방문자도 페트리 야영지의 상태를 보고 기가 죽었다. 로런스는 한 친구에게 이렇게 썼다. "페트리의 발굴지는 그 자체의 정취가 있네. 통조림과 미라 시신이 어우러지고, 곤경 속에서도 부적이 있지."[11] 그곳에 있는 동안 로런스는 빵 상자에 발을 올려놓고 잤다. 쥐가 이 식량에 손대지 못하게 하기 위해서였다.

페트리의 야영지를 찾는 사람은 누구나 음식에 대해 한마디씩 했다. 실망한 한 방문자는 이렇게 말했다. "그가 내놓는 음식은 고통스러울 정도로 열악해서 무쇠 같은 체질을 갖춘 사람이 아니면 견뎌내기 힘들었다."[12]

음식은 주로 통조림이었고, 그마저도 대개 이전 발굴 때 먹다 남은 것이었다. 한 역사가는 이렇게 썼다. 페트리와 다른 고고학자들은 "통조림의 신선도를 측정하기 위해 통조림을 돌로 된 벽에 던졌다. 폭발하지 않으면 먹어도 되는 것으로 간주했다."[13]

나중에 고고학에서 두드러진 이력을 쌓게 되는 이 발굴단의 두 젊은 연구자는 함께 식중독을 치료하는 동안 사랑에 빠졌다.

거대한 무더기로 쌓인 모래는 거의 치우기가 불가능했다. 부르크하르트의 모래에 덮인 신전 이야기를 머릿속에서 굴리고 있던 벨초니는 일단 가봐야겠다고 결심했다. 그는 1816년 아부심벨 내부로 뚫고 들어가는 첫 시도를 했다.

그는 그곳에 도착해 벼랑 꼭대기 거의 중앙에 매의 머리를 새겨놓은 것을 발견했다. 그는 두 가지 추측을 했다. 머리의 크기로 미루어 보아 '매의 전신이 6미터 정도 된다면', 그리고 '그것이 신전의 주 출입구에 해당한다면', 입구 통로의 꼭대기는 모래 속 10미터쯤 아래에 있을 것이다.

그 모래언덕을 삽으로 퍼내는 것은 "물속에 구멍을 내는 것과 비슷"함을 벨초니는 알고 있었지만, 그래도 일을 시작했다. 그러나 곧

일꾼들에게 줄 돈이 떨어져 포기했다.[14]

그는 이듬해 다시 돌아왔다. 이번에는 일꾼들이 파낸 모래를 다른 곳으로 돌리는 방법을 찾아냈다. 모래 수 톤을 파낸 끝에 드디어 출입로가 치워졌다. 1817년 8월 1일, 드디어 벨초니는 손에 촛불을 들고 람세스의 신전 안으로 들어갔다. 그는 수백 년, 어쩌면 수천 년 동안 방문객이 없었을 방들을 둘러보며 보물을 찾았다.

그는 하나도 찾지 못했다. 그가 발견한 것은 벽화와 성체자, 그리고 높이가 10미터 정도인 새로운 람세스 조각상 여덟 개였다. 사흘 뒤, 벨초니는 실망을 안은 채 떠나는 배에 올랐다. (부르크하르트는 두 달 뒤 카이로에서 식중독으로 죽었다. 서른두 살의 나이였다. 그는 모래가 치워진 아부심벨의 모습을 보지 못했다.[15])

벨초니의 시도 이후 얼마 되지 않아 뱅크스가 나섰다. 1819년 1월, 그는 일꾼들과 함께 작업에 나섰다. 신전 안에 있는 거대한 조각상 하나에서 모래를 치우는 데만 3주가 걸렸다. 그 영역은 신전 내부였으므로, 그림과 성체자가 드러났다. 뱅크스는 황홀하게 이를 들여다보았다.

작업 조건은 그보다 가혹할 수가 없었다. 뱅크스와 소수의 동료들은 밧줄로 자투리 나무들을 묶어 만든(나무가 귀했기 때문이다) 허술한 사다리를 기어 올라가 신전 벽 높은 곳에 쓰인 비문을 베꼈다. 신전 안에 어둠이 깃들 무렵에도 기온은 섭씨 40도 이하로 내려가지 않았다. 그곳에 불빛이라고는 깜빡거리는 촛불뿐이었다. 그 촛불 수십 개가 밀랍을 칠한 야자나무 가지에 묶여 장대 위에 높이 매달려 있었다.[16] 박쥐들이 어둠 속에서 휙휙 날아다녔고, 뱅크스와 다른 필사자들은 박쥐가 가까이 달려들면 놀라서 움찔움찔했다. 그러나 그들은 이내 다시 작업으로 돌아가 성체자의 자세한 모습을 알아내기 위해 그것을 들여다보았다.

24

유레카!

뱅크스는 아부심벨에서 한 달을 보내며 심혈을 기울여 비문을 베꼈
다. 그와 함께 일한 사람들 가운데 눈에 띄는 사람이 하나 있었다. 건
축을 전공한 장니콜라 위요는 미술가의 안목을 갖고 있었고, 건축사
에 깊은 지식을 갖고 있었다. 그는 고대 세계에 이끌렸고, 로마·그리
스·이집트의 유적과 기념물을 찾고 연구하며 여러 해를 보냈다(이후
그는 파리 에투알 개선문 설계 작업을 하게 된다). 마침 그는 샹폴리옹의 친
구였다.

　1822년 9월 14일 아침, 샹폴리옹은 그에게서 뜻밖의 소포를 받았
다. 그는 자신의 연구실인 다락방으로(서른한 살인 샹폴리옹은 형의 집에
서 형의 가족과 함께 살고 있었다) 가지고 올라가 그것을 뜯었다.

　위요가 꼼꼼하게 기록한 아부심벨의 성체자들이었다. 이는 특히
운 좋은 선물이었다. 뱅크스가 자신의 작업을 샹폴리옹에게 기꺼이
나눠주지는 않을 것이기 때문이었다.

　이번에도 결정적인 역할을 하게 되는 것은 카르투슈였다. 샹폴리

옹은 자신이 전에 본 적이 없던 것 하나에 초점을 맞추었다. 그것은 가장 단순한 형태였다(밀접하게 연관된 몇 개의 변형이 있는 듯했다). 성체 자가 딱 세 개 들어 있었다.

마지막 부호는 낯이 익었다. 그것은 '프톨레마이오스'에 나왔고, S 음을 나타낸 것이었다. 여기서는 부호가 두 번 반복됐으니 SS일 것이었다. 이상해 보였다. 그러나 샹폴리옹은 히브리어나 아라비아어에서와 마찬가지로 이집트어에서 모음이 생략될 수 있다고 추측했다(결과적으로 옳은 추측이었다).

오이 같은 게 세 개 달려 있는 듯한 가운데 부호는 새로 나온 것이어서 알 수 없었다. 첫 번째 부호는 원의 한가운데에 점을 찍은 것으로, 태양 같아 보였다. 샹폴리옹은 자신의 콥트어 지식을 끌어냈다. '태양'에 해당하는 콥트어는 '라' 또는 '레'였다. 더구나 '라'는 바로 태양신의 이름이었다. 라는 특별했다. 신 중의 신이었고, 지구와 하늘의 창조자일 뿐만 아니라 다른 모든 신들의 창조자이기도 했다.

조각을 맞춰보면 이 카르투슈의 이름은 이랬다.

RA __ SS

샹폴리옹은 서기전 2세기에 쓰인, 이집트 역사에서 남아 있는 모

신의 기록

든 것의 잔편을 꼼꼼하게 연구했었다. 마네톤이라는 이집트 사제는 이집트의 지배자들에 관해 그리스어로 글을 썼다. 마네톤은 통시적으로 파라오 명부를 작성했다. 샹폴리옹은 'RA__SS'를 보자마자 마네톤의 명부 속 한 이름을 금세 떠올렸다. '람세스'였다.

이것은 진정한 '유레카!'의 순간이었다. 한 번의 도약에 세 가지 통찰이 담겨 있었다.

첫째로, 샹폴리옹은 순수한 이집트 이름을 해독해냈다. 후대의 그리스 수입품에 대해 이집트의 부호를 임시방편으로 적용한 것이 아니었다. 마네톤은 람세스라는 왕 몇 명을 명부에 올렸다. 모두가 그리스인들이 이집트에 오기 500년 또는 그 이상 전에 활약한 인물들이었다. 샹폴리옹은 장막을 젖히고 3천 년을 거슬러 올라가 여태껏 서방 방문객들이 범접할 수 없었던 시대를 들여다보았으며, 거기서 발견한 메시지를 읽어냈다.

둘째로, 하나의 수수께끼에 대한 해답을 넘어서, 보다 일반적으로 적용될 수 있는 방법을 발견했다고 기대할 만했다. '람세스'로 가는 길을 콥트어에서 찾은 샹폴리옹의 생각이 옳다면, 아마 '태양' 외에도 무수한 콥트어 단어들이 다른 성체자들에 나타날 터였다. 그는 십대 시절 콥트어 지식이 그를 고대 이집트어로 인도해줄 것이라고 확신했는데, 그것이 입증되기 시작하고 있었다.

셋째로, 이집트인들은 분명히 단순한 자모를 사용한 것이 아니라 복잡한 혼성 체계를 사용했다. 이미 밝혀졌듯 일부 성체자는 소리(예컨대 S 같은)를 나타냈다. 일부는 단어('라' 같은)를 나타냈다. 일부는 분명히 더 깊숙이 파묻힌 비밀들을 숨기고 있었다.[1]

같은 날인 1822년 9월 14일, 샹폴리옹은 위요의 성체자들에 나오는 또 다른 카르투슈를 마주했다. 그것은 '람세스' 카르투슈와 놀랄 만큼 유사한 모습을 띠고 있었다.

이것이 '람세스'다.

그리고 이것이 새로운 카르투슈다.

자, 아프리카흑따오기 그림 뒤에 샹폴리옹이 방금 MS로 해독한 두 성체자가 나온다. 그리고 아프리카흑따오기는 이집트 전승의 세례를 받은 사람이라면 누구라도 알아볼 수 있는 상징이다. 미국인의 흰머리수리와 같은 것이다. 따오기는 언제나 이집트 신들 가운데 대표적인 존재인 토트 신과 연관되어 있었다. 샹폴리옹은 토트에 대해 알고 있었다. 그리스인들이 알고 있었기 때문이다. 예컨대 플라톤의 대화편 한 구절에서 소크라테스는 쓰기의 시작에 관해 이야기하면서, 주인공을 무대에 올리며 시작한다.

이집트 고대 신 가운데 하나인 자, 따오기를 자신의 신성한 새로 정한 자, 자신의 이름을 토트라 지은 자.[2]

신의 기록

그리스인들은 토트를 자기네 신들의 무리에 흡수했고(헤르메스라는 이름으로 재탄생했다) 그에게 여러 가지 현란한 재능들을 부여했다. 그는 천문학과 수학과 의학을 창설했다. 무엇보다도 그는 쓰기를 발명했다고 그리스인들은 생각했다. 현대의 한 역사가는 이렇게 썼다. "그는 숫자를 발명하고, 자모의 글자들을 발명하고, 읽기·쓰기·말하기의 모든 부문의 방법을 발명했다. 그리고 그는 인간 및 신과 관련된 지식 분야의 모든 저작의 저자다."[3]

샹폴리옹은 이 새로운 카르투슈를 응시했다. 따오기, M, S. 해답이 거의 튀어나오다시피 했다. '토트메스'다! 그 비슷한 이름을 가진 파라오가 있었나? 다시 한 번 샹폴리옹은 마네톤의 파라오 명부를 들췄다. 그리고 그는 다시 한 번 노다지를 찾아냈다.

람세스라는 이름의 파라오가 여럿 있었듯이, 마네톤은 투트모시스라는 이름의 파라오를 여럿 명부에 올렸다. 이 그리스어 이름은 거의 마네톤이 이집트어 '토트메스'를 번역했을 것 같은 모습이었다.

더욱 다행스러운 것은 토트메스 1세가 서기전 1500년 무렵 재위했고, 따라서 람세스보다 더 오래된 인물이라는 점이었다. 이집트인들이 그리스인이 오기 오래전에 이집트 이름을 적는 데 성체자를 사용했다는 추가적인 증거다.

당시에 토트메스라는 이름과 그를 둘러싼 모든 사실들은 잊힌 지 수천 년이 된 상태였다. 이윽고 (따오기 카르투슈를 거대 건축물의 첫 벽돌로 삼아) 이집트학자들은 그의 이상한 이야기를 재구성할 수 있게 된다. 토트메스는 왕실 혈통이 아니었다. 그는 파라오 아멘호테프 1세가 발굴한 군사 지도자였고, 그의 후계자로 내정됐다.

고대에 누가 왕위를 계승할 것인가 하는 문제는 언제나 중요했다. 아멘호테프와 그 왕비는 자식이 없었다. 아멘호테프는 그의 사후 왕위 계승을 둘러싼 다툼을 피하기 위해 얼렁뚱땅 토트메스를 왕위에 올렸는데, 결과적으로 그것은 훌륭한 선택이었다.

토트메스는 야심차고 잔인했지만 그에 못지않게 영민한 지도자였다. 전쟁에서 무력하지만 선전의 귀재였던 람세스와 달리, 토트메스는 싸우는 데도 자랑하는 데도 뛰어났다. 그의 장기는 섬뜩한 퍼포먼스였다. 그는 한 원정을 승리로 이끈 뒤 개선 행렬의 선두에 서서 배를 타고 귀국했는데, 그의 뱃머리에 무시무시한 선수상船首像처럼 거꾸로 매달려 있던 것은 감히 그에게 맞서 패배한 지도자의 싸늘한 시신이었다.[4]

우리의 수집품에 두 개의 이름이 새로 추가된 상태에서 샹폴리옹이 극복해냈던 해독상의 위험 요소를 인식하기 위해 잠시 발걸음을 멈춰야 할 듯하다. 실제로 두 가지 위험 요소가 있었다.

첫째, 이집트어는 아주 적은 모음만 쓰거나 아예 쓰지 않았다.

Ra-mss

Toth-ms

그것이 샹폴리옹으로 하여금 사라진 모음들을 추측해야 하게 만들었다. 이를테면 그는 dsn이라는 단서를 들고 디즈니Disney가 됐든 에디슨Edison이 됐든 마네톤의 명부에서 그 문자열이 들어 있는 것을 찾아야 했다.

둘째로, 조금 까다로운 위험 요소는 마네톤이 그 이름들을 기록한 방식이다. 그는 이집트 이름에서 출발해 그것을 최선을 다해 그리스 어로 전사轉寫했다. 마네톤이 정확히 어떤 종류의 기록을 가지고 작업을 했는지는 아무도 모른다. 그러나 최상의 조건하에서도 이름이 본토에서 멀리 떠나게 되면 흔히 손상을 입는다.

문제는 모든 언어가 외국인의 음들을 자기네 나름의 방식으로 재배정한다는 것이다. 우리가 외국어를 말해보려 할 때 그것은 일종의 사투리가 될 수밖에 없다. 우리가 쓰던 말의 음운 구분이 외국어의 음운이나 성조聲調나 박자와 맞지 않기 때문이다. 어떤 언어의 화자話者는 다른 언어에서 흔히 나오는 일부 음을 내지 못할 수 있다(심지어 듣지 못할 수도 있다). 영어 화자들은 프랑스어의 tu(너)에 쓰이는 u 발음이 엉망이고, 프랑스인들은 영어의 this(이것)나 Thursday(목요일)의 경우에서와 같은 th 발음을 하는 데 애를 먹는다.

때로 이 어려움은 삶과 죽음을 가르기도 한다. 2차 세계대전 때 네덜란드인들은 네덜란드 안에서 독일 간첩을 찾아낼 때 스헤페닝 언Scheveningen이라는 도시 이름을 발음해보라고 요구했다. 태평양 전구戰區의 미군 병사들은 보이지 않는 병사가 있으면 '롤라팔루자 lollapalooza'를 외쳐보았다. ◆

◆ 이 어두운 역사는 오래전으로 거슬러 올라간다. 쉽볼렛이라는 말은 지금은 소집단 신앙을 가리키는데, 본래는 아군과 적을 구별하는 방법에서 출발했다. 기독교 성경 〈판관기〉 12장 6절에는 적대하는 양군이 마주친 이야기가 나온다. "그러면 그에게 '쉽볼렛'이라고 말해보라고 하고 그대로 발음하지 못하고 '십볼렛'이라고 하면 잡아서 그 요르단강 나루턱에서 죽였다. 이렇게 하여 그때 죽은 에브라임 사람의 수는 사만 이천이나 됐다."

이름이 새로운 언어로 전사되면(마네톤이 한 일이 그것이었다) 그것은 거의 알아볼 수 없을 정도로 왜곡될 수 있다. 예컨대 일본어로 요하네스 브람스Johannes Brahms는 요하네스 부라아무스ヨハネス·ブラームス이고, 베이브 루스Babe Ruth는 베에부 루우스ベーブ·ルース다. 중국어로 린든 존슨Lyndon Johnson은 린덩 위에한쑨林登·约翰逊이다. (영어로 옮기는 것도 마찬가지로 위험하다. 예컨대 판호흐van Gogh의 미국식 발음 '밴고'는 네덜란드 본토의 후두음과 거리가 매우 멀다.) 그리고 앞서 이미 보았듯이 이집트어 우세르마아트레는 그리스어 오지만디아스로 변신했다.

따라서 마네톤의 파라오 명부를 검색하는 것 같은 샹폴리옹의 과업은 끈기와 상상력이 동시에 필요했다.

9월 14일, 마자린 거리 다락방에 앉은 샹폴리옹에게 그날의 일은 방금 시작됐을 뿐이었다. 그는 '람세스'를 추측했고, 그것은 대단한 도약이었다. '토트메스'는 그를 더욱 멀리 달려 나가게 했다. 우선 그것은 카르투슈의 가운데 부호(𓏤𓏤𓏤)가 M을 나타낸다는 그의 이야기가 옳았음을 확인해주었다(정확하게 말하자면 그는 '거의' 옳았다. 나중에 보겠지만 이것은 'MS'로 밝혀진다). 그것은 그가 자신의 '람세스' 해독이 굳건한 토대 위에 있음을 확신할 수 있다는 얘기였다.

그것은 일도 아니었다. 샹폴리옹이 '람세스'와 '토트메스'를 표기한 성체자를 응시하는 동안(그저 보기만 한 게 아니라 그 이름들을 소리 내어 읽었을 가능성이 더 높지만) 여러 해 동안 그를 휘감고 있던 안개가 갑자기 깨끗이 걷혔다. 샹폴리옹은 십대 시절 "나는 콥트어에 완전히 몰두하고 있다"라거나 "나는 콥트어로 꿈을 꾼다"라고 뽐냈다.[5]

신의 기록

1822년까지 그는 10년 이상 콥트어에 몰두해 있었다. 샹폴리옹은 이제 파라오들의 이름을 발음하고 그 음절을 찾아낼 수 있을 듯했다. 이렇게 말이다.

Ra-mes-ses

Toth-mes

이쯤에서 그는 '탄생'을 의미하는 콥트어 단어 '미세'를 떠올렸다. 혹시 '람세스'와 '토트메스'는 그저 이름이 아니고, '태양신 라가 탄생시킨 아들'과 '쓰기의 신 토트가 탄생시킨 아들'이라는 의미를 가진 이름들 아닐까?

먼 장래에 영어를 읽는 방법에 관한 지식이 사라진 뒤에 고고학자들이 영국의 한 성에서 필사본을 발견하는 장면을 상상해보자. 그들이 텍스트 주위를 맴돌고 어떤 이름을 한 글자 한 글자 발음하는 것을 그려보라. 그들이 불완전한 노력 끝에 영문 모를 말이 아니라 과거의 왕들 명부에서 알고 있던 이름 '리처드Richard'를 찾아냈을 때 얼마나 심장이 뛸지 상상해보라.

그리고 그들이 필사본 연구를 계속해 이 이름이 그저 '리처드'가 아니고 '사자 심장 리처드'임을 깨달았을 때 그들의 놀라움이 어떨지 상상해보라! 〔잉글랜드왕국의 두 번째 국왕 리처드 1세의 별명이 '사자 심장'이다.〕

이집트인이었던 마네톤에게 '라의 아들'과 '토트의 아들'의 의미는 너무도 분명했을 것이다. 영어를 쓰는 역사가에게 '사자 심장 리처드'가 단순히 소리의 연쇄가 아니라 의미를 지닌 이름임이 너무도 분명한 것과 꼭 마찬가지다. 이 관찰은 마네톤에게는 너무도 평범한 것이어서 그는 거기에 굳이 설명을 붙이지 않았을 것이다. 영국 역사가가 "'리처드'는 그저 이름이지만, '사자 심장'은 '사자'와 '심장'을 가리키는 일반 단어다"라고 설명하지 않는 것처럼 말이다.

그러나 마네톤이 말하지 않은 것은 그의 사후 2천 년 동안 알 수 없는 수수께끼로 남도록 운명 지워진 것이었다.

'미세＝탄생'으로 도약을 이룬 데 흥분한 샹폴리옹은 투박한 추측을 했다. 카르투슈 안의 성체자가 단어('탄생' 같은)를 적을 수 있는 것과 똑같이, 그 같은 성체자는 나타나는 위치에 상관없이(즉 카르투슈 안이든 밖이든) 단어를 표기할 수 있을 것이다.

사실이라면 그것은 대박이었다. 카르투슈를 읽는 방법을 아는 것은 진전이었지만, 성체자를 전반적으로 읽는 방법을 알아낸다는 진짜 목표에 다가서는 과정 속에서는 극히 작은 발걸음일 뿐이었다. 그 수가 적기 때문이다. 그러나 이제 샹폴리옹은 카르투슈라는 울타리 밖으로 뛰쳐나와 광대하게 펼쳐진 온 천지에서 이 언어와 씨름할 수 있는 방법을 발견했다. 아니, 발견한 것이기를 바랐다.

이제 검증할 시간이었다. 샹폴리옹은 로제타석 사본을 움켜쥐었다. 이 단계에서의 모든 진보는 다른 사람들에게 길을 가르쳐주었다. 스도쿠數獨 퍼즐에서 칸 하나를 채우는 것이 이후의 여러 움직임을 제약하는 것과 거의 같은 방식이었다. 스도쿠 퍼즐의 재미와 좌절은 게임의 규칙이 참여자의 움직임을 강요한다는 것이다. 이제 샹폴리옹은 비슷한 기회, 비슷한 위험에 직면해 있었다.

스도쿠는 우선 가로 3칸, 세로 3칸의 격자로 된 9칸짜리 사각형이 있고, 그 사각형이 또 다시 가로 3개, 세로 3개 나열되어 만들어진 가로 세로 각 9칸의 큰 사각형이 기본 틀이다. 규칙은 9칸짜리 작은 사각형마다 안에 1부터 9까지의 숫자가 한 번씩 들어가야 하고, 더불어 큰 사각형의 모든 가로줄과 세로줄 역시 1부터 9까지 한 번씩 들어가야 한다는 것이다. 어느 작은 사각형에 빈칸이 하나뿐이고 숫자 7을 아직 사용하지 않았다면 거기 7을 넣어야 할 것이다. 그런데 그러면 그 칸이 포함되는 가로줄과 세로줄의 다른 빈칸에는 7을 넣을 수 없다. 이처럼 빈칸을 채우는 것은 다른 결정들에 영향을 주고, 그 결정들은 또 다시 다른 결정들에 영향을 주는 연쇄작용이 일어난다.

샹폴리옹은 로제타석의 성체자들을 자세히 살폈다. 카르투슈 바깥에서 '토트메스' 카르투슈의 따오기를 제외한 두 부호 (　)가 함께 나오는 곳이 있을까? 그 조합이 '람세스'와 '토트메스' 카르투슈 안에서 '탄생'을 의미하는 것이 맞다면, 이 '탄생'이 로제타석 어디에선가 나올까?

있었다! 타원체와 새와 뱀 사이에서 샹폴리옹은 먹잇감을 찾아냈다. 성체자판 깊숙한 곳에 있었다. 아래에서 여덟째 줄, 거의 왼쪽 끝이었다.

샹폴리옹은 그리스어판으로 눈을 돌렸다. 거기서 보물을 발견하거나, 자신이 어찌어찌해서 길을 잃었음을 알게 될 것이다. 그는 문서를 재빨리 훑으면서 찾아보았다. 탄생, 탄생….

있었다. "영원하신 프톨레마이오스 왕"이라는 상투적인 문구 바로 뒤였다. 파라오의 업적이 너무도 광대하고 압도적이어서 사제들이 "프톨레마이오스 왕의 기존 훈격을 크게 높이기로 결의했다"고 로제타석은 선언했다. 새로운 조각상을 만들고, 새로운 사당을 봉헌하며, 새로운 축제를 연다. 이런 의식에 가장 적합한 날짜는 언제일까? 하루만으로는 안 된다. 불가피하게 그보다 오래 계속될 것이다. 그러나 분명히 여기에는 특히 중요한 날 하나가 포함되어야 한다. 바로 그날 "그 자리에서 왕의 탄생일이 기념되었다." '탄생일'이다!

1822년 9월 14일 정오가 되기 전이었다. 샹폴리옹은 필사본 한 아름을 와락 낚아채고 쿵쿵거리며 계단을 내려갔다. 그리고 거리로 달려 나가 그 소식을 쏟아놓고자 했다. 형은 어디 있지? 일하고 있었다. 프랑스문학원이었다. 걸어서 5분도 걸리지 않는 곳이었다. 샹폴리옹은 그 큰 건물로 뛰어 들어가 형의 사무실로 달려갔다. 그는 문을 박차고 들어가 필사본을 형의 책상 위에 내던지며 소리쳤다.

"내가 해냈어_{Je tiens mon affaire}!" 그러고는 까무러쳐버렸다.

신의 기록

첫 브리핑

샹폴리옹의 기절은 그의 일생에서 가장 극적인 순간이었을 것이다. 그것은 그의 기질과 완전히 부합하는 것이었고(샹폴리옹은 매우 낭만적이고 황홀경에 빠진 오페라의 테너 가수만큼이나 과장벽이 있는 사람이었다) 그 시대와도 완전히 부합하는 것이었다. 이 시대는 바이런과 셸리와 베토벤과 나폴레옹의 시대였으며, 불륜과 불협화음과 '말 위에서 역사가 이루어지는' 시대였다.

기절 이야기는 샹폴리옹의 조카(그의 사랑하는 형의 아들들 가운데 하나다) 에메가 퍼뜨린 가족 전승이었다. 이 일을 전적으로 믿을 수 있을까? 주장은 어느 쪽으로도 갈 수 있다. 한편으로 에메는 샹폴리옹이 "내가 해냈어!"를 외칠 때 고작 열 살이었다. 다른 한편으로 그는 자라서 고대 필사본 전문가이자 프랑스 국가도서관에서 아버지의 조수가 됐다. 그가 그저 어렴풋이 알고 있는 일을 가볍게 흘릴 사람은 아니라는 얘기다.

에메는 그가 일흔일곱 살 때 쓴, 이 유명한 숙부와 자기 아버지의 합동 전기에서 이 이야기를 했다. 그는 샹폴리옹을 엄청나게 존경했지만(그는 숙부를 "스핑크스의 수수께끼를 푼 오이디푸스"라고 찬양했다)[1] 숙부의 기절에 대한 그의 기록은 매우 차분했다. 샹폴리옹이 방으로 뛰어 들어간 뒤 기절할 때까지의 묘사도 많지 않고, 사무적인 문장 몇 개 이후에 또 다음으로 넘어갔다.[2]

에메의 책이 나온 지 20년 뒤인 1906년에 헤르미네 하르틀레벤이라는 독일 작가가 본격적인 첫 샹폴리옹 전기를 썼다. 이 새 저작은 방대했다. 두꺼운 책 두 권에 총 1300쪽이었다. 하르틀레벤의 이야기에서 샹폴리옹은 거의 신화적인 존재가 됐으며, 기절 이야기 역시 조금 키워졌다. 하르틀레벤의 서술에 따르면 샹폴리옹의 형은 아우가 쓰러진 앞에서 "공포로 사지가 마비돼" 서 있었다. 죽었다고 확신한 것이다. 잠시 후 그는 자신이 착각했음을 깨닫고 샹폴리옹을 침대로 옮겼다. 샹폴리옹은 그곳에서 "꼬박 닷새 동안" 무력하고 아무 반응도 없이 누워 있었다.[3]

졸도하고 2주 뒤인 9월 27일, 샹폴리옹은 파리 프랑스문학원에서 몰입한 청중들에게 자신의 작업에 대해 강연을 했다. 음산하고 비가 내리는 아침이었지만, 파리에서는 며칠 동안 샹폴리옹이 놀랄 만한 일을 공개할 것이라는 소문이 떠들썩하게 돌았고 강의실은 꽉 들어찼다.

샹폴리옹의 옛 스승인 실베스트르 드사시도 참석했다. 시샘하는 경쟁자인 《이집트 이야기》 시리즈의 편집자 에드므프랑수아 조마르도 왔다. 유명한 독일 탐험가이자 지리학자 알렉산데르 폰 훔볼트도

신의 기록

청중 가운데 있었다. 저명한 물리학자 프랑수아 아라고 역시 강연을 들으러 왔다.

그리고 어떤 시나리오 작가라도 쓰기 쑥스러워할 만한 우연의 일치로 토머스 영도 나타났다. 샹폴리옹과 영은 한 번도 만난 적이 없었다.

영은 그 조금 전에 파리에 왔다. 놀러 왔다가 오귀스탱장 프레넬이라는 명석한 젊은 프랑스인이 하는 물리학 강의를 들을 기회를 갖기도 했다.[4] 프레넬의 강연 주제는 빛의 파동설로, 영이 과학에 가장 큰 공헌을 했던 바로 그 주제였다. 영은 그 작업에 대한 합당한 영예를 얻을 수 없었다(그가 아이작 뉴턴을 부정한 데 대한 분개가 한 요인이었다). 이제 영은 프레넬의 도움을 받아 마침내 자신이 한 일에 대한 주목을 받았다.

영은 프레넬의 강연이 더할 수 없이 기뻤다. 그 젊은 동료는 "가장 양심적인 공평성과 가장 너그러운 솔직함으로 논란의 여지가 없는 내 연구의 우선권을 인정"했다.[5]

이제 영은 그 주가 가기 전에 같은 도시에서 자신이 "논란의 여지가 없는 우선권"을 갖고 있다고 생각하는 또 다른 주제에 관한 또 다른 학자의 강연을 들을 기회를 가졌다. 샹폴리옹은 강의실을 메운 학자들 앞에서 준비한 원고를 읽기 시작했다.

전통에 따라 샹폴리옹의 논문은 〈다시에 씨에게 보내는 편지Lettre à M. Dacier〉라는 공식적인 제목을 달고 있었지만(봉조제프 다시에는 프랑스 문학원 원장이었다) 편지가 이만큼의 뉴스를 만들어낸 경우는 거의 없었다. 샹폴리옹은 청중들에게 고대 이집트인들이 그리스와 로마 지배자들의 이름을 표기하기 위해 성체자 자모를 고안했다고 말하고, 자신의 해독 작업 사례를 하나하나 제시했다.

이 작업의 상당 부분은 이전에 공개됐지만, 샹폴리옹의 발표는 극적이고 흥미로웠다. 그는 자신의 이야기를 역사를 비롯한 다른 연구자들의 전거의 늪에 빠뜨리지도 않았다. 대신에 그는 자신이 발견한 사실을 청중에게 "차례차례, 그리고 매우 간단하게" 보여주겠다고 약속했다.[6]

샹폴리옹의 초점은 일반적인 단어가 아니라 이름에 맞춰져 있었지만, 그가 제시하려는 것은 이름에 한정되지 않았다. 그는 자신이 찾은 자모를 제시한 뒤 "왜 이집트인들이 특정한 음을 나타내는 데 특정한 성체자를 사용하기로 결정했는지"를 이어 설명했다.[7]

열쇠는 콥트어였다. '사자' 성체자는 문자 L에 해당하는 것이었다. 그것이 콥트어의 '사자'에 해당하는 단어의 첫 음이었기 때문이다. 마찬가지로 '입' 성체자는 문자 R을 나타냈다. 콥트어가 그것으로 시작하기 때문이다. 같은 원리는 '손'과 '물'과 '매'와 '깃털' 성체자에도 마찬가지로 적용될 수 있었다.[8]

그뿐만이 아니었다. 샹폴리옹은 이어 성체자 자모가 이집트에서 서아시아로, 그리고 그리스와 나머지 유럽으로 옮겨가고 변신했다고 주장했다. 유럽인들이 일상적으로 사용하는 현대의 자모를 자세히 들여다보면 그것이 이집트 성체자에서 곧바로 내려왔음을 알 것이라고 샹폴리옹은 주장했다.[9] 유럽 문자와 성체자의 관계는 현대 생물과 고대 화석의 관계와 같은 것이었다.

자신이 연마한 기법으로 무장한 샹폴리옹은 이렇게 결론을 내렸다.

"우리는 마침내 이 고대의 기념비를 읽을 수 있게 됐습니다."[10]

청중이 쏟아져 나와 그에게 축하 인사를 건넸다. 물리학자 아라고가 소동을 잠시 제지했다. 공식적인 소개를 위해서였다. 장프랑수아 샹폴리옹과 토머스 영이었다.

샹폴리옹은 자신의 강연이 대성공이었음을 실감했고, 박수갈채를 받았다. 그는 오랜 친구(고등학교 시절로 거슬러 올라가는 협력자이자 자문역이었다)에게 이렇게 말했다. "나는 노트르담의 종탑보다 더 높이 띄워졌네."[11]

그는 며칠 뒤 같은 친구에게 편지를 하나 더 보냈다. 마찬가지로 활기 넘치는 것이었다. 여러 해의 고투 끝에 행운이 마침내 그의 앞길을 바꿔놓기 시작했다. 앞으로 삶은 달라질 것이다. "이제 뭐든지 할 수 있어."[12]

영은 샹폴리옹의 강연 이튿날 아침, 그의 집으로 찾아갔다. 두 사람은 이후 며칠 동안 번갈아 서로를 방문했다. 두 사람 모두의 친구인 아라고가 다리 역할을 했다. 이 첫 만남은 화기애애했다. 아마도 이 초기에 두 경쟁자는 자신이 영예를 누릴 기회가 충분하다고 생각했을 것이다. 영과 샹폴리옹은 만나서는 함께 파피루스 문서들을 들여다보고 이후 몇 달 동안 계속 시시콜콜한 편지를 나누었다.

샹폴리옹은 영에게 그의 《다시에 씨에게 보내는 편지》 강연록 두 부를 보냈다. 출판사에서 방금 온 것이었다. 영은 한 친구에게 자신이 "샹폴리옹에게 보여주고 싶은 여러 가지를 영국에 가지고 있다"라고 썼다.[13]

이 평온한 상태는 두 사람이 모두 처음에는 서로를 그리 심각하게 보지 않았다는 말로 설명될 수 있을 것이다. 샹폴리옹은 '다시에' 강연에서 영을(또는 다른 누구도) 거의 언급하지 않았다. 샹폴리옹이 보기에 영은 장난으로 하는 과학자였다. 자신의 본래 영역에서 아주 먼곳들도 돌아다녔다. 영이 보기에 샹폴리옹은 명석한 젊은 조수였다. 영이 스케치한 그림의 세부를 채워준 사람이자, "내 연구의 어린 조수"였다.[14] 샹폴리옹은 영에게 냉소를 보내며 일축했고, 영은 너그러운 미소로 샹폴리옹을 아이 취급했다.

그러나 영은 또한 관대함을 보여줄 줄 알았다. 샹폴리옹의 강연을 듣고 이틀 뒤에 그는 한 친한 친구에게 이에 관한 긴 편지를 썼다. 그 친구는 나폴리에 주재하고 있는 외교관 윌리엄 해밀턴이었다(해밀턴은 협상가이자 고대 미술 및 조각 애호가로, 영국박물관에 있는 두 가지 가장 귀중한 보물, 즉 로제타석 그리고 파르테논 신전에 있던 엘긴 대리석을 영국이 입수하는 데 중요한 역할을 했다). 영은 샹폴리옹이 "대단한" 일을 했다고 해밀턴에게 말했고, 태연한 칭찬과 흥분된 어조는 모두 그로서는 이례적인 것이었다.[15]

그러다 영은 다시 생각했다. 그는 해밀턴에게 "가장 힘든 일은 첫걸음을 떼는 것이다"라는 속담을 상기시키고, 그러니 결국 샹폴리옹은 자신에게 잘못하고 있는 것이 아니냐고 말했다.

그러나 거기서 영은 다시 한 번 뒷걸음질쳤다. 어쩌면 이 속담은 여기에 적용되지 않을지도 모른다. 샹폴리옹은 영의 선도를 따른 것 이상의 일을 했을지도 모른다. "그렇게 험난하고 그렇게 장애물이 많은 길에서는 첫걸음뿐만이 아니라 모든 발걸음이 고통스러울 정도로 힘들지요."[16] 결국 샹폴리옹이 놀라운 일을 해냈다고 영은 인정한 것이다.

영이 흔들렸던 한 가지 원인은 샹폴리옹이 '다시에' 강연에서 덜 적극적이었다는 데 있었다. 샹폴리옹은 '람세스'와 '토트메스'에 관한 대발견으로부터 2주 뒤에 강연을 했지만, 자신의 이야기에서 그 부분은 완전히 빼놓았다.

이 발견의 함의는 성체자가 그리스와 로마에서 들어온 이름들뿐만 아니라 이집트 태생인 사람들의 이름을 적기 위해 사용됐다는 것이다. 그리고 앞서 보았듯이 '미세'('탄생') 이야기는 더 놀라운 메시지를 담고 있었다. 성체자가 이름뿐만 아니라 일반 단어를 적기 위해서도 사용될 수 있었다는 것이다. 이 계시들이 샹폴리옹을 기쁨과 놀라움에 넘쳐 졸도해 바닥에 쓰러지게 만든 것이다. 그러나 그는 그 소식을 뺐다.

그가 그런 생각을 마음속에 품고 있었다는 사실은 '다시에' 강연을 아주 주의 깊게 들은 사람만이 추측할 수 있었을 것이다. 샹폴리옹의 강연 제목은 아무런 실마리도 제공하지 않았다. 그는 이런 것을 논의하겠다고 선언했다(길게 늘어지는 제목은 그 시대의 특징이었다).

이집트인들이 자신들의 기념물에 그리스인 및 로마인 지배자들의 칭호·이름·별칭을 새기기 위해 사용한 표음적 성체자의 자모

즉 그는 소리를 전달하기 위해 성체자가 어떻게 사용될 수 있었는

지에 관해 이야기하고 싶었다. 하지만 그는 매우 협소하고 특수화된 환경만 염두에 두었다고 주장했다. 그것은 오해받기 쉬웠다. 샹폴리옹은 그의 강연 거의 끝에 가서야 자신의 진정한 야망을 슬쩍 내비쳤다. 그는 이렇게 설명했다.

저는 그리스인 및 로마인 이름의 소리를 표현하는 데 사용된 바로 그 표음적 성체자 부호가 순수한 성체자 쓰기에도 (역시 사용됐다고) 확신합니다.[17]

이 '순수한' 쓰기라는 복선적 언급은 대담한 주장을 암시했다. 샹폴리옹의 이야기는 이집트인들이 소리를 전달하기 위해 성체자를 사용했고, 그것을 그리스인이나 로마인, 그리고 다른 어떤 유럽인들이 무대에 등장하기 적어도 천 년 전에 했다는 것이었다. 그것은 꾸벅꾸벅 졸던 청중조차도 번쩍 깨게 만들 만한 주장이었다. 샹폴리옹이 입밖에 냈다면 말이다. 그런데 그러지 않았다. 아직 때가 아니었다. 대신에 그는 "길게 늘어진 세부 설명으로 들어가" 얼버무렸다.[18]

샹폴리옹은 외교적이거나 절제된 표현을 하는 사람이 아니었다. 그런데도 그는 왜 불꽃놀이 공연으로 열렬한 청중의 찬탄을 자아낼 기회를 흘려버렸을까?

아마도 판돈이 너무 커서 그랬을 것이다. 샹폴리옹의 생각은 완전히 새로운 혁신적인 것이었다. 그것을 검증되지 않은 날것 상태로 제시하기보다는 잘 벼리는 것이 나았다. 더군다나 이것은 경주였다. 몇몇 경쟁자가 드러났다(그들 가운데 드사시, 조마르, 영 등 세 사람은 프랑스

문학원 강의실에 있었다). 아마도 알지 못하는 곳에서 애쓰고 있는 사람들이 더 있을 것이다. 샹폴리옹은 이미 성체자를 10년 동안 연구했다. 경쟁자에게 실마리를 줄 이유가 어디 있는가?

샹폴리옹은 지금 빠르게 나아가고 있었다. 그리고 곧 개방된 곳으로 뛰쳐나갈 것이었다. 기이하게도 그가 나아가는 데 추진력이 될 다음번 도약은 언어학의 미묘한 지점이나 고분에서 나온 유물과는 관련이 없는 것이었다. 그것은 그보다 훨씬 유치한 것이었다.

소리와 의미를
표현하는 방식

1500년 동안 학자들은 이집트 사제 호라폴로(그는 성체자에 관한 거의 숭배 수준인 책을 서기 400년 무렵 찬집했다)가 쓴 몇 구절 때문에 당혹스러워했다. 앞서 보았듯이, 호라폴로에 따르면 독수리 그림은 '어머니'를 의미했고, 거위는 '아들'을 의미했다. 그 이유에 대해 그는 어설픈 설명만 남겼다(거위가 '아들'을 의미하는 것은 주지하다시피 거위가 특히 새끼에게 헌신적이기 때문이라는 것이다). 호라폴로는 옛 지식을 전하는 것이라고 주장했지만(그는 자신의 시대보다 수백 년 전에 사제들이 종합한 어휘 목록에서 성체자에 관한 그의 지식 일부를 얻었던 듯하다) 그의 시대에는 성체자가 도대체 무언지 정말로 이해하는 사람이 아무도 없었다. 분명히 호라폴로도 알지 못했다.

그런데 1822년 또는 1823년에 샹폴리옹이 그것을 알아냈다. 호라폴로의 고대 수수께끼 뒤에 숨은 비밀은 뻔히 보이는 곳에 숨어 있는 것으로 드러났다. 바로 아이들이 즐기는 그림수수께끼 속에 있었다. 오늘날 그 작은 그림들에 끌리는 것은 초등학교 저학년생을 넘어

서지 못한다. 그것은 아이가 있는 가족을 위한 식당의 식탁매트에서
'점 잇기' 퍼즐과 함께 볼 수 있다.

I can see you! (네가 보여)

열 살배기가 누구나 생각할 수 있는 것(그들은 그림을 이용해 장난스
럽게 단어를 쓸 수 있다)이 샹폴리옹에 의해 인류 지성사의 커다란 도약
가운데 하나임이 입증됐다. 샹폴리옹의 통찰은 간단했다. 쓰기의 탄
생 즈음에 고대 이집트인들이 생각해낸 것은 그리기 어려운 단어를
같은 발음인 그리기 쉬운 단어로 바꾸어 전달할 수 있다는 것이었다.
영어의 경우로 예를 들자면 sun(태양)을 그려서 같은 발음의 son(아
들)을 표현할 수 있는 것이다.

이집트어에서 '아들'과 발음이 같은 것은 '오리'였다고 샹폴리옹은
설명했다(그는 콥트어에서 두 단어가 모두 '사'로 발음된다는 것을 알았다).
오리가 중요한 게 아니었다. 아니면 적어도 오리 '그림'이 중요한 게
아니었다. 오리를 나타내는 단어의 발음이 중요한 것이었다.

하지만 그것을 표현한 방식인 오리 그림은 오해를 불러일으키는
요소였고, 그 때문에 문자 해독자들이 2천 년 동안 헤맨 것이었다.
호라폴로는 진실에 가까이 갔지만('오리'와 '거위'를 혼동하기는 했다) 이
해하지는 못했다.

'오리'에 해당하는 단어가 '아들'에 해당하는 단어와 발음이 같았

듯이, '독수리'에 해당하는 이집트어 단어는 '어머니'에 해당하는 단어와 발음이 같았다. 즉 이 단어들은 동음이의어였다. 완전히 별개의 단어가 발음이 같은 것이다. 영어의 night(밤)와 knight(기사)처럼.

샹폴리옹에게는 좋은 일이었지만, 영은 바로 이 부분에서 매우 큰 실수를 했다. 그는 여러 비문에서 두 개의 카르투슈가 나란히 있고, 그 사이에 그가 거위 성체자라고 생각한 것과 이어 달걀 성체자가 있는 것을 보았다.

나중에 밝혀진 대로 두 카르투슈 가운데 첫 번째는 파라오의 공식 칭호이고 두 번째는 그 파라오의 이름이었다. (잉글랜드 왕들의 이름이 같은 원칙을 따랐다면 첫 번째 카르투슈는 '신앙의 수호자'로 읽힐 것이고 두 번째 카르투슈는 '헨리 8세'일 것이다.) 영은 각각의 카르투슈가 파라오의 이름을 담고 있다고 생각했다. 즉 두 개의 카르투슈가 두 명의 파라오를 의미한다고 생각한 것이다. 그런데 왜 두 파라오의 이름이 잇달아 나오는 거지?

영은 이미 넘어졌고, 이번에는 땅에 곤두박질했다. 그는 잘못을 바탕으로 삼았기 때문에 두 번째 잘못을 저질렀다. 이제 그는 두 카르투슈 사이에 있는 두 성체자에 초점을 맞추었다. 그는 이렇게 썼다.

나는 위에 달걀이 있는 거위가 '아들'을 의미한다고 오랫동안 생각해 왔다. 이 문장紋章은 서로 다른 여러 비문에서 두 개의 고유명사 사이에 끼워져 있다.[1]

영이 조각을 맞춰보니 첫 번째 카르투슈에는 한 파라오의 이름이

주로 두 카르투슈 사이에 있는 두 성체자. 거위와 달걀 그림일까, 오리와 태양 그림일까?

들어 있고, 이어 거위와 달걀이 나오며('아들'이라는 의미다), 그다음에 다른 파라오의 이름이 담긴 두 번째 카르투슈가 이어졌다. 해독이 이렇게 쉬울 수가 있을까? 이 카르투슈 쌍은 가계에 관한 구절을 적은 것이라고 영은 설명했다.

아흐모세의 아들 아멘호테프

이 체계는 매우 정연해서 영은 환호했다.

앞으로 언젠가 완전한 이집트 왕들의 계보도를 얻을 가능성이 있다.[2]

이것은 거의 맞았고, 동시에 상당히 틀린 것이었다. 실제로는 거위와 달걀이 아니고 오리와 태양이었다. 합쳐서 '태양의 아들'이었다. 그것은 파라오의 성스러운 지위를 선포하는 거창한 방식이었다.

영은 '오리'가 '아들'을 의미한다고 거의 비슷하게 추측했지만(다만 그는 오리를 거위라고 했다) 그를 진실 가까이로 이끈 추론은 죄다 틀린 것이었다. 샹폴리옹은 즐거운 기분으로 기록을 바로잡았다.

샹폴리옹의 가벼운 반박은 로마 황제의 이름이 들어 있는 카르투슈들을 바탕으로 한 것이었다. 그는 칼리굴라와 네로의 이름을 해독했고, 몇몇 황제들의 이름도 해독했다. 각 이름 뒤에는 오리와 태양 성체자가 있었다. 영에 따르면 그것은 '칼리굴라의 아들' 또는 '네로의 아들'을 의미했다. 그러나 칼리굴라와 네로는 아들이 없었다.[3]

동음이의어가 쓰기의 역사에서 한때 중요한 역할을 했다는 것이 좀 의아할 수도 있다. 그러나 역사적으로 볼 때 동음이의와 말장난을 우습게 보게 된 것은 오래지 않은 것이다.

세계 문학의 가장 잘 알려진 구절 가운데 하나는 동음이의어를 바탕으로 만들어졌다. 하와가 아담에게 사과를 권하고 모든 문제가 그로부터 생겨났다는 이야기는 누구나 알고 있다. 그러나 사과는 나중에 이야기에 추가된 것이다. 기독교 성경은 '선과 악을 알게 하는 나무'에서 정확히 어떤 종류의 과일이 열리는지 특정한 적이 없다. 〈창세기〉는 총칭으로서의 과일만을 언급하고 있을 뿐이다.

사과는 히에로니무스 성인이 기독교 성경의 새로운 라틴어 번역본을 만든 서기 400년 무렵까지는 나오지 않는다. 히에로니무스는 라틴어 단어 '말룸malum'이 '사과'와 '악'이라는 두 가지 의미를 지닌 데 착안해, 서방 세계 창세 신화 한가운데에 동음이의어를 집어넣는다는 기발한 생각을 한 것이다.[4]

　그림수수께끼류의 동음이의어 역시 한때 아이들의 놀이 이상의 것
이었다. 예컨대 그것은 잉글랜드 명가의 문장紋章에 자주 나왔다. 유
명한 예를 하나 들자면, 엘리자베스 2세 여왕의 어머니 엘리자베스
보스라이언Elizabeth Bowes-Lyon의 문장에는 궁수들이 사용하는 활들bows
과 사자lion가 보인다.

　또 다른 예로, 한국인과 중국인은 숫자 4를 싫어한다(중국의 고층건
물들은 4층만이 아니라 14층, 24층 등등도 건너뛴다). 그 이유는 '넷'을 나타
내는 四가 '죽음'을 나타내는 死와 발음이 같기 때문이다(그리고 중국
인 신혼부부에게 시계는 결혼 선물로 부적절하다. '시계'를 나타내는 鐘이 '끝'을
나타내는 終과 발음이 같기 때문이다).[5]

　쓰기의 역사에서 그림수수께끼와 동음이의어는 결정적인 디딤
돌 역할을 했다. 그림을 이용한 문자들에서 이 작은 전환은 모든 단
어와 모든 관념을 표현하는 데 도움을 주었다. 추상적인 것이 더 이
상 문제될 게 없었다. 영어에 그런 방식을 적용한다면 nightmare(악

몽)라는 단어는 갑옷을 입은 knight(기사) 옆에 mare(말)을 그려놓으면 된다. belief(믿음)는 bee(벌)와 leaf(나뭇잎), melancholy(우울)는 melon(멜론)과 collie(개)를 그리고 말이다.

이런 사례들은 인위적인 것이지만, 이집트 성체자는 진짜 그림수수께끼로 꽉 차 있었다. 그것은 전적으로 그림으로 이루어진 문자 형태에는 이상적으로 맞아떨어지는 것이었다. '독수리—어머니'와 우리가 들었던 다른 사례들은 단지 시작일 뿐이었다.

예컨대 필사공의 주요 업무 가운데 하나는 상거래를 기록하는 것이었다. 거기에는 큰 숫자를 적는 일이 필요했다. 그러나 '소 1천 마리'를 쓰기 위해 소머리를 천 번 그리려는 사람은 아무도 없을 것이다. 소 하나 옆에 천 번 금을 긋는 것도 마찬가지다.

필사공들은 대신에 동음이의어를 이용했다. '천'에 해당하는 단어의 발음은 '연꽃'에 해당하는 단어의 발음과 같았다. 따라서 연꽃을 그리면 '천'이라는 의미였다. 마찬가지로 '만'을 표시하기 위해 발음이 같은 '손가락'을 그렸다. 고대 문서에 소머리 하나 뒤에 손가락 세 개, 연꽃 두 개가 나오는 것이 있다. 응, 소 3만 2천 마리구나.[6]

일단 그림수수께끼를 사용하기 시작하면 더 크고 더 중요한 발걸음을 내디딜 태세가 된 것이다. 그림수수께끼는 한 언어를 부호 속에 포획하는 전체 수수께끼로 가는 해법을 제시했다. 나중에 보니 매우 분명했지만, 결정적인 생각은 간단히 말해서 '그림이 그림수수께끼의 일부일 때 소리를 나타낼 수 있다면 그것이 독자적으로 존재해 전혀 그림수수께끼가 아닐 때에도 소리를 나타낼 수 있다'는 것이었다.

그 소리가 정확히 어떤 것이었는지는 나중에 정리될 수 있었다. 요점은 그림이 소리를 상기시킨다는 것이었다. 예컨대 개dog 그림은 그 발음 dog를 나타낸 것일 수도 있고, 그 단어의 첫 음 d만을 나타낸 것일 수도 있다. 개 그림이 d를 나타낸다는 두 번째 선택지는 훨씬 많은 가능성을 제공한다. 다른 그림들과의 연쇄를 통해 개 그림을 sadness(슬픔)나 ditch(도랑)나 candy(사탕) 같은 단어를 적는 데 사용할 수 있다. 적절한 그림수수께끼를 생각해내느라 애쓸 필요가 전혀 없다.

이것이 바로 카르투슈 안에서 일어난 일이다. 고대의 필사공들은 개별 성체자의 소리뿐 아니라 단어의 발음을 이용해 이름을 나타낼 수 있었다. 중요한 점은, 카르투슈 바깥에서도 그랬다는 것이다.

그것이 '미세'에서 얻은 통찰이 중요한 이유다. 샹폴리옹에게 성체자가 어디서 나오든 그것을 읽을 수 있다는 발견은 시청각 장애를 가졌던 헬런 켈러의 손에 물을 틀어주며 그 단어의 철자를 가르쳤던 순간과 같은 것이었다. 헬런 켈러는 깨달음의 한순간에 "언어의 신비가 내게 모습을 드러냈다"라고 나중에 썼다.[7] 샹폴리옹 역시 세계가 이전과 이후로 나뉘는 정확한 순간을 콕 집어낼 수 있었다.

소리에 관한 계시는 매우 늦게 찾아왔다. 그 이유 중 하나는 성체자가 시각적으로 너무나 강렬하다는 데 있었다. 성체자를 보는 사람은 누구나 첫마디로 그것이 그림이라고 말한다. 바로 그 점이, 성체자가 그저 그림이 아님을 보기 매우 어렵게 만든다.

샹폴리옹은 그림수수께끼가 얼마나 중요한지 알았지만, 그 비술을 모두 정리하지는 못했다. 특정 성체자가 경고도 없이 역할을 바

신의 기록

꿀 수 있으니 미칠 노릇이었다. 오리는 어떤 문맥에서는 '아들'을 의미했지만, 또 다른 상황에서는 정상적인, 연못에서 볼 수 있는 꽥꽥거리는 '오리'를 의미할 수 있었다. 또 다른 곳에서는 '사' 음을 나타낼 수도 있었다. '오리'에 해당하는 이집트어 단어의 발음이 '사'이기 때문이다.

독자를 안내하는 규칙과 힌트가 있었지만(샹폴리옹의 다음 과제는 그것을 찾는 일이 될 터였다) 그 가운데 간단한 것은 없었다. 과학에서는 흔히 언제나 통용되는 법칙을 제시할 수 있다. 언어에서는 일이 그렇게 깔끔한 경우가 드물다. 언어의 모든 규칙은 여러 가지 예외가 있다. 사라진 언어를 연구하는 언어학자는 예외가 있는 진짜 규칙을 발견한 것인지, 아니면 가설을 폐기하고 새로 시작해야 하는지를 판단해야 한다.

이집트어를 지배하는 규칙을 알아내는 일은 미쳐버릴 정도로 어려웠다. 다른 언어도 마찬가지지만 이집트어가 중앙 설계자의 도움 없이 성장하고 진화한 것이기 때문이다. 그것이 깔끔한 건축 설계도와 다른, 살아 있는 나무가 되는 대로 가지를 치는 패턴의 복잡성을 만들어낸다.

동음이의와 그림수수께끼가 실마리를 제공했지만, 그 실마리는 풀기가 너무 어려웠다. 이집트학자 리처드 파킨슨에 따르면 많은 성체자는 고대 시기에도 이미 "죽은 상징"이었다.[8] 본래 무엇과 연관되었던 것인지 잊힌 지 오랜 상태였다.

영어에서도 마찬가지로 한때 그림을 연상시켰던 단어와 구句가 금세 단순한 표지로 전락하곤 했다. 그것은 이름에서 계속 일어났지만

(이름으로 쓰인 Sawyer와 Carpenter가 '톱질꾼'과 '목수'를 의미했다는 것은 중요치 않게 됐다) 언어의 일반적인 양상 가운데 하나다.

연구자들은 한 성체자 문자열이 무엇을 의미하는지 보통 추측하지 못했다. 글자의 외양만 보고 apple이 무엇을 의미하는지 알 도리가 없는 것처럼 말이다. '고통'을 나타내는 성체자는 '생일 케이크, 지그재그, 참새'처럼 보인다.

때로는 추측이 가능하다. '남편'을 나타내는 성체자는 남성 성기 그림을 포함하고 있다. 남성 샤워실에서 바로 나온 듯한 모습이다. 그러나 대개의 경우 문외한은 절대로 파악할 수 없다. 뱀 두 마리와 반달(나중에 밝혀진 바로 빵 조각이었다) 두 개를 보고 '도약'을 생각해낼 사람이 누가 있을까?

현대 언어에서도 성체자와 비슷한 방식으로 운용되는 것들이 있다. 예컨대 자모의 글자들에 얽매이지 않고 &나 % 같은 부호들을, 소리가 아닌 단어를 나타내는 데 사용한다. 때로는 부호를 죽 나열하기도 한다.

#@%&*%$ 소리 좀 줄여!

이 부호들은 큰소리를 내는 상황과 의미를 전달하지만 그 구체적인 소리를 전달하지는 않는다. 또 특별한 경우에 발음하지 않는 문자들(편지 끝에 쓰는 XOXO 같은 것)을 사용하기도 한다.

우리는 그림 역시 사용한다. '웃는 얼굴' 그림은 수십 년 동안 주변에 있었고, '해골과 뼈' 경고 표시는 그보다 오래됐다. 그리고 생일 축하 카드와 트윗에는 이모지(그림문자)가 넘쳐난다.

그러나 이런 것들은 우리 문자 생활의 작은 부분이다. 영어가 정말로 이집트어와 같은 방식이었다면 그림수수께끼와 그림은 지금보다 훨씬 많이 사용됐을 것이다. 책은 '◉ ♡ U' 같은 메시지들로 인해 두꺼워질 것이다. 그런데 이 가운데 ◉는 때로 단어 I(나)를 나타내기도 하고, 때로 철자 i를 나타내기도 하고, 때로 eye(눈)를 나타내기도 할 것이다. 심장 그림 역시 똑같은 비술을 발휘할 것이며, 문자 U도 그럴 것이다.

'윈스턴 처칠Winston Churchill'은 문자가 아니라 담뱃갑('Winston'은 담배의 상품명)과 양식화된 교회church와 언덕hill 그림으로 나타낼 것이다. (나아가 이 부호들이 윈스턴 담배 회사가 사라진 지 오래 뒤까지 쓰인다면, 그것이 한때 곧바로 상기시켰던 것을 아무도 기억하지 못할 수도 있다.)

샹폴리옹은 이 복잡한 전체 구조와 씨름했고, 1824년에 이렇게 썼다. 그의 어조는 그가 추론해낸 모든 것에 대한 그의 자부심과, 그 구조가 얼마나 복잡하고 임기응변적인 것으로 드러났는지에 대한 그의 놀람이 모두 반영된 것이었다.

성체자 글은 복잡한 체계다. 어떤 문자는 같은 글에서, 같은 문장에서, 그리고 같은 단어에서 동시에 그림이기도 하고 부호이기도 하고 음의 표기이기도 하다.[9]

27

3천 년 전의 소리를
듣기 위한 노력

이제 이 분야는 샹폴리옹의 독무대였다. 이 무렵 그가 영을 대하는 태도는 예의를 갖춘 경계에서 거의 감출 것 없는 무시로 옮겨갔다. '다시에 씨에게 보내는 편지' 강연은 그들 관계의 전환점을 이루었다. 영은 강연이 이루어지는 동안 예의 바르게 들었지만, 그것을 다듬어 출간하자 점점 기분이 나빠졌다. 샹폴리옹의 글을 자세히 검토할 기회를 갖게 되자 영은 신경이 곤두섰다. 내가 문을 열어 샹폴리옹이 산책할 수 있도록 했는데 고맙단 말은 어디 있는 거야? 영으로서는 경쟁자의 행위에서 드러나는 "존중이 결핍된 태도"를 그냥 두고 볼 수만은 없었다.[1]

격식을 갖추는 것이 영의 스타일이었다. 그는 논쟁의 한가운데서도 화를 드러내기보다는 실망을 꾹꾹 누르는 어조를 선호했다. 그것이 상대를 당황하게 해 할 말을 잃게 만들었다. 영은 성체자 해독에 관한 논문을 처음 발표한 것은 샹폴리옹이 아니라 자신임을 독자에게 상기시키며 이렇게 썼다.

나는 샹폴리옹 씨의 거의 모욕적인 어떤 의도에 대해서도 완전히, 그리고 진심으로 책임을 묻지 않는다.[2]

누군가가 어떤 발견을 출간하거나 공표하기까지는 그것이 자신의 것이라고 주장할 권리가 없다는 것은 엄밀하게 공정한 일은 아닐 것이다. 그 규칙이 아주 실용적이긴 하겠지만 말이다.[3]

이 발언은 영이 1823년 출판한 책에 나온다. 그 전해 출간돼 나온 샹폴리옹의 '다시에' 강연에 대한 반박인 셈이다. 영의 책은 샹폴리옹의 것과 마찬가지로 긴 제목이었지만, 뒤끝이 있었다. 제목은 이렇게 시작된다. 매우 담백하다.

성체자 문서와 이집트 고문화에 관한 최근의 몇몇 발견에 대한 평가

그러나 깎아내리는 말이 붙었다. 물론 더없이 예의바른 척은 했지만 말이다.

샹폴리옹 씨가 부연한 본 저자 창견創見의 자모를 포함하여

영의 경기 방식이 찌르고 튀기는 펜싱 같은 것이라면, 샹폴리옹이 선호하는 방식은 곤봉으로 상대의 머리를 가격하는 것이었다. 그는 아주 어릴 때부터 해독에 뛰어들었기 때문에 해독에 나선 다른 모든 사람을 경멸했다. 스웨덴의 연구자 오케르블라드에 대해서 그는 "이

집트 한 줄을 보고 세 단어도 읽지 못한다"라고 말했다.[4] 또 어느 독일 학자의 이른바 '발견'이라는 것은 사실 환상이라고 했다.[5] 박식하고 성실한 덴마크인 소에가는 기념비를 세울 만큼 많은 자료를 모았지만 "다른 사람이 쌓은 것 위에 돌 하나도 더 얹지 못했다"라는 평가를 받았다.[6]

영은 특히 조롱의 대상이 됐다. 이 박식한 의사는 무엇보다도 영국인이었고, 샹폴리옹이 보기에 그것은 벗기 어려운 무거운 짐이었다. 더 중요한 것으로, 그는 자신이 거의 알지도 못하는 일에 대해 "터무니없이 뻐기기"를 잘하는 건방진 늙다리 바보였다.[7] 반면에 샹폴리옹은 성체자의 수수께끼를 푸는 것이 자신의 운명임을 평생 동안 알고 있었다.

이것은 실은 자기 형에게 말한 내용이었고, 공석에서는 톤을 낮췄다. 그러나 그는 언제나 유혹을 이기지 못했다. '다시에' 논문에서 그는 우선 약간의 정중한 찬사를 바쳤다. "영국에서 영 박사는 내가 오랜 세월 매달려온 것과 비슷한 고대 이집트 기념물의 새김글에 관해 약간의 작업을 했다." 심지어 그는 영이 "매우 중요한 결과"를 얻었다고까지 언급했다.[8] 그런 뒤에 본격적으로 공격을 시작했다.

영은 '프톨레마이오스'와 몇몇 다른 이름들을 해독하는 데 성공했지만 이후 항로를 이탈했다고 샹폴리옹은 썼다. 어떤 성체자가 자모처럼 기능하고 소리를 나타낸다는 올바른 관찰을 고수해야 했는데, "이 영국 학자는 고유명사를 구성하는 성체자들이 전체 음절을 나타낼 수 있고 그것이 어떤 식의 퍼즐이나 그림수수께끼로 기능할 수 있다고 생각했다."[9]

이것은 권투에서 하체를 치는 것과 같은 반칙이었다. 샹폴리옹은 성체자가 "전체 음절을 나타낼 수 있"음을(Ra-mes-ses의 'Ra'처럼) 알고 있었고, 그것이 때로 "어떤 식의 퍼즐이나 그림수수께끼로 기능"한다는 것(태양 성체자가 '람세스'라는 이름에서 하는 것 같은)도 알고 있었기 때문이다.

그는 그 모든 것을 알고 있었지만 아직 세상에 공표하지 않았다. 그냥 알고 있던 정도만이 아니었다. 알아내고 나서 기절해 바닥에 쓰러지기까지 할 정도의 통찰이었다.

말장난은 해당 언어에서만 의미를 지닌다. 동음이의어는 번역할수 없다. 영어 사용자라면 누구나 pan(냄비)과 tree(나무)가 그려진 그림수수께끼를 보고 곧바로 pantry(식품 저장실)임을 알 수 있다. 그러나 독일인이나 에스파냐인이라면 추측할 도리가 없다.

따라서 샹폴리옹이 '오리-아들'을 비롯한 여러 그림수수께끼로 성공한 것은 그의 큰 도박이 대박을 터뜨렸다는 추가적인 증거를 제공했다. 그가 계속 연구해왔던 콥트어는 정말로 고대 이집트어의 열쇠였던 것이다.

샹폴리옹은 많은 것을 찾아냈기 때문에 이제 명확한 배정을 할 수 있었다. 그는 자신이 해독한 모든 이름들을 바탕으로 일종의 성체자 자모를 정리했다. 예컨대 이런 식이었다.

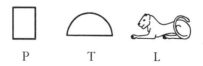

P   T   L

다음 단계는 성체자와 콥트어를 하나의 연구로 결합하는 것이었다. 샹폴리옹의 과제는 자신이 입수할 수 있는 모든 성체자 문서를 찾아 소리 내어 읽으면서 주의 깊게 듣고 콥트어처럼 보이는 단어들을 찾는 것이었다.

이론상으로는 간단하지만 실제로는 무진장 벅찬 일이었다. 숟가락으로 대양의 물을 다 퍼내는 것도 이론상으로는 간단하다. 샹폴리옹이 앞길에 있는 장애물들을 미리 보았다면 절망에 빠져 이불을 푹 뒤집어썼을지도 모른다.

첫 번째 장애물은 고대 이집트어가 대체로 모음 없이 쓰였다는 것이다. 이는 현대를 사는 어느 누구도 그 말이 어떻게 발음됐는지 정확하게 알 수 없다는 얘기다.

이 문제는 1960년대에 극적인 모습으로 튀어나왔다. 고고학자들이 이집트에서 발견된 한 항아리에 새겨진 글의 의미에 관해 열나게 갑론을박했다.[10] 수천 년 전 누군가가 아람어로 무슨 내용을 긁어놓았다. 아람어는 히브리어 및 아라비아어와 관련이 있는 언어였다(세 언어 모두 모음을 쓰지 않았다). 한쪽의 학자들에 따르면 이 글귀는 이렇게 시작했다.

보라, 나는 환상을 보았다.

그러나 다른 언어학자들은 같은 문장을 이렇게 번역했다.

보라, 나는 채소를 보았다.

어떤 전문가를 믿느냐에 따라 이 글은 '평화'라는 단어를 언급하는 유령의 환상을 묘사하는 것일 수도 있고, "남은 오이가 없다"라는 경고문으로 이어질 수도 있었다.

그런 논쟁은 왜 일어났을까? 한편으로는 판독의 어려움이 수천 년 전에 쓰인 글자를 읽는 일을 방해하고 왜곡시켰기 때문이다. 일부 글자는 뭐라고 썼는지 알아보기 어려웠다. 또 어떤 것은 글의 두 행 중간에 있어 어느 쪽 행에 속하는지 모호했다. 일부는 지워져 추측에 의존해야 했다.

그러나 가장 큰 문제는 모음이 없는 것이었다. 그것은 완전하고 분명하게 알아볼 수 있는 단어라 하더라도 두 가지 이상으로 해석될 수 있다는 얘기다. 이것이 '꿈-채소' 논쟁의 근원이었다. 개략적으로 말해서 이것은 영어가 자음만으로 쓰여 학자들이 'crt'를 보고 carrot(당근)인지 create(창조하다)인지 판단해야 하는 것이나 마찬가지였다.

이처럼 고대 이집트에서 '동음이의어'라는 개념은 두 단어의 자음이 일치하기만 하면 되는 것이었다. 어떤 것을 그려 다른 것을 나타낼 수 있다. 두 단어는 발음이 같았을 수도 있지만, 달랐을 수도 있다.

자음만 쓰는 영어를 사용하는 필사공이라면 pair(짝)를 나타내기 위해 pear(배)를 그릴 수 있다. 그러나 pear는 마찬가지로 'pr' 자음을 가진 여러 단어들 가운데 어느 것을 의미할 수도 있다. pier(부두), peer(동료), poor(가난한), pour(쏟다), pore(숙고하다), pry(엿보다), 심지어 pyre(장작더미)를 의미할 수도 있다.[11] (체계가 그렇게 느슨하기 때문에 샹폴리옹이 '오리-아들'과 '독수리-어머니'를 밝혀낸 것이 더욱 인상적으로 보인다.)

더 큰 문제가 나타났다. 콥트어는 고대 이집트인들이 사용한 언어가 아니라 그 죽은 언어의 후예였다. 이탈리아어가 라틴어의 후예이듯이 말이다. 샹폴리옹의 유일한 희망은 이집트어 단어를 발음해보고 콥트어에서 그 먼 친척을 찾아내는 것이었다.

문제가 가중된 것은 콥트어 자체도 거의 죽은 언어에 가까웠다는 것이다. 한 19세기 학자는 "그 어려움을 생각해보라"라며 놀라워했다. 샹폴리옹과 다른 초기 해독자들의 무기고에 콥트어에 관한 지식이라는 단 하나의 무기만이 있었는데, 그 유일한 무기가 "사라진 언어의 잘려나가고 불완전한 단편"이었으니 말이다.[12]

미지의 언어를 귀만 가지고 해독하는 것이 얼마나 어려웠을지는 우리 자신의 언어도 잘못 듣는 경우가 많다는 사실만 가지고도 충분히 이해할 수 있다. 학생들은 미국의 〈충성 맹세〉를 망가뜨리고, 젊은 교인들은 목소리를 높여 이상한 노래를 부른다.

I led the pigeons to the flag. (나는 비둘기들을 국기로 인도했습니다.)
Glady, the cross-eyed bear (사팔뜨기 곰 글래디)

원래는 이렇다.

I pledge allegiance to the flag. (나는 국기에 대해 충성을 맹세합니다.)
Gladly the cross I'd bear. (기꺼이 십자가를 지겠습니다.)

어른들도 아이들과 같은 잘못을 저지르기 십상이다. 1990년대에 영화 〈알라딘〉에 이상한 이야기가 나온다는 말이 너무 많아서 디즈니사가 대응에 나서지 않을 수 없었다.[13] 걱정에 싸인 부모들은 알라딘이 이렇게 속삭인다고 서로 경고했다.

Good teenagers, take off your clothes.
(착한 십대들아, 옷을 벗어라.)

디즈니사가 밝힌 실제 대사는 이랬다.

Scat, good tiger, take off and go.
(저리 가! 호랑아, 착하지? 여기서 떠나 다른 데로 가.)

알게 되겠지만 말을 이해한다는 것은 적당히 빈칸을 채우는 것이다. 우리는 많은 말들을 놓친다. 아무리 청각이 좋아노 마찬가지다. 그러나 그것을 거의 의식하지 못하는 것은 우리가 끊임없이, 그리고 자동적으로 가능성을 추측하기 때문이다. 맥락이 핵심이다. 그리고 우리는 어떤 범위의 가능한 의미 가운데서 선택을 한다. 그렇게 하고 있음을 인식하지 못한 채로 말이다. 오렌지나무와 오렌지빛 하늘을 생각하고 있으면 'a girl with colitis goes by(대장염 앓는 여자가 지나간다)'가 'a girl with kaleidoscope eyes(마약에 취한 여자)'로 들릴 수 있다.

그러나 이 즉석 추측은 다분히 요령임이 드러난다. 수십 년 동안

신의 기록

과학자들은 말을 전사轉寫하는 기계를 만들기 위해 애썼다. 그렇게 시간이 흘렀는데도 이 기계는 아직 신통찮다. 'recognize speech(말을 인식하다)'라는 구절을 'wreck a nice beach(멋진 해변을 파괴하다)'로 받아들이고, 'relationship(관계)'을 'real Asian ship(진짜 아시아 배)'으로 인식하기도 한다.[14]

이는 샹폴리옹이 터무니없이 어려운 문제에 봉착했음을 의미한다. 그는 거의 죽은 언어를 통해 죽은 언어를 살려내야 했다. 그리고 그는 종이 위에 쓰인 침묵의 부호에서 소리를 들어야 했다.

그는 실마리를 가지고 있었다. 예를 들어 이집트어에는 모음이 없지만 콥트어는 모음이 있었다. 따라서 어떤 이집트어 단어가 살아남아 콥트어로 이어졌다면 샹폴리옹은 그 발음을 어떻게 하는지 알 수 있었다. 마찬가지로 이집트어 단어의 가까운 친척이 콥트어에 있다면 두 단어가 비슷하게 발음된다고 추측할 수 있었다.

그러나 낯선 언어의 발음을 추측할 때 당황스러울 만큼 틀리기가 쉽다. 만약 프랑스어가 죽은 언어라면 영어 사용자는 '위oui'(네) 같은 간단한 단어의 발음조차도 추측할 수 없을 것이다.

같은 언어라도 100년이나 200년 거슬러 올라가면 발음이 달라질 수 있다. 옛날 소설의 등장인물들이 주로 가는 술집 중 하나의 이름은 'Ye Fox'였다. 예전에는 ye가 the와 같은 발음이었다. y를 써서 th를 대신하는 출판 관행이었다(f를 써서 s를 대신하는 것도 마찬가지였다).

초보자들은 한두 단어를 더듬거리는 것보다 훨씬 큰 잘못을 저지를 수 있다. 예컨대 어조를 모를 수가 있는데, 많은 언어에서는 그것이 결정적인 역할을 한다. 중국의 사자를 잡아먹은 시인에 관한 잘 알려진 이야기〔중국 언어학자 자오위안런趙元任이 쓴 〈시씨식사사施氏食獅史〉〕는 완전히 같은 음의 글자가 성조를 달리해 92차례 반복된다.[15] 한문으로 쓰인 이 이야기는 내용만 보면 특이한 점이 없지만, 낭송을 하면 외국인의 귀에는 '시'가 수십 번 반복되는 것처럼 들린다.

억양은 영어에서 중요한 역할을 하지 않지만 가끔 하기도 한다. 내가 아는 작가 중에 책의 헌사獻詞 때문에 고민한 사람이 있었다. 그는 몇 년 동안 책에 집중하느라 다른 것은 거의 돌보지 못했다. 마침내 책을 완성하고는 아내에게 적절한 헌사를 바치고자 했다. 아내에게 신세진 것을 어떻게 요약하지? 마침내 그는 결정하고, 이렇게 썼다.

For Rose, who knows why.
(헌사하는 이유를 아는 로즈에게.)

그는 로즈에게 원고를 가져다주어 헌사를 음미하게 했다. 로즈가 소리 내어 읽었다.

For Rose. Who knows why?
(로즈에게. 왜 그러는지 아는 사람?)

많은 언어는 거의 매 문장마다 비슷한 실수를 할 가능성을 내포한다. 아마존 우림의 한 작은 지역에서 사용되는 언어는 '친구'와 '적'을 나타내는 단어가 동일하다. 다만 한 음절의 성조만 다르다.[16]

영국 언어학자 존 캐링턴은 지금의 콩고민주공화국에서 사용되는

켈레어라는 반투 계통의 언어를 배우려 하면서 겪은 재난에 대해 이야기했다. 음의 높낮이 변화가 모든 차이를 만들어냈다. 캐링턴은 당황스럽게도 그들의 말을 알아들을 수 없었다. '알람바카 보일리'라는 발음의 말이 "그는 강둑을 바라보았다"인지 "그는 장모丈母를 삶아버렸다"인지 구분할 수 없었다.[17]

고대 언어의 소리는 결코 제대로 알 수 없을 것이다. 학자들이 아무리 많은 성체자를 해독하더라도 파라오가 자신의 장엄함을 선포하거나 이집트 어머니가 아기를 재우는 소리를 정확하게 알 수는 없을 것이다. 물론 우리가 결코 제대로 알 수 없는 것은 고대 이집트의 소리만은 아니다.[18] 1850년에서 한참 지난 뒤에도 모든 인간 목소리의 음은 그 사람의 죽음과 함께 영원히 사라졌다. 최초의 녹음은 1877년 토머스 에디슨이 스스로 동요 부르는 것을 녹음한 때인 것으로 오랫동안 생각되어왔다. 에디슨은 자신의 발명품이 어떻게 사용될지 알 수 없었다. 다만 몇 가지 제안은 했다. "시계가 저녁 먹을 시간을 알려줄 수 있을 것이다." 그러나 그는 자신이 소리를 영원히 보존하는 방법을 찾았다는 생각에 흥분을 느꼈다. 그는 이렇게 썼다.

혀도 없고 이도 없는 이 기구는 후두나 인두도 없이 … 당신의 어조를 흉내 내고 당신의 목소리로 말하며 당신의 말을 이야기한다. 수백 년 뒤 당신이 먼지로 돌아간 뒤에도 당신을 전혀 모르는 세대들에게 몇 번이고 반복할 것이다. 이 쇠로 만든 진동판 앞에서 속삭이기 위해 당신이 선택한 모든 시답잖은 생각, 모든 공상, 모든 헛된 말을 말이다.[19]

그러나 쇠로 만든 진동판 앞의 속삭임을 처음 포착한 것은 에디슨이 아님이 밝혀졌다. 1860년에 신원을 알 수 없는 여자가 프랑스 민요 〈달빛 속에서Au Clair de la Lune〉 한 소절을 불렀고, 그 녹음이 남아 있다. 그것은 불과 10초 분량이지만 지금도 들을 수 있다.[20]

이를 만든 발명가는 에두아르레옹 스콧 드 마르탱빌이라는 식자공 겸 땜장이였는데, 그는 어떤 여자가 낸 소리를 자신이 포착한 줄 몰랐다. 그의 목표는 소리를 페이지에 새겨진 패턴으로 변환시킬 수 있는 기계를 만드는 것이었다.

그는 자신이 하려던 일에 성공했고, 그가 보존한 알 수 없는 물건은 잊힌 보관소의 그을린 페이지에 100년 이상 조용히 남아 있었다. 이 기록물은 21세기가 되어서야 재발견됐다.* 그 뒤 곧 미국의 과학자 팀이 전사된 고저高低를 소리로 변환해 공중에 띄우는 방법을 발견했다. 150년 동안 침묵하고 있던 목소리가 이로써 다시 한 번 노래를 부르게 됐다. 시험적이었지만 착오가 없었다.[21]

샹폴리옹은 고대의 음성을 재현하려 하면서 그런 의지할 만한 도구가 없었다. 오직 자신의 두뇌와 예민한 귀밖에 없었다. 그는 콥트어에 의존하는 것 외에 다른 선택지가 없었다. 그것은 해지고 너덜너덜한 구명줄이었다. 그것이 그의 첫 번째 문제였다. 그의 두 번째 문

---

* 영화 제작자 피터 잭슨은 최근, 오래전에 사라진 구어(口語)를 되살리는 것을 목표로 하는 사업을 시작했다. 잭슨은 입술 모양만 보고서 하는 말을 파악해내는 독순(讀脣) 전문가들의 도움을 얻었다. 그들은 1차 세계대전에 참전한 병사들의 기록 영상을 꼼꼼하게 검토했다. 그들은 100여 년 전에 사라진 말들(그러나 목소리는 아니다)을 다시 포착할 수 있었다. 잭슨의 다큐멘터리 〈그들은 늙지 않는다(They Shall Not Grow Old)〉는 2018년에 나왔다.

신의 기록

제 역시 벅찬 것이었다. 모든 언어는 지속 기간 동안 많은 변화를 겪는데, 이집트어의 경우 그 지속 기간이 유례가 없을 정도로 길었다. 따라서 샹폴리옹의 과제는 그저 죽은 언어를 파악하는 것으로 그치지 않았다. 그는 3천 년 이상에 걸쳐 달라지고 바뀐 죽은 언어를 파악해야 했다.

영어가 훨씬 짧은 기간에 어떻게 변했는지를 생각해보자. 하나는 서기 1000년 무렵의 고대 영어로 된 유명한 구절이고 하나는 현대 영어인데, 전자는 알아들으려면 예민한 귀가 필요하다.

Fader urer, ðu bist in heofnum,
sie gehalgad noma ðín.

Our Father, who art in heaven,
hallowed be thy name.[22]
(하늘에 계신 우리 아버지,
온 세상이 아버지를 하느님으로 받들게 하시며)

《베어울프Beowulf》는 마찬가지로 고대 영어로 쓰였으며, 마찬가지로 서기 1000년 무렵의 것이다. 고작 천여 년 전이다. 이집트의 시간 척도로 보자면 《베어울프》는 우리 시대와 가까운 이웃이니, 《다빈치 코드》만큼이나 쉽게 접근할 수 있어야 한다. 그러나 이 대서사시는 오늘날 거의 이해할 수 없다.[23] 그 첫 줄을 현대어와 비교해보라.

Hweat we gardena in gear dagum

Hark! The Spear-Danes, in earlier days
(잘 들어라! 지난날의 데인족 창수槍手들)

자세히 보면 고대 영어는 완전히 깜깜하고 알 수 없는 것은 아니다. 어떤 단어는 일종의 압축된 시다. 예컨대 '몸'에 해당하는 고대 영어는 banhus로, bone house(뼈의 집)다. '바다'는 hronrad인데, 광활하고 빈 공간이 아니라 whale road(고래의 길)를 의미한다. '도서관'의 중세 영어는 '책 저장고'에 해당하는 말이다.[24] 그러나 안내자가 없으면 우리는 길을 잃고 속수무책이다. 언어학자 존 머쿼터는 이렇게 썼다.

우리는 흥겹게 아기들의 노래 "히코리, 디코리, 도크Hickory, Dickory, Dock"를 부르지만, 그것이 켈트어의 숫자 '여덟, 아홉, 열'임은 알지 못한다. 앵글Angle·색슨Saxon·주트Jute인들이 마주쳤던 브리튼섬 토착민들의 언어다.[25]

샹폴리옹의 과업은 그렇게 깊숙이 파묻힌 단서들을 파내는 것이었다. 날이면 날마다 그는 책상에 앉아 고대 이집트인들이 남긴 단편들을 낭송했다. 늘 흥겹지는 않았을 것이다. 그렇지만 희미하면서도 익숙한 메아리를 찾기 위해 긴장의 끈을 놓지 않았다.

28

많이 나오는
단어를 찾아라

샹폴리옹은 그의 탐구 초기에 로제타석의 그리스어판에 의지해 안내를 받을 수 있었다. 이런 접근법은 번쩍이는 전리품을 얻어냈다. '왕'과 '신'과 '법령'과 '사제' 같은 극적인 단어들이었다.

그가 프톨레마이오스의 왕호王號 가운데 하나를 해독한 것은 그의 작업 방식을 보여준다. 로제타석의 몇몇 카르투슈에는 프톨레마이오스의 이름이 있고 그 뒤에 성체자 몇 개가 더 있다. 이 나머지 부호들을 어떻게 읽어야 할까?

프톨레마이오스의 이름으로 시작하고 그 뒤에 몇 개의 부호가 들어 있는 카르투슈. 샹폴리옹은 그 나머지 성체자들의 해독에 착수했다. 위 그림에서 타원형으로 표시된 부분이다.

그런데 로제타석의 그리스어판은 프톨레마이오스를 "영원하며 프타가 아끼는" 존재로 언급하고 있다. 그곳이 시작하기에 가장 자연스러운 장소로 보였다(프타는 도시 멤피스의 가장 중요한 신이었다). 다음 할일은 그저 빈칸을 채우고 근거 있는 추측을 하는 것뿐이었다.

예컨대 '생명' 또는 '삶'에 해당하는 콥트어 단어는 '앙크'였다. 아마도 그것은 나머지 성체자들(앞쪽의 그림에서 타원 안에 있는) 가운데첫 번째 것에 상응하는 듯했다(오늘날까지도 '앙크' 성체자 모양(♀)의 기원을 아는 사람은 없다).[1] '앙크'는 '투탕카멘'에도 나온다['투트-앙크-아멘']. 이 이름은 '아멘 신의 살아 있는 모습'이라는 의미다.

그다음에는 뱀, 반원, 길쭉한 직사각형 등 몇 개의 성체자가 나온다.[2] 그것은 '늘', '영원', '불멸'을 의미하는 콥트어 '젯$_{djet}$'에 상응할 것이다. 샹폴리옹은 반원 성체자가 T와 상응한다는 것을 이미 알고 있었기 때문에 뱀은 DJ로 발음한다고 추측했다(영어 jail의 j와 거의 같다).

마찬가지로 그는 다음의 두 성체자인 사각형과 반원이 P와 T를 나타내는 것임을 이미 알고 있었고, 또한 그리스어 단어 Ptah를 알고 있었다. 그래서 줄의 다음에 있는 성체자에 대한 추측을 쉽게 했다. ⌇은 H에 상응한다.

샹폴리옹은 로제타석의 반짝이는 보석 거의 모두를 충분히 캐낼때까지 이런 방식을 최대한 활용했다. 그런 뒤에 그는 초점을 옮겨다른 글을 살피고 다른 종류의 실마리를 찾기 시작했다.

몇 해 전에 나와 만나 이야기를 나눈 언어학자 아미어 젤데스는 이렇게 말했다.[3]

어떤 문자가 무엇이다 하는 가설을 얻기 위해서는 큰(중요한) 단어가 필요합니다. 그러나 이는 가설일 뿐이죠. 큰 단어는 제안을 하는 데 적합하지, 전체 사안을 깨는 데 적합하지 않아요. 정말로 관심을 가져야 할 것은 빈도예요. 사방에 널려 있는 무언가가 필요하다는 겁니다.

젤데스의 설명을 들어보자. 영어로 쓰인 문서를 해독하고자 할 때 liberty(자유)나 president(대통령) 같은 단어를 알아냈다고 생각하면 고무될 것이다. 이는 중량감이 있는 단어들이며, 그것은 또 다른 중요한 단어들로 가는 길을 제시할 것이다. 예컨대 liberty라는 단어를 밝혀냈다면 t라는 문자가 있는 다른 단어들을 찾아낼 수 있을 것이다. truth(진실)나 battle(전투) 같은 단어들을 인식하는 방법에 한 발 다가서는 것이다. 그러나 그런 단어들은 흔치 않다.

좋아요. 세 단어에 관한 이론을 세웠다 치죠. 그게 옳든 그르든 말이에요. 그것이 최종 목표는 아니겠죠. 그다음엔 어디로 가야 할까요? 숫자의 힘이 필요합니다. 빈도가 매우 높은 것이 필요하다는 얘기죠. 그때 모든 것이 갑자기 이해가 되고, 이렇게 말할 수 있어요. "그래! 찾았어!"

젤데스는 젊고 말이 빠른 콥트어의 권위자다. 더욱 중요한 것으로 그는 미세한 부분에 대한 낮은 수준의 조사에서부터 고공에서 전체 모습을 살피는 데 이르기까지 이리저리 오가는 드문 재주를 가지고 있다. 그는 개미가 되기도 하고 독수리가 되기도 한다.

liberty나 truth 같은 단어를 찾아내는 것은 흥분되고 놀라운 일이다. 숲을 산책하다가 폭포를 발견하는 셈이다. 그러나 눈에 덜 띄는 모습(등산로에서 이정표 삼아 나무에 칠해진 파란색 네모꼴 같은 것)을 찾아내는 방법을 배우는 일이 더욱 중요하다는 것이 젤데스의 이야기다. 그런 하찮은 표시들이 추가적인 성공으로 가는 길을 보여주기 때문이다.

필요한 것은 자꾸자꾸 나오는 단어들이다. 영어로 치면 the나 a나 of 같은 것들이다. 예컨대 the가 나왔다면 그다음 단어는 십중팔구 명사다. 그리고 찾고자 하는 것에 대해 대충만 이해하고 있어도 추측 작업은 훨씬 쉬워진다.

그 결과, 고대 문서를 연구하는 가장 박식한 해독자는 긴 통근 시간에 신문의 글자 조합 퍼즐에 매달리는 생초보 아마추어와 정확히 같은 방식으로 작업을 시작한다. 이 퍼즐의 과제는 빈칸을 채우는 것이다. 몇 개의 힌트와 함께 연속된 빈칸이 주어지며, 빈칸 한 칸에 문자 하나씩이 들어간다. 비법은 가장 짧은 단어부터 시작하는 것이다. 빈칸이 하나인 곳이 있다면 그것은 틀림없이 I 또는 a다. 세 개의 빈칸이 이어져 있고 t로 시작한다면 the일 가능성이 매우 높다. 아주 소중한 단어다.

아미어 젤데스는 그것이 실제 해독에서 어떻게 이용되는지를 이렇게 설명한다.

콥트어 수업을 다섯 번 들은 사람에게 콥트어에서 가장 많이 나오는 글자가 뭐냐고 물으면 N이라고 대답할 겁니다. 도처에 N이 있어요.

동사든 전치사든 대명사든 말이죠. 그러나 가장 흔한 의미는 of(~의)
입니다.

젤데스는 이렇게 이어간다.

그리고 이집트 문자를 볼 때 가장 흔한 부호는 뭘까요? 바로 이겁니다.

젤데스는 지그재그 모양의 성체자를 가리켰다. 흐르는 물을 양식
화한 것처럼 보이는 그림이다.

$$\wedge\wedge\wedge\wedge\wedge\wedge$$

이집트 신전 벽을 쳐다본 사람이라면 누구나 이 물 부호를 알아볼 거
예요, 그죠? 뭐가 떠오릅니까? 이게 N이에요.

젤데스는 이제 흥분에 차서 참을 수가 없다.

바로 그거야! 펑! 아시겠어요?

음, 사실 그 정도는 아니지. 그러나 샹폴리옹은 그랬다. 샹폴리옹
은 한 번에 두 가지의 놀라운 것을 보았다. 첫째는 가장 흔한 콥트어
문자와 가장 흔한 성체자가 일치한다는 것이었다. 그것은 좋은 소식
이었다. 콥트어가 이집트어의 후예라고 자신이 파악한 작동 원리가

맞았기 때문이다.

그것은 시작이었다. 중요한 통찰은 콥트어 자체에서 나왔다. N은 단지 하나의 문자에 그치는 것이 아니었다. 그것은 단어이기도 했다 (개략적으로 보아 영어에서 문자 A가 발음을 나타내면서 동시에 부정관사인 단어 a이기도 한 것과 마찬가지다). 콥트어 단어 N의 의미 가운데 하나는 영어의 of이며, 그것은 도처에 나온다.

이렇게 해서 샹폴리옹은 성체자에서 of를 어떻게 썼는지 알았다. 물 그림을 그린 것이다. 그는 수많은 성체자 비문을 맹목적으로 뒤질 필요없이, 찾아주기를 기다리는 명사들을 어디서 발견할 수 있는지를 알게 되었다.

땅**의** 지배자
집**의** 주인
밤**의** 소리

그리고 샹폴리옹의 콥트어에 대한 지식은 그를 또 하나의, 밀접하게 연관된 발견으로 이끌었다. 콥트어에서 P 역시 하나의 문자이자 한 단어였다. 그것은 최고로 유용한 단어인 정관사(영어로 치면 the)였다. 그것은 P 음을 가진 성체자가 정관사를 나타낸 것일 수 있다는 얘기였다(물론 '프톨레마이오스' 카르투슈에서처럼 그저 P 소리를 나타내는 것일 수도 있다).

하지만 이 발견으로 맞닥뜨리게 된 것은 탁 트인 들판이 아니라 가시나무 덤불이었다. 그는 기본적인 독해 원리를 지닌 채 의기양양하게 나아갔다. 마치 도서관 선반에서 아무렇게나 쓸어 온 어마어마한 책 더미를 마주한, 세계에서 가장 명석한 초등학교 3학년생인 양 말이다.

잠시 멈춰서 이 일이 얼마나 어려웠을지 생각해보자. 모든 문서는 줄줄이 다음과 같은 것이 이어져 있었을 것이다.

×××× of ×××× theking ×××××× the ×××

어휘는 첫 번째 장애물이었다. 더 이상 그리스어에 기대기 어려운 샹폴리옹에게 모든 문장은 낯선 새 단어들로 점철되어 있었다. 매도 증서와 세금 영수증이 있었을 테고, 신화와 모험담도 있었을 것이다. '왕'과 '사제' 같은 단어에서 어떻게 '감옥'과 '마법사'와 '난파선' 같은 단어로 옮겨갈 수 있었을까?

추측에 의해서, 맥락에 의해서, 그리고 다른 언어에 의존해서였다. 젤데스는 이렇게 설명한다.

이런 구절이 있었다 칩시다.

"그들이 산책을 나섰는데, 잠시 후 무언가가 그들을 따라왔다."

그게 곰이었는지 뭐였는지는 몰라요. 사나운 짐승 가운데 하나였겠죠.

그런 다음에 이렇게 이어진다고 합시다.

"그들은 그것을 죽여 잡아먹었다."

그러면 잘은 모르지만 늑대는 아니었을 거라고 추측할 수 있겠죠. 늑대는 잘 먹지 않으니까요.

어떤 단어들은 추측이 불가능하다. 아무리 열심히 들여다봐도 말이다. 그런 막무가내의 단어들이 많이 나오기 때문에 언어학자들은 하팍스 레고메논hápax legómenon이라는 고약한 은어를 쓴다. 딱 한 번만 나오는 말이라는 뜻이다. 그런 알 수 없는 괴물이 나온다면 고대 이집트어 사전도 두 손을 들 것이다. 그 항목에 대한 설명은 이럴 것이다. '미상. 아마도 종교적인 것인 듯하다.'

그러한 단발 단어들은 속 터지는 문제를 일으킬 수 있다. 이집트학자들에게만이 아니다.

기독교 성경의 가장 친숙한 구절 가운데 하나인 "오늘 우리에게 일용할 양식을 주시고"(〈마태오 복음서〉 6장 11절]에는 고대로부터 학자들과 번역자들을 골치 아프게 한 단어가 들어 있다.[4] 보통 '일용할'로 번역되는 그리스어 단어 epiousios는 〈주기도문〉에만 나오고 기독교 성경의 다른 곳이나 그리스 문헌에 전혀 나오지 않는다(〈신약〉의 원전 언어는 그리스어였다). 그것이 무슨 의미인지 확실히 아는 사람은 아무도 없지만 그리스어에는 '일용할'에 해딩하는 완전히 일반적인 다른 단어가 있다.

다시 살펴보면 표준 번역은 받아들이기 어렵다. 왜 '일용할'이라는 말이 '오늘'이라는 말 바로 뒤에 나왔을까? 그리고 왜 정신을 고양하는 어떤 것 대신 '일용할 양식' 같은 세속적인 이야기가 나왔을까? 특히 이 〈주기도문〉 조금 뒤에 나오는 같은 〈산상수훈〉의 다른 구절 "너희는 무엇을 먹고 마시며 살아갈까 … 걱정하지 마라"를 생각할 때 말이다.

학자들은 1700년 동안 이런 문제들과 씨름하며 지냈다. 기독교 성경에서 가장 유명한 구절 가운데 하나를 찬찬히 제대로 읽으면 "오늘 우리에게 (미상) 양식을 주시고"라는 매우 불만스런 구절이 된다.•

셰익스피어 연구자들도 비슷한 문제에 직면했다. 셰익스피어는 많은 말들을 만들어냈다. horrid(무서운), vast(광대한), lonely(외로운)처럼 지금 영어 사용자들에게 익숙한 말들도 많다. 그러나 일부 단어들은 단 한 번만, 그것도 문맥의 도움을 받을 수 없는 곳에 나온다. 예컨대 한 역사극에서 셰익스피어는 병사들이 전투에서 죽은 이야기를 하면서 balk'd라는 단어를 썼다.[5] 그가 무슨 뜻으로 그 말을 썼는지는 아무도 모른다. 한 가설은 balk'd가 baked(불에 탄)의 오식誤植이라는 것이다.

어찌어찌 상당한 수의 단어들을 찾아냈다고 해도 그다음에는 복잡다단한 문법 문제를 해결해야 한다. 예컨대 문장을 구성하는 벽돌들은 거의 모든 순서로 나올 수 있다. 마크 트웨인은 독일인들이 동사를 문장 끝에 넣어 모든 문장을 추리소설로 만든다고 불평했다. 거기서는 정답을 마지막 순간에 가서야 알 수 있다(그는 개혁가가 나타나서 "그렇게 멀리 있는 동사를 망원경 없이도 볼 수 있는 위치로 끌어다 놓으면 나아질 것"이라고 제안했다).[6]

• 기독교 성경에는 또 다른 골치 아픈 단발 단어가 있다. 〈레위기〉의 유명한 구절에서는 신이 유대인들에게 어떤 동물은 먹을 수 있고 어떤 동물은 먹으면 안 되는지를 이야기한다. 그러나 신의 '혐오' 목록에 올라 있는 것 가운데 하나가 문제다. 'anakah'가 무엇을 의미하는지 아무도 모른다. 〈구약〉의 이 히브리어 단어는 보통 '고슴도치'로 번역됐다. 아라비아어의 '고슴도치'에 해당하는 말과 비슷했기 때문이다. 그러나 그것은 그저 추측일 뿐이다. 일부 학자들은 신이 실제로는 두더지나 도마뱀이나 비버나 쥐를 지적한 것이라고 생각하고 있다.

샹폴리옹과 다른 해독자들에게는 그들을 도와줄 콥트어가 있었지만, 오랜 시간에 걸쳐 이집트어에서 콥트어로 변화했기 때문에 문제를 발생시킬 소지는 얼마든지 있었다. 가장 흔한 것이 외견상 같아 보이는 단어들을 정말 같은 단어들로 착각하는 것이다. 학생들과 관광객들은 이런 위험성을 모두 알고 있다. 영어의 pie는 '빵과자'지만 에스파냐어의 pie는 '발'이다. 프랑스어의 blessé는 '부상당한'이란 뜻이지 영어의 blessed(축복받은)가 아니며, 프랑스어의 pain은 '빵'이지 영어의 '고통'이 아니다.

해독에서는(번역에서도 마찬가지다) 하찮은 단어가 큰 문제를 일으킬 수 있다. 정관사는 악명이 높다. 예를 들어 콥트어에서 '왕'은 ouro인데, 그 이유는 정관사를 둘러싸고 만들어진 오해와 관련이 있다. 앞서 보았듯이 정관사에 해당하는 콥트어는 P다. 또한 관사와 명사가 한 단어를 이루는 것이 콥트어의 특징이다. 영어로 치면 the house가 thehouse로 합쳐지는 것이다. 그 결과 콥트어 사용자들은 고대 이집트어 단어 '파라오'('pouro' 비슷한 발음이다)를 듣고 그것이 두 단어를 합친 것이라고 잘못 생각했다. 즉 정관사 P와 ouro로 생각한 탓에 P를 뺀 ouro가 '왕'이 됐다는 것이다.

아라비아어 사용자들도 알렉산드로스 대제와 관련해 같은 잘못을 저질렀다. 이들은 한때 그의 이름을 '이스칸다르'라고 불렀는데, 이는 그의 이름이 아라비아어에서 많이 쓰는 정관사 '알'로 시작한다고 착각해 그것을 떼고 부른 것이었다. 현대 언어들에서도 정관사와 관련한 오류가 만들어졌다. alligator(악어)는 에스파냐를 거쳐 영어에 들어온 것인데, '도마뱀'을 의미하는 에스파냐어 el lagarto를 오해한 것이었다.[7] 영어 사용자들이 el이 정관사인 줄 모르고 두 단어를 한 단어로 만들어버린 것이다. (또 영어 사용자들은 지금도 에스파냐 남부에 있는 궁궐을 the Alhambra라 부르는데, 이는 the the Hambra라고 부르는 셈이다.)

이처럼 샹폴리옹은 계속 분투하며 최선을 다해 해독을 하려 했지만 낯설고 드문 단어들로 인해 고생을 했다. 그러다가 그는 엄청나게 치고 나갈 수 있는 발견을 했다. 이것은 이집트학자 존 레이의 판단으로 샹폴리옹 인생 최대의 단일 업적이었다.[8]

29

결정적 발견

샹폴리옹의 새로운 통찰은 간단히 말해서 평범해 보이는 특정 성체자가 사실은 특수한 역할을 한다는 것이었다. 샹폴리옹은 이 특수 부호를 '결정자決定子, déterminatif'라고 불렀다.[1] 그것들이 성체자 문자열의 의미를 결정하는 데 도움을 주기 때문이다.

결정자는 독자에게 주는 힌트였다.

이 성체자는 도시 이름이다.

이것은 왕의 이름이다.

이것은 동사다.

그러나 이것은 발음되지 않았다. 한 가지 유형의 힌트가 특히 유용했다. 이집트어는 모음을 생략하기 때문에, 같아 보이지만 완전히 의미가 다른 단어들이 무척 많았다(영어에서 threat와 throat는 모음을 생략하면 구분할 수 없다). '세금', '말', '쌍둥이'에 해당하는 이집트어 단어를 적은 성체자는 완전히 똑같아 보인다. 자음이 같기 때문이다.

이집트인들의 해법은 모호한 단어 뒤에 결정자를 붙이는 것이었다. '옛날'과 '칭찬'은 똑같아 보이는데, '옛날'에 해당하는 성체자는 뒤에 허리 굽은 남자가 지팡이를 짚고 휘청거리며 걷는 모습이 있다. '칭찬'은 뒤에 존경의 표시로 손을 올린 남자의 모습이 들어 있다. 마찬가지로 자음이 같은 '계단'과 '발'을 구별해주는 결정자도 있다. '형제'와 '화살촉' 등 수많은 다른 경우도 마찬가지다.

결정자는 모두 수백 개가 있다. 그것 없이는 멀리 나아갈 수가 없다. 이집트어를 처음 배우는 사람들은 처음에 음을 나타내는 20여 개의 공통 성체자를 암기해야 하고, 이어 곧바로 수십 개의 결정자로 옮겨간다.

일부는 추측하기 쉽다. 하마 그림은 '하마'를 의미하고, 거꾸로 된 막대인물은 '거꾸로'를 의미한다. 돛 성체자 같은 전형적인 결정자는 한 단어보다는 전체 범주(미풍과 강풍과 숨과 폭풍우)를 암시한다.

일부 결정자는 매력적이다. '고양이'를 나타내는 결정자는 고양이가 웅크린 형태인데, 귀는 쫑긋 세우고 어쩐지 예민하면서도 동시에 도도한 모습이다. '고양이'에 해당하는 단어는 성체자 네 개로 쓰였는데, 마지막 것이 '고양이' 결정자다(즐거운 우연의 일치지만 첫 글자는

'고양이'에 해당하는 성체자 단어 표기.

우유병이다). 이 성체자들은 대략 MEOW로 발음되는데, 샹폴리옹의 해독에 대한 자신감을 북돋웠을 것이다.[2] 마찬가지로 '당나귀'에 해당하는 결정자는 당나귀 그림인데, 이 성체자들은 대략 HEEHAW로 발음된다.

많은 결정자는 이집트 문화를 엿볼 수 있게 해준다. 예를 들어 머리칼 그림은 '머리칼'뿐만 아니라 '과부'와 동사인 '슬퍼하다'도 의미한다. 아마도 애도자들이 슬픔으로 인해 머리칼을 쥐어뜯기 때문이었을 것이다.[3]

이런 단면 가운데는 어두운 부분도 있다. 예컨대 '적'에 해당하는 결정자는 한 남자가 무릎을 꿇고 팔을 등 뒤로 묶인 모습이다.[4] 이 결정자는 '반역자'도 의미한다. 이런 조합의 분명한 메시지는 모든 사람이 이집트에 복종하는 것이 당연한 일이라는 것이다.

또한 '가르치다'를 뜻하는 결정자가 '때리다'를 의미할 수도 있다. ("아이의 귀는 등에 있어서 맞아야 듣는다"라는 이집트 속담이 있다.[5])

그러나 결정자를 이용해 이집트인의 일상생활에 대한 결론을 끄집어내지 않도록 조심해야 한다. 모든 언어는 세계를 여러 부류로 나누는데, 그 상당수는 외부인들에게 놀랍거나 당황스러운 것이다. (《여성, 불, 위험물Women, Fire, and Dangerous Things》이라는 유명한 언어학 책의 제목은 그 세 가지 모두가 지르발어라는 오스트레일리아 토착어 속에서 같은 부류로 분류된다는 데 착안해 지어진 것이다.) 문법 규칙에서 문화에 대한 통찰로 옮겨가려는 것은 영원한 유혹이지만(예컨대 수많은 책들이 서로 다른 문화가 무지개를 서로 다른 방식으로 나눈다고 지적하고 세계를 다르게 본다고 결론지었다) 대개 유효하진 않다.

독일어에서 '포크'는 여성명사이고 '숟가락'은 남성명사이며 '칼'은 중성명사다. '소녀'는 중성명사이고 '순무'는 여성명사다. 이것이 독일인들의 삶에 관해 무언가를 이야기해줄까? 나바호어의 경우도 보자. 길고 딱딱한 것(연필이나 막대기 등)은 특별한 동사 어간을 필요로 한다. 길지만 부드러운 것(뱀이나 끈 등)은 또 다른 어간을 필요로 한다. 낟알 형태의 것(소금이나 설탕 등)도 자기네 자체의 어간을 갖는다. 끈적거리는 것(진흙이나 푸딩 등) 역시 마찬가지다.[6] 이 모든 것이 외부인들이 나바호어 배우는 것을 엄청나게 어렵게 하지만, 그것이 나바호 문화를 엿볼 기회를 제공해주지는 않는다.

샹폴리옹과 다른 해독자들에게 교훈은 이 몹시도 다른 이집트에서 결정자는 분석하기보다는 암기하는 편이 낫다는 것이었다.

이집트어 결정자의 의미를 밝히려고 할 때 문제는 그 모양이 너무 간단하다는 것이다. 예컨대 동사의 결정자는 명사의 결정자에 비해 대개 해독하기가 더 어렵다. 행동은 그림으로 포착하기가 어렵기 때문이다. 걷는 두 다리 모습의 결정자는 '사냥'과 '가다'와 '서두르다'를 의미한다('머무르다'와 심지어 '멈추다'도 의미한다). 관념은 더욱 어렵다. 그렇지만 그림으로 표현하기 어려운 것들을 그림으로 나타낸 결정자도 있었다. 둘둘 만 파피루스 두루마리 그림은 '쓰기' 같은 추상적인 것을 나타냈다.

이것은 독특하고 복잡한 체계처럼 보일 것이다. 사실이 그랬다. 그러나 일부 쐐기문자는 비슷한 전략을 이용했고,[7] 영어는 직접 비교할 것이 없지만 개략적으로는 유사한 것들이 있다.

쿠데타coup d'état나 지하드jihad 같은 외국 용어가 처음 영어에 들어왔을 때 그것들은 이탤릭체로 쓰였다. 일종의 결정자였다. 그러다가 익숙해지면 이탤릭체를 풀었다. 고유명사를 같은 철자의 일반명사와 구분하기 위한 대문자 역시 비슷한 역할을 할 수 있다(White House는 미국의 대통령 관저인 '백악관'이지만 white house는 그냥 아무 데나 있는 '하얀 집'이며, Frank는 종족명을 나타내는 고유명사이지만 frank는 '솔직한'이라는 의미의 일반 단어다).

'묵음 e' 역시 일종의 결정자 노릇을 한다. 그것은 정상적인 문자처럼 보이지만 발음이 되지 않으며, 그 역할은 다른 문자들이 어떻게 발음되는지를 알려주는 것이다. 그 작은 암호 하나가 hat(모자)을 hate(미워하다)와 구분해준다. 구어체 영어 역시 때로 결정자 역할을 한다. funny ha ha는 '재미있는'이라는 뜻의 funny를 말하고, funny peculiar는 '이상한'이라는 뜻의 funny를 말한다.

영은 가장 먼저 결정자를 찾아냈다(여신이나 여왕의 이름 뒤에 붙은 성스러운 여성의 모습이었다). 그는 또한 많은 성체자가 소리를 나타낸다는 사실도 처음 알아냈다. 그러나 그는 후속 작업을 하지 못했고, 모든 성체자 문서들에 결정자가 득실거린다는 사실을 발견한 것은 샹폴리옹이었다.

이 체계는 누군가가 일단 설명해주면 이해하기 매우 쉽다. 그러나 샹폴리옹이 알아낸 것에 대해 생각해보자(그나 영이나 결정자를 사용한 다른 언어로 쓰인 문서를 만난 적이 없었다).

그는 몇 년 전 성체자가 소리를 나타낼 수 있음을 발견했다. '프톨레마이오스'의 P나 '클레오파트라'의 L 같은 것이다. 그는 성체자가 묘사한 대상을 나타낼 수 있음을 보여주었다. '태양'이나 '팔' 같은 것이다. 그는 성체자가 그림수수께끼일 수 있음을 보여주었다. 오리로 '아들'을 나타낸 것 같은 것이다.

이제 그는 또 하나의 사용법을 제시했다. 어떤 성체자는 다른 모든 성체자와 완전히 똑같아 보이지만 오로지 다른 성체자의 의미를 나타내는 침묵의 안내자 역할만을 할 수도 있다.

그리고 샹폴리옹이 옳다면 결정자는 희귀한 상황에서만 나타날 수 있는 색다른 것이 아니었다. 그것은 어디에나 있었고, 그것을 알아차리지 않으면 어느 텍스트를 보더라도 실수를 할 수밖에 없다.

이것은 놀랍도록 대담한 제안이었다. '묵음 e'는 일종의 추가 옵션으로, 있으면 좋지만 필수적인 것은 아니다. 구형 자동차의 후미 장식판 같은 것이다. 그런데 이제 샹폴리옹은 이 결정자가 이집트 문자의 필수적인 부분이었다고 주장하고 나선 것이다.

우리가 마주쳤던 결정자 몇 개를 다시 살펴보자. 예를 들어 노인은 '늙음'을 나타냈고, 고양이는 '고양이'를 나타냈다. 결정자라는 개념을 정립하기 전에는 노인이나 고양이 성체자가 불필요한 여분의 부호라고 여겨졌다. 글의 여기저기에 널려 있지만 대체로 그것 없이도 이해가 되는 것으로 보였다. 그리고 그것이 (대개의 성체자가 그랬듯) 소리를 나타낸다면 그 소리는 있어야 할 자리가 아닌 곳에서 나타나고 있었다. 이 고양이는 여기서 뭘 하고 있는 거지?

중간에서 허우적거리는 해독자에게 그런 사례는 무언가가 빠졌다는 실망스런 증거를 제공하는 것으로 보였다. 그러나 암호가 풀리자

어제의 수수께끼는 이제 확증으로 바뀌었다. 단어 '고양이' 끝에 붙은 고양이 결정자는 이제 격려의 말처럼 들렸다.

그래, 고양이야! 이게 안 보여? 고양이란 말이야! 어떻게 해야 더 분명해지겠어?

현대 이집트학자들의 연구는 결정자가 얼마나 필수적인지를 분명히 밝혔다. 대략 성체자 다섯 중 하나는 결정자임이 밝혀졌다.[8] 그러나 결정자는 그 단어가 어떤 범주에 들어가는지를 보여주는 것 외에 또 다른 선물도 제공했다.

샹폴리옹은 우선 결정자를 찾아낸 뒤에 이제 그것이 어디서 나타나는지를 살폈다. 그는 그것이 단어 끝에 나온다는 사실을 금세 알아차렸다. 그것은 큰 성과였다.

한 단어가 어디서 끝나고 다음 단어가 시작되는지를 아는 것은 기본 중의 기본이었다. 그러나 성체자는 그 결정적인 정보를 숨기고 있었다. 단어 사이의 띄어쓰기도 없고 구두점도 없었기 때문이다.

띄어쓰기를 하지 않는 합리적 추정 가운데 하나는 미학적인 것이었다. 성체자 조각의 시각적 호소력은 전달하는 내용과 거의 맞먹는 중요성을 지녔다. 이집트인들이 보기에 비문 여기저기에 위치한 빈칸은 웃는 얼굴 속의 빠진 이였다.

결정자가 정리되자 나아가는 속도가 한층 빨라졌다. 수천 년 동안 혼란과 신비에 파묻혀 있었기 때문에 이는 더욱 놀라운 일이었다. 19세기의 어느 이집트학자는 영과 샹폴리옹이 작업에 나서기 전에 성체자 해독과 관련된 모든 것은 "명백히 풀 희망이 없는 문제로 방치됐거나, 공론가들의 유희를 위한 장난감으로 취급됐었다"면서 감탄했다.[9]

이제 그림은 거의 완성에 다가서고 있었다.

30

성체자의 독특함

1824년 무렵에 샹폴리옹은 소책자 《다시에 씨에게 보내는 편지》에서 한참 나아가 있었다. 그는 이번에는 두툼한 새 책을 냈다. 그림도 많고 제목도 거창했다. 《고대 이집트의 성체자 체계 개설Précis du système hiéroglyphique des anciens Égyptiens》.

그는 이번에는 수줍음을 떨쳐버렸다. 첫 그리스인 또는 로마인이 이집트 해안에 우연히 발을 들여놓기 수천 년 전에 이집트의 필사공들은 이미 정교한 쓰기 체계를 고안했음을 그는 보여주었다. 소리를 표현하는 일을 포함해 무슨 일이든 처리할 수 있는 체계였다.

이 체계는 복잡했지만 다룰 수 있는 것이었고, 여러 가지 측면에서 영어보다 더 이상하지 않았다. 그 핵심에는 각기 하나의 소리를 나타내는 26개의 성체자가 있었다. ▯은 '프톨레마이오스'의 P 음가이고 ⌛⌛은 '클레오파트라'의 L 음가다. 올빼미는 음가가 M이고, 독사는 F이며, 손은 D이다. 그리고 몇몇 성체자는 영어에서는 볼 수 없는 음에 상응한다.

투탕카멘의 이름을 적은 이 카르투슈를 보자. (카르투슈는 가로로 놓일 수도 있지만 세로로 놓일 수도 있다. 그 선택은 디자인의 문제였다. 오늘날 식당이나 술집 이름을 벽에 세로로 쓰기도 하는 것과 마찬가지다. 세로 형태의 카르투슈는 위에서 아래로 읽는다.)

중간 오른쪽에 메추라기가 있다. 그 양옆에는 반원 두 개가 있다(빵 조각을 나타낸 것이다). 빵 조각은 '프톨레마이오스'의 경우에서처럼 T를 나타내고, 메추라기는 U를 나타낸다. T-U-T. '투트Tut'다!

사자, 올빼미, 빵 조각 같은 20여 개의 이집트 성체자는 자모 같은 것이다. 오늘날 세계의 교실과 박물관 프로그램에서는 학생들이 이 가운데서 골라낸 성체자로 공들여 자기 이름을 쓴다. 그들은 긴장한 손가락으로 펜을 잡고 '그레이스 뉴먼Grace Newman'과 '리 크로퍼드Lee Crawford' 같은 이름들을 그린다. 어떤 이집트의 필사공이라도 당혹스러워할 정도다.

그러나 이 26개의 성체자가 이야기의 전부는 아니다(결정자는 일단 제쳐놓더라도 말이다). 또 다른 80여 개의 성체자는 각기 두 개의 음가를 나타낸다. 예컨대 접시처럼 생긴 성체자는 nb를 나타낸다(보통 '넵'으로 발음한다). 이는 확실히 이상하다. 그 자모에는 이미 n과 b에 해당하는 성체자 낱글자가 각각 있기 때문이다. 왜 그 두 글자를 이용하지 않고 별도의, 일견 불필요해 보이는 부호를 쓰는 걸까?

(영어가 이런 방식으로 쓰인다면 기존 자모와 함께 또 하나의 부호 모음이 있어야 한다. 예컨대 ϒ이라는 문자가 dg라는 문자를 나타낸다면, dog라는 단어를 이집트 방식으로 모음을 생략하여 ϒ만으로 표기하거나 아니면 ϒ을 활용해 다른 방식으로 쓸 수 있을 것이다.)

이처럼 부호가 두 개의 음가를 나타내는 것은 매우 생소한 일이어서 샹폴리옹은 그것을 지나쳤다. 그가 해독한 '람세스' 카르투슈를 다시 보자.

샹폴리옹은 이 M이라고 생각했다. 하지만 그것은 MS였다(이 부호는 여우 가죽 세 개를 한데 묶은 모습을 그린 것이었다. 이것은 일종의 행운의 부적으로, 아이를 낳는 여성을 보호하는 것이었다). 그러나 샹폴리옹의 실수가 그를 당혹스런 상황으로 몰지는 않았다. 다행스럽게도 다음 두 성체자가 S 음가를 나타내는 것이었기 때문이다.

그런데 이것도 이야기의 끝이 아니다. 어떤 성체자는 음가 세 개를 나타낸다('투탕카멘' 카르투슈의 중간 왼쪽에 보이는 '앙크' 부호(♀)가 그런 글자다(A, N, KH). 이 카르투슈 중간 부분을 오른쪽에서 왼쪽으로 읽으면 이 파라오의 이름 앞부분인 '투탕크'를 볼 수 있다). 다행히 세 음가 성체자는 두 음가 성체자만큼 흔하지는 않다. 그렇더라도 성체자로 적으려면 20여 개의 자모뿐만 아니라 수백 개의 부호들을 익혀야 했다.

작고 간단한 자모를 바탕으로 한 문자에 익숙해진 우리의 눈으로 보기에 이 모든 것은 말이 안 될 정도로 복잡해 보인다. 그러나 이집트인들이 어떻든 자모의 가능성을 놓치지 않았음은 알 수 있다. 그들은 이에 대해 정확히 인식했고, 도도하게 앞으로 나아갔다.

우리에게 익숙한 자모 형태도 실은 이집트에서 만들어졌다. 서기전 1900년 무렵 룩소르 부근에서다. 그곳의 와디알하울('공포의 협곡'이라는 뜻)이라는 유적지에서 고고학자들은 석회암 벼랑에 긁어놓은 새김글을 발견했다. 새김글은 성체자였지만, 익히기 쉬운 간체자 형태였다. 이 발견은 얼마 되지 않았다. 1999년부터다.[1]

바위에 그 고대의 부호를 긁어놓은 사람들은 이집트인이 아니라 이집트를 들른 외부인들이었다. 일부 역사가들은 병사라고 하고 또 다른 역사가들은 상인이라고 한다. 그들은 쓰기의 이점을 직접 목격했고, 성체자를 바탕으로 한 자모를 만들었다.

역사가 아말리아 그나나데시칸은 이렇게 썼다.

그들 모두가 이집트어와 복잡한 성체자 문자 체계(이집트 원주민들조차도 아는 사람이 많지 않았다)를 익히기를 기대하는 것은 지나친 일이었다. 그래서 그들은 자기네만의 간략한 단자음單子音 부호를 만들었다. 이집트의 것을 바탕으로 한 것이다. 복잡하고 불필요한 것들을 모두 뺐다. 글을 모르는 병사들이 몇 번 배우면 익힐 수 있도록 줄인 것이었다.[2]

이것은 엄청난 성과였다. 과거에 고안된 가장 강력한 도구 가운데 하나를 상류층의 손에서 빼앗아다 보통 사람들에게 나누어주는 셈이었다. 많은 역사가들의 평가에 따르면 그 이후의 수많은 자모(페니키아에서 그리스와 로마, 그리고 세계 각지의)는 이 첫 조합품으로부터 나왔다. 그것은 성체자를 바탕으로 한 조상이었다(앞서 보았듯이 샹폴리옹은 바로 이런 주장을 '다시에' 강연에서 했고, 오늘날 이는 일반적으로 받아들여지고 있다).

이집트의 필사공들은 비웃을 마음조차 없었다. 그들은 그렇게 엉성하게 할 생각이 전혀 없었다. 그나나데시칸은 이렇게 이어갔다.

> 이집트의 필사공들에게 무엇이든 몇 개의 부호를 필요로 하는 어떤 단어를 쓰는 것은 우습게 보였음에 틀림없다. 얼마나 비효율적인가!
> 글자들은 상자 안에 무리를 지을 필요 없이 그저 한 줄에 흩어져 있을 수 있었다. 얼마나 추한가!
> 그리고 어떤 단어를 적는 데 그 단어의 의미를 직접 가리키는 것은 아무것도 없고(그림문자의 단서가 없었고 결정자가 없었다) 단어를 힘들여 발음한 뒤에야 그것이 이해가 됐다. 얼마나 성가신가![3]

천여 년 뒤에 이집트는 다시 한 번 자모 실험을 했다. 이 실험은 이집트가 그리스인과 그들의 자모를 접하면서 자극을 받은 때문인 듯하다. 이집트의 필사공들은 그리스의 사례에 따라 그들의 성체자를 거의 모두 치워두고 단음單音에 상응하는 것들만 유지했다. 그러나 이 개혁 역시 오래가지 못했다.

이것은 단순히 고집의 문제만은 아니었다. 한 현대 역사가가 지적했듯이, 놀랍게도 이집트의 글은 날렵한 새 방식보다는 비효율적인 전통 방식으로 쓴 것이 "훨씬 읽기 쉬웠다."[4] 자모는 "가독성을 희생시켜 단순성을" 택했다.[5] 새 체계는 배우기는 쉽지만 읽기는 어려웠다.

어떻게 그럴 수가 있을까? 성체자 해독을 어렵게 만든 바로 그 특성(예컨대 여러 부호가 같은 음을 나타낸다거나, 같은 부호가 서로 다른 상황에서 다른 의미를 지니는 것)이 결국 읽기를 더 쉽게 만들었기 때문이다. 잡을 곳이 많은 것이다.

한 실마리를 놓쳤더라도 다음 실마리를 놓치지는 않을 것이다(영어가 그와 같은 방식이었다면 today라는 단어는 때로 to 부분을 같은 발음인 two, 즉 2로 바꾸어 2day로 쓰였을 것이다. 문자를 모르는 사람도 2의 역할을 살피면 나름의 방식을 찾을 수 있을 것이다).

이집트 쓰기의 독특하고 결정적인 특징인 이른바 '성보聲補, sound complement'를 보자. 이것은 이음二音의 성체자를 처리하는 데 도움을 주는 힌트다. '람세스' 성체자를 다시 보자.

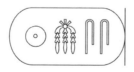

앞서 보았듯이 〰은 MS를 나타낸 것이었다. 그 바로 뒤에 필사공은 S 음에 해당하는 성체자인 ⃦을 추가했다. 이 ⃦은 필수적인 것은 아니고, 발음되지 않았다. 그러나 이 문맥에서 그것은 이런 의미다.

신의 기록

내가 방금 MS를 어디 썼는지 봤지? 𓇰에 S 음이 있다는 것도 잊지 마.

그 뒤에 S 음을 나타내는 똑같은 성체자가 이어졌다. 이 마지막 것은 발음됐다. 이 모든 퍼즐 조각을 모으면 '람세스'가 된다. 그러니 샹폴리옹조차도 그것을 제대로 보지 못했다는 것이 놀랄 일은 아니다.

영어 역시 중복의 이점을 취한다. 늘 그런 뚜렷한 방식은 아니지만 말이다. 예컨대 inn(여관)이라는 단어에서 두 번째 n은 발음되지 않는다. 그 역할은 그저 지금 읽고 있는 단어가, 익숙한 in(~안에)이 아님을 독자에게 알려주는 것이다.

도로명 표지판 역시 중복을 이용한다. 보다 고압적인 방식이다. 정지 표지판은 같은 메시지를 세 가지 방식으로 전달한다. '정지'라는 단어, 표지판의 붉은 색깔, 팔각형의 모양이다. 물론 그 세 가지는 각자 기능한다. 양보 표지판도 마찬가지다. 삼각형 모양 자체가 '양보'를 의미하고, 표지판은 흔히 '양보'라는 단어를 써넣는다.

콥트어학자 아미어 젤데스는 이렇게 말한다.

처음에 중복은 혼란을 야기합니다. 한 가지에 하나의 의미를 예상하는 것이 자연스럽고 반사적인 충동이니까요. 그러나 그것을 지나 체계를 이해하게 되면 그것은 배출구 같은 것이 되지요.[6]

드러난 대로 성체자는 그저 조금 중복된 정도가 아니라 엄청나게 중복됐다. 성체자 쓰기는 아원자亞原子 물리학처럼 지적 체계 가운데 하나여서 깊이 파고들수록 의문이 꼬리를 물었다. 앞서 보았듯이 '고양이'에 해당하는 성체자는 고양이 그림을 비롯해 몇 개의 성체자를 필요로 했다. 다른 것들이 굳이 왜 필요했을까? 그냥 고양이 그림만으로는 왜 안 됐을까?

비슷한 사례는 곳곳에 나온다. '뱀'에 해당하는 단어는 다섯 개의 부호로 이루어져 있고, 그 가운데 세 개가 뱀 그림이다. 이는 일견 매우 비효율적으로 보인다. shortcut(지름길)을 shooorrrtttcut으로 쓰는 셈이다.

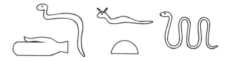

'뱀'에 해당하는 성체자 단어. 앞의 네 부호는 발음을 나타낸 것이다. 길고 구부러진 뱀은 DJ 음(거의 J에 가까운)을 나타내고, 손은 D이며, 뿔 달린 독사는 F이고, 빵 조각은 T를 나타낸다. 즉 이 단어는 대략 djedfet로 발음된다. 마지막의 꿈틀거리는 뱀은 결정자다. 전체 부호의 열이 '뱀'을 나타낸다는 것을 말없이 상기시키는 것이다.

그러나 복잡성과 비효율성은 많은 문자의 특징이다. 이집트에서처럼 유별난 경우도 드문 듯하지만 말이다. 예컨대 영어에서는 하나의 단음이 10여 가지 형태를 띨 수 있다('oo'의 경우 noodle, new, neutral, gnu, you, lute, fruit, shoe, blue, to 등). cat(고양이)과 kitten(새끼 고양이)은 같은 음으로 시작하지만 다른 방식으로 표기되고, feather(깃털)와 phone(전화)도 마찬가지다.

신경 쓰는 사람은 아무도 없다. 친밀해지면 안주하게 되고, 낯선 철자보다 훨씬 고약한 것에 기꺼이 대처한다(적어도 원어민은 그렇다).

한때 인기가 있었던 언어유희적 시는 유례없는 겨울을 이렇게 묘사했다.

although there was no snough   비록 눈은 내리지 않지만
The weather was a cruel fough   안개가 심하게 끼었네

이 시는 이어 한 소녀가 당한 불행을 나열한다. 감기 걸린 소녀는

coughed until her hat blough ough   모자가 날아가도록 기침했네
〔although와 cough의 어미에 맞추어 snow, fog, blow off의 표기를 각각
snough, fough, blough ough로 바꾼 것이다.〕

보다 효율적인 체계를 설계하는 것은 쉬울 테지만(한국이나 이탈리아 같은 곳에는 단어의 철자가 발음 나는 그대로이기 때문에 철자법 경연 같은 것은 없다) 문자에 관한 한 효율성이 최우선은 아니다. 이집트는 3천 년 동안 세계를 지배했고, 성체자는 그 모든 기간에 걸쳐 그것을 매우 잘 뒷받침했다. 중국은 세계 역사상 가장 풍부하고 가장 세련된 문화(3천 년이 됐고 지금도 이어지고 있다) 가운데 하나를 건설했지만, 그 놀랍도록 복잡한 쓰기 방식을 버릴 어떤 이유도 발견하지 못했다.

우리는 자모가 쓰기 체계의 최종 단계라고 생각하곤 한다. 조잡한 생각이 자모에 이르러 정점을 맞는 긴 모험담이 곧 쓰기의 역사라는 것이다. 미숙한 생물이 뭍으로 올라온 뒤, 여러 단계의 구부정하고 털 달린 원인猿人이 점차 직립하고 오랜 과정을 거쳐 우리까지 이르

는 것을 보여주는 진화 단계 그림과 꼭 같은 방식으로 말이다.

하지만 그것은 분명히 틀린 얘기다. 쓰기는 독립적으로 여러 차례 (중국, 서아시아, 아메리카에서) 발명됐지만, 자모 조합 방식이 일단 고안되고 나자 그 장점으로 인해 세계 각지로 퍼져나갔다고 많은 학자들은 생각한다.[7] 그러나 자모의 확산은 그 고유의 장점과는 별로 관계가 없고 제국의 흥망과 상당한 관련이 있다. 만약 역사가 다른 식으로 전개되어 마야인이나 중국인이 유럽을 정복했다면 그들은 자기네 문자 방식을 (그들의 언어 및 그들의 관습과 함께) 피정복민에게 강요했을 것이다. 그랬다면 지금의 유럽식 자모 방식은 어떤 장점이 있든 간에 사용하지 않게 되었을 것이다.

따라서 일견 복잡하고 중복되며 일관성 없어 보이는 성체자 쓰기 체계는 그럼에도 불구하고 번성했다. 그 한 가지 이유는 앞서 보았듯이 성체자가 약점을 벌충할 수 있는 장점을 가진 것으로 판명됐기 때문이다.

한 가지 장점은 다른 모든 장점을 압도한다. 성체자 문자는 아름다웠고, 사람들은 아름다움을 위해서라면 많은 것을 참을 수 있다. 성체자에서는 다른 많은 문자들에서보다도 더 미학이 중요했다. 외관이 편리함을 이긴 것이다.

예컨대 부호는 디자인상의 이유에서 때로 순서를 바꿔 쓰기도 했다. 균형은 언제나 바람직했기 때문에 짧은 부호는 두 개의 큰 부호 사이에 위치했을 것이다. 또는 주어진 공간에 맞추기 위해 단어들을 늘이거나 압축했을 것이다. 그러기 위해 성체자 배열을 바꾸거나 심지어 일부를 빼버리기도 했다.

그건 심지어 통상 단어 끝에 넣는 결정자도 마찬가지였다. 결정자의 크기가 작을 경우('도시'를 의미하는 ⊗처럼) 뒤에 매달기보다는 성체자들 사이의 틈새에 깔끔하게 끼워넣는 것이 보기에 나았을 것이다.

아름다움에 대한 고려는 이집트의 쓰기 체계와 관련되는 더 광범위한 문제에도 핵심적이었다. 예컨대 '대체 성체자가 왜 그렇게 많았을까?' 같은 질문들이다. 여기서도 역시 답은 미학이었다. 성체자는 눈길을 끌기 위해 다채로움의 유혹이 필요했다. 이집트학자 빌 맨리는 "성체자가 26개밖에 없었다면 성체자로 쓴 기념물은 갈수록 따분하고 반복적이라고 느껴졌을 것"이라고 말했다.[8] 이집트인들은 피아노 제작자들이 '추가' 건반을 감내하는 것과 같은 이유로 '추가' 성체자를 감내한 것이다.

성체자 체계의 복잡성이 이집트 사용자들의 마음속에서 문제시되지 않았던 가장 결정적인 이유는 편안함이 결코 요점이 아니었다는 것이다. 읽기와 쓰기는 고대 이집트에서 전문화된 기술이었고, 그 기술을 익힌 사람들은 사다리를 내려주어 다른 사람들이 같은 높이로 올라올 수 있게 할 필요를 느끼지 못했다. 성체자의 어려움은 특성일 뿐 오류가 아니었다.

고대 세계에서 문해력은 희귀하고 소중한 기술이었다. 중세 시기까지 경험 많은 학자들 외에는 간단한 글조차도 이해하기 어려워했고, 글자들 범벅 속에서 알아볼 수 있는 것을 찾기 위해 소리를 내어 웅얼거렸다. 알렉산드로스 대제가 어머니에게서 온 편지를 소리 없

이 읽자 그의 병사들은 놀라서 바라보았다.[9]

읽기를 더 쉽게 만든 모든 발전은 발판을 마련하는 데 수백 년이 걸렸다(그리스와 로마는 모두 구두점과 단어 사이의 띄어쓰기에 신경 쓰지 않았다). 모든 혁신(문장의 끝을 표시하는 마침표, 잠시 멈춤을 표시하는 쉼표, 또 물음표, 느낌표, 행갈이, 이름과 문장의 시작을 나타내는 대문자 사용 등)은 '수백 년 전쟁' 속의 한 전투였다.

자모순字母順 같은 매우 간단한 구상조차도 자리를 잡는 데 엄청난 시간이 걸렸다.[10] 셰익스피어의 시대까지도 독자들은 이 개념이 파악하기 어렵다고 생각했다. 1604년 한 새로운 사전의 저자는 격려의 말을 포함시키지 않을 수 없었다. 그는 이렇게 썼다.

점잖은 독자인 당신이 올바르게, 그리고 손쉽게 이해하기를 원한다면, 그리고 이 표에서 이득을 얻기를 원한다면 당신은 자모를, 더 정확하게는 문자가 나열된 순서를 알아야 한다.

18세기 후반까지 하버드대학과 예일대학은 학생들의 이름을 자모순이 아니라 그들의 사회적 지위와 재산에 따라 나열했다. 이런 사회 분위기에서 모든 단어를 대등한 지위에 놓는다는 자모순의 커다란 미덕은 심각한 결점으로 생각됐다. commoner(평민)를 king(왕) 앞에 둔다니!

이 모든 변화에 왜 시간이 그렇게 오래 걸렸을까? 한 가지 이유는, 새로운 도전은 대개 그것이 아주 당연하다고 생각되기까지는 인식조차 되지 못할 만큼 어렵게 여겨지기 때문이다. 이것은 누군가가 제시하기만 하면 저항 없이 금방 적용될 수 있는 경우에도 사실이다. (깡통의 발명과 깡통따개의 발명 사이 간격은 50년이었고, 바퀴의 발명과 외바퀴 수레의 발명 사이 간격은 수천 년이었다.[11])

쓰기에서 변화가 그리 느리게 이루어졌던 더 큰 이유는 아무도 특별히 그것을 원하지 않았기 때문이다. 독자들에게 힌트를 주는 것은 코미디물에 웃음소리 효과음을 넣는 것처럼 저급한 일이었다. 전문가들은 그렇게 천박한 모든 생각을 경멸했다.

이집트의 필사공들은 기술공이어서 일을 전혀 하지 않는 사람들과 높은 신분을 공유할 수는 없었지만, 그럼에도 그들은 특권적 생활을 영위했다. 〈직업 풍자〉라는 고대의 글(소수의 필사공들만이 읽을 수 있었다)은 사회적 서열에서 그들이 부러움을 사는 위치에 있음을 이야기하고 있다.[12]

다른 직업들은 인정받지 못하는 끝없는 노동을 해야 했다. 〈직업 풍자〉는 병사들의 어려움을 신이 나서 이야기한다. 그들은 과로에 시달리고 있고 영원히 위험("살아 있지만 죽은 것이나 다름없는") 속에 있다. 옹기장이는 늪 속의 생물처럼 진흙을 묻혀야 하고, 구두장이는 짐승 가죽을 처리하기 위해 사용되는 화학약품의 악취를 풍긴다. 목수와 이발사, 미라를 만드는 장인도 고생이 심하며, 농민은 모든 직업 가운데서 최악이다.

이렇게 다른 모든 사람들이 땀을 흘리며 고생하는 와중에 필사공들은 조용히 앉아서 글을 쓴다. "군대에서 행군할 필요도 없고, 옷은 깨끗할 것이다. 한낮의 열기 아래서 들에 나가 일하지 않아도 된다." 가장 좋은 것은 이것이다. "상사가 없는 직업은 필사공 말고는 없다.

자신이 상사다."[13]

기이한 성체자 체계는 여러 해 동안 이를 해독하려는 사람들을 고통스럽게 했다. 1824년 무렵에 샹폴리옹은 거의 모든 혼란을 헤치고 나아갔다. 그해 6월에 그는 사르데냐 왕이 새로 구입한 방대한 이집트 유물 수집품들을 검토하기 위해 이탈리아 토리노로 떠났다. 그 비장의 보물들에 쓰인 성체자를 읽을 수 있는 사람은 전 세계에서 딱 한 명, 샹폴리옹뿐이었다.

왕의 수집품은 조각상·미라·관 수백 점, 그리고 파피루스에 쓰인 수많은 문서들이었다.[14] 샹폴리옹이 왕궁의 한 작은 방에 들어가자 파피루스 잔편이 높이 쌓인 책상이 보였다. 숨이 턱 막혔다. 그는 형에게 보내는 편지에서 이렇게 말했다. "가장 냉정한 상상력마저 흔들릴 것 같아." 일부 잔편은 너무 작아서 누군가가 방문을 열자 공중으로 떠올랐다.

샹폴리옹은 편지에서 이렇게 말했다.

이 거대한 역사적 실체의 파편을 연구하면서 내가 느낀 감흥을 어떻게 묘사할 수 있을까? … 아리스토텔레스나 플라톤의 책 어떤 장도 이 파피루스 더미만큼 감동스럽진 않았어. … 역사에서 완전히 사라졌던 사람들의 이름이, 그들이 살았던 시기가, 1500년 넘게 그들이 섬겼던 신들의 이름이 내 손 위에 있었어.

샹폴리옹은 수천 년 동안 소리 내어 말하지 못했던 단어들과 이름들을 읽는 흥분, 그리고 파편들이 다시 맞춰질 수 없음을 인식하는 데서 오는 좌절감 사이에 사로잡혀 작은 퍼즐 조각을 하나하나 살폈다.

그 조각들이 부스러질까 봐 난 숨도 제대로 못 쉬었어. 내가 집어든 건 작은 파피루스 쪽지 하나지만, 그건 카르나크 궁전보다 더 대단했을 왕에 대한 기억이 담긴 마지막이자 유일한 기록이니까![15]

31

두 경쟁자의 업적을
어떻게 봐야 할까

샹폴리옹은 영이 이집트를 염두에 두지조차 않았을 때부터 거기에 매달렸다. 이후 영이 첫 번째 돌파구를 열었지만, 샹폴리옹은 그를 따라잡았고 그 이후 이 분야는 거의 그의 독무대가 됐다.

이후 긴 세월 동안 두 사람의 당파들은 길고도 해소할 수 없는 전쟁을 벌여왔다. 영예는 큰 그림을 처음 본 사람에게 돌아가야 할까, 아니면 근면성과 창조성을 발휘해 이야기를 아이디어에서 증명으로 바꿔낸 사람에게 돌아가야 할까? 영광을 차지할 사람은 용의자를 처음 지목한 형사일까, 사건을 해결해 그를 감옥에 보낸 형사일까?

경쟁하는 두 진영은 한창때에 격렬하게 치고받으며 서로를 공격했다. 샹폴리옹은 "뻔뻔함"과 "허풍"과 "속임수"가 용납할 수 없을 정도인 "악한"이었다.[1] 영은 샹폴리옹에 대한 시샘으로 촉발된 "불만에 가득 찬 자"이자, 자신의 재능을 합당한 정도로 높게 쳐주지 않는 세계에 분노를 품은 사람이었다.[2]

심지어 영의 첫 통찰의 가치를 평가하는 일에서도 학자들은 첨예

하게 대립했다. 프랑수아 샤바의 판단에 따르면 그것은 돌파구 중의 돌파구였고, "이집트학의 '빛이 생겨라!'"(기독교 성경 〈창세기〉 1장 3절의 신의 천지 창조 장면에서 나오는 말)였다.[3] 반면 영의 거창한 아이디어는 요행수이고, 즐거운 생각이지만 고립적이고 빈약한 것이었다고 피터 르누프라는 영국의 이집트학자는 비아냥거렸다. 르누프는 이렇게 썼다.

> 우리는 '토끼와 거북이' 우화를 떠올리게 되는데, 흥미로운 사실들이 더해진다. 토끼는 뒤처지게 되자 마비가 일어났고, 반면에 거북이는 50토력兎力이 넘는 속력을 얻게 되었다는 것이다.[4]

분명 샹폴리옹과 영 사이의 반목은 불가피한 측면이 있었다. 모든 분야의 거인은 부러움과 시샘에 따른 분노의 대상이 되게 마련이지만(천재성과 엄청난 자존심이 폭발하기 쉬운 혼합물을 만든다) 과학과 문자 해독에서의 경쟁은 다른 어느 분야에서보다 더 격렬한 경향이 있다. 더군다나 이 이야기에서는 모든 사람이 하나의 목표를 향해 달려가고 있었다. (셰익스피어는 크리스토퍼 말로라는 경쟁자가 있었지만, 적어도 두 천재는 누가 먼저 〈햄릿〉을 쓰느냐 하는 경쟁은 하지 않았다.)

그러나 중요한 한 가지 측면에서 샹폴리옹과 영의 경쟁은 뉴턴과 라이프니츠 같은 다른 지적 맞수들의 경쟁과는 달랐다. 뉴턴과 라이프니츠는 서로를 필요로 하지 않았다. 뉴턴이 없었다면 라이프니츠가 미적분학을 고안했을 것이다. 그 반대 역시 마찬가지다. 하지만 샹폴리옹과 영의 상황은 전혀 달랐다.

신의 기록

토머스 영이 해낸 일은 시동 걸기였다. 수천 년 동안 모든 사람이 완전히 잘못된 방식으로 성체자에 접근했음을 보여줌으로써다. 이집트학자 존 레이는 이렇게 썼다.

과학적 발견에서 개념 체계는 더없이 중요한 첫 단계다. 그것은 자신이 보고 있는 것의 정체를 아는 것이다. … 이집트학에서 그 체계는 토머스 영의 성과였다. 간단히 말해서 영은 이집트 성체자 주위에 쌓여 있던 수수께끼를 벗겨내고 그것 역시 합리적 규칙에 종속되는 것임을 보여주었다.[5]

레이의 판단에 따르면 영은 "아마도 영국이 낳은 가장 명석한 해결사"였다.[6] 그러나 퍼즐의 첫 조각을 놓는 천재성만으로는 충분치 않았다. 마찬가지로 필요했던 것은 콥트어와 이집트 역사에 대한 지식이었다. 그 지식에 통달해야만 직관과 실험을 통해 논리의 한계 너머까지 갈 수 있었다. 그것이 샹폴리옹의 역할이었고, 다른 누구도 그런 역할을 할 수 없었다.

그리하여 두 경쟁자는 이상적인 협업자가 된 듯하다. 참여했던 모든 경쟁에서 늘 맨 먼저 장애물을 제거했던 영은 초반 우세를 잡았다. 그리고 소년 시절부터 이집트와 그 문화 및 언어에 매달렸던 샹폴리옹은 바통을 이어받아 다른 누구보다도 오래 이 수수께끼를 붙들고, 더 깊고 더 멀리 들여다보았다.

시간이 지나면서 두 사람은 각자의 후원자들에 비해 보다 원만한 관계를 유지하려는 듯이 보였다. 영은 자신의 우선권 주장을 거두지 않았지만, 샹폴리옹이 자신을 앞질러 간 듯하다는 사실을 일찌감치 인정했다. 적어도 사적으로는 말이다. 그는 1817년 친구인 허드슨 거니에게 이렇게 썼다.

자네를 만난 이후 나는 성체자에 관해서는 거의 혹은 전혀 아무 일도 하지 못했네. … 내 생각에 그것들은 50년에 걸쳐 40명의 학자들에게 일자리를 제공할 듯하네. 그리고 나는 다른 사람들이 파내갈 수 있는 광산을 발견한 것으로 만족할 수 있을 듯하네.[7]

영의 문제는 한편으로 아이디어가 고갈됐다는 것이고, 다른 한편으로 너무 많은 주제가 그를 끌어당기고 있다는 것이었다. 1816년 겨울에 그는 《브리태니커 백과사전》 편집자에게 답신을 보냈다. 편집자는 그에게 음향학에 관한 글을 써줄 수 있느냐고 물어왔었다. 영은 그 과제를 맡고 자신의 생각 몇 가지를 덧붙였다.

나는 또한 자모, 연금, 인력, 모세관 현상, 응집력, 색깔, 이슬, 이집트, 거푸집, 마찰, 훈륜暈輪, 성체자, 수력학, 운동, 저항, 배, 힘, 조류, 파동, … 그리고 무어라도 의료의 본질과 관련이 있는 것 등을 제안합니다.[8]

이후 몇 년에 걸쳐 영은 《브리태니커》에 63개 항목의 글을 썼다. 자신이 처음 개척한 '이집트' 항목을 포함해서였다.

그는 이집트어 해독에서 손을 떼진 않았다. 다만 초점을 성체자에서 이집트 문자의 간체 형태인 속체자로 옮겼다. 일종의 양보였다.

신의 기록

성체자는 매혹적인 목적물이었지만 영은 거의 죽는 순간까지 거기에 손대지 않았다. 그는 1831년 임종 무렵에 쓴 마지막으로 출판한 저작에서 "칭찬받아 마땅한 장프랑수아 샹폴리옹의 독창적이고 성공적인 연구"에 공개적으로 후한 찬사를 보냈다.[9]

샹폴리옹 역시 관대함을 입증했다. 일관되지는 않았지만 말이다. 영은 1828년 파리에 있던 샹폴리옹을 찾아갔다. '다시에' 강연에서 처음 만난 이후 몇 년이 흐른 뒤였다. 그들은 루브르 박물관에서 만났다. 샹폴리옹은 그곳에서 최초의 이집트 유물 큐레이터로 임명되어 있었다. 영은 기쁨과 놀라움 속에서 친구 거니에게 그 방문에 대해 이렇게 묘사했다.

(샹폴리옹은) 내가 어떤 살아 있는 존재에게 보여주었거나 보여줄 수 있는 관심보다 훨씬 큰 관심을 내게 보여주었네. 그는 자신의 논문과 자신이 관리하고 있는 엄청난 수집품들을 나와 함께 살펴보는 데 꼬박 일곱 시간을 내리 할애했다네.[10]

영은 사전을 만들고 있었다. 자신이 해독에 성공한 모든 속체자 단어를 모으는 것이었다. 이것은 주목할 만한 업적이었지만 한계가 있는 것이었다. 영은 대체로 단어를 찾아내는 일로 자신을 한정했다. 그는 그 단어들이 어떻게 조합되는지를 제대로 알지 못했다(이는 누군가가 여러 공식 문서에서 United States라는 단어를 찾아내는 데 성공했지만 그 글자들이 재배열돼 untied나 seats 같은 다른 여러 단어들을 형성할 수 있음을 인식하지 못하는 것과 같았다).

영은 이렇게 발표했다.

여기 속체자로 쓰인 '왕'이라는 단어가 있다.
여기 '힘'이 있다.
여기 '카이사르'가 있다.

샹폴리옹은 다른, 훨씬 어려운 과업을 떠맡았다. 그의 목표는 단순히 단어들을 찾는 것이 아니라 실제로 그것들을 '읽는' 것이었다. 말하자면 영은 암기용 카드를 잔뜩 만들었고, 샹폴리옹은 무슨 단어든지 읽을 수 있도록 안내하는 설명서를 엮은 것이다.

과학의 한 징표는 위대한 혁신가가 자신의 성과를 전유하지 않는다는 것이다. 뉴턴의 법칙은 공유 재산이다. 그 지식들은 뉴턴의 통제를 받지 않는다. 달이 해를 언제 가릴지, 포탄을 성벽 어디에 맞힐지 누구나 뉴턴이 찾아낸 지식을 바탕으로 계산할 수 있다.

샹폴리옹은 딱히 과학을 좋아하지 않았고, 수학은 무미건조하고 영혼이 없는 것이라고 여겨 아주 싫어했다. 그러나 그가 사실에 바탕을 두지 않은 채 상상의 나래를 펴는 것을 경멸하고, 자신이 정확히 어떻게 해서 어떠한 결론에 도달했는지를 열심히 설명한 것을 보면, 그는 분명히 과학 진영의 일원이었다. 그는 자신이 결코 근거 없는 추측(그는 이 두려운 단어를 강조했다)을 하지 않고, 확실하고 어렵게 모은 많은 관찰에 의존했음을 자랑스럽게 천명했다.[11]

노하우가 공유되어야 한다는 생각은 새로운 것이다. 적어도 역사의 달력으로 측정하면 그렇다. 그것은 과학혁명과 함께 세상에 모습을 드러냈다. 그 이전 시기에는 세계가 어떻게 움직이는가에 대한 통찰이 언제나, 자기네의 비밀을 축적하고서 다른 모든 동료들에게 알려지지 않은 힘이 있다고 주장하는 현자들로부터 나왔다. 기독교 성경의 요셉이 파라오에게 해몽을 해주었을 때 그는 자신의 개인적인 직관과 통찰에 의존했다. 다른 누구도 요셉이 본 것을 볼 수 없었다. 그러나 샹폴리옹은 누구나 작동할 수 있는 장치를 만들었다.

32

이집트의 문을 열다

샹폴리옹은 소년 시절 이래 자신의 눈으로 이집트를 보기를 꿈꾸었다. 영은 파리나 로마를 찾는 것에 즐거움을 느꼈을지언정 그런 생각을 해본 적이 없었다. 그는 자신의 책상머리를 떠나지 않고 세계를 설명하는 것에 자부심을 가졌다.

이 시대의 가장 중요한 과학적 탐색 가운데 하나는 지구의 정확한 모양을 확정하는 것이었다. 적도 쪽이 부풀어 있는지, 양극 쪽이 부풀어 있는지 하는 문제였다. 그 해답을 찾기 위해 돈을 많이 들인 대규모 원정이 마련됐다. 한 팀은 극지를 향해 출발하고, 한 팀은 남아메리카를 향해 출발했다. 영은 이 문제에 매력을 느꼈지만, 그대로 머무는 편을 택했다.

그는 친구 거니에게 이렇게 썼다. "내가 실험의 필요성을 없앨 수 있다면 그것은 내게 자랑이고 즐거움이 되겠지. 비용이 많이 드는 실험이라면 더 그렇고 말일세. 나는 굳이 라플란드나 페루에 가지 않고도 서로 보이는 두 지점에서 지구의 크기를 판단하는 방법을 개발하고 있어."[1] 이것은 이를테면 군이 나사NASA(미국 항공우주국)나 로켓 우주선을 동원하지 않고 달 위의 분화구들을 연구하는 셈이었다.

샹폴리옹은 열망에도 불구하고 이집트 여행을 하지 못하다가(그의 적들은 그가 한 번도 가본 적 없는 곳에 대한 전문가라고 조롱하며 즐거워했다) 마침내 이집트에 갔다. 그는 당시까지 가장 큰 업적을 남긴 가장 유명한 이집트어 해독자로서, 부유하고 형편이 좋은 후원자들을 부추겨 이집트 원정 비용을 대게 했다. 샹폴리옹이 이 무리를 이끌었다. 서른일곱 살의 그는 거의 광적인 흥분에 빠졌다.

샹폴리옹 일행은 1828년 7월 31일에 출발해 8월 18일 알렉산드리아에 접근했다. 샹폴리옹은 난간에 서서 손에 쌍안경을 들고 수평선을 바라보며 얼핏 보이는 육지의 첫 모습을 살폈다.

곧 그는 수염이 무성하게 자랐고, 유럽식 옷을 현지인들이 입는 옷으로 바꾸었다. 그는 자신이 이집트인으로 통할 것이라고 즐거워하며 말했다. 그는 진한 블랙커피를 몇 잔씩 거푸 마시고 즐겁게 물담배를 피웠다.[2] 열기는 모두를 괴롭혔지만("우리는 양초처럼 녹아내렸어") 샹폴리옹은 자신이 그것을 즐겼다고 주장했다.[3]

10월 8일, 그는 자신이 지금 "피라미드 발치에 있는 숙영지"에 있다고 형에게 편지를 썼다.[4] 그리고 피라미드가 얼마나 거대한지 알려면 피라미드의 돌 토막을 만질 수 있을 만큼 가까이 가야 한다고 적었다.[5] 대단치 않은 광경도 샹폴리옹의 찬탄을 자아냈다. 그는 이집트 거리의 모든 개들이 "꼬리를 나팔처럼 올리고" 다닌다고 재미있다는 듯이 말했으며, 그 길 잃은 개들이 수천 년 전 성체자에 나오는 개와 쏙 빼닮았다며 흥미로워했다.[6] 그는 자신의 일기 여백에 성체자

신의 기록

샹폴리옹이 이집트 유적에서 베껴 그린 개 그림들. (근래 들어 디지털 복원을 한 것이다.) 이 외에도 샹폴리옹은 이집트 그림과 문자를 수없이 모사했다.

에 나오는 개 한 마리를 그렸다.

샹폴리옹은 현실에 눈을 감지는 않았지만(당시 이집트는 절망스러울 정도로 가난했고 엄청나게 부패했다) 실망스런 현재보다는 과거에 훨씬 더 초점을 맞추었다. 그는 1828년 11월 룩소르에서 형에게 이렇게 썼다. "나는 이집트의 포로야. 이집트는 내 모든 것이지."[7]

샹폴리옹은 1829년 새해를 맞으면서 파리의 프랑스문학원 원장 다시에에게 편지를 보냈다. 우리가 알고 있듯이 그는 샹폴리옹의 획기적인 논문 제목에 이름이 나오는 사람이었다. 샹폴리옹은 새해에 일이 잘되기를 바란다는 말로 편지를 시작한 뒤 요점으로 들어 갔다.

그는 나일강의 거의 전 구간을 여행했다. 북쪽의 알렉산드리아에서부터 이집트 남쪽 국경 부근의 겁나는 '제2폭포'까지였다. 그는 도중의 모든 중요 지점에서 신전·무덤·기념물에 새겨진 비문들을 읽었다. 가장 나중의 것은 그리스와 로마 시대의 것이었고, 가장 이른 것은 그보다 수천 년 전 파라오들이 영광 속에서 통치하던 때의 것이었다. 그 모든 경우에 자신이 세운 체계가 완벽하게 들어맞았다고 샹폴리옹은 자랑스럽게 썼다. "우리의 '성체자 자모에 관한 편지'에서 바뀔 것은 전혀 없습니다." 그는 이렇게 결론지었다.

우리의 자모는 적절합니다Notre alphabet est bon.[8]

1829년 6월, 샹폴리옹은 고고학의 역사에서 가장 이례적인 축에 속하는 발견을 했다. 아니, 보다 정확하게는 거의 만들었다. 그는 와디 알물루크('왕들의 계곡') 부근의 데이르엘바하리라는 유적지에서 비문을 읽다가(그가 그런 것을 읽을 수 있는 세계 유일의 사람이었음을 항상 염두에 둘 필요가 있다) 어리둥절해졌다.

그는 놀랍게도 자신이 전혀 들어본 적 없는 왕이 언급된 것을 발견했다고 자신의 일기에 썼다.

더욱 놀라웠던 것은 비문을 읽으면서 그들이 통상적인 파라오의 옷을 입은 이 수염 난 왕을 언급할 때마다 명사와 동사가 여성형이었다는 것이다. 여왕을 이야기하고 있는 것처럼 말이다. … 나는 그같이 기이한 것을 곳곳에서 발견했다.[9]

한 오벨리스크는 아멘라 신에 대한 헌사를 담고 있었다. 새김글은 이렇게 선포했다.

나는 정말로 그의 딸이다. 그를 찬양하고 그가 명하신 바를 안다.[10]

한 신전 벽에 새겨진 글은 경고를 담고 있다.

여왕 폐하께 경의를 표하는 자는 살 것이고
불경스럽게 악을 말하는 자는 죽을 것이다.[11]

이 자신감 있고 위협적인 권력 주장은 어떤 파라오라도 할 수 있는 것이다. 그것은 놀라운 일이 아니었다. 놀라운 것은 바로 '여왕 폐하'가 이 경고를 내리고 있음을 분명하게 선언했다는 점이다.

물론 이집트에는 여성 지배자가 있었다. 가장 유명한 사람이 클레오파트라다. 그러나 여성 지배자는 대개 파라오와 결혼했거나, 왕좌에 오르기에는 너무 어린 왕자 대신에 통치했다. 이 미지의 지배자는 누구일까?

이 수수께끼는 샹폴리옹이 죽고 100년이 지나서야 풀리게 된다. 그는 이집트 역사에서 완전히 가려져 있던 것의 첫 증거를 발굴했다. 어느 시점에 이집트는 20년 가까이 여성 파라오가 지배했다. 그저 파라오의 아내나 어머니로서가 아니라 독자적인 통치를 한 여성 파라오였다. 후대의 지배자들은 그 존재를 역사에서 지우고자 했다. 이 사람은 핫셉수트다. 이집트학자 제임스 브레스티드에 따르면 "우리가 알고 있는 역사 속에서 등장한 첫 위대한 여성"이다.[12]

샹폴리옹이 찾아낸 단서는 매우 미묘해 완전히 간과할 수도 있었다. 그러나 이 시기에 그는 이미 이집트어 문법을 매우 잘 이해하고 있었다.

샹폴리옹은 이집트인들이 성별 구분에 매우 고심했음을 알았다. 다른 언어에서도 그런 언어가 있다. 영어는 성별에 그리 신경 쓰지 않는다. 영어 사용자들은 king(왕)과 queen(왕비/여왕) 앞에 같은 관사 the를 붙이고, brother(형제)와 sister(자매) 앞에는 같은 대명사 his(그의)를 넣는다. 그러나 프랑스어는 le roi(왕)와 la reine(왕비/여왕)으로 관사를 구분해 붙이고, son frère(그의 형제)와 sa sœur(그의 자매)로 소유형용사도 달라진다.

이집트인들은 더 나아간다. 남성명사와 여성명사 앞에 붙는 관사와 대명사가 다를 뿐만 아니라 명사 자체도 남성형과 여성형 접미사가 붙는다. 이집트어에는 queen에 해당하는 단어가 없다. 흔히 queen으로 번역되는 구절은 '왕의 정처正妻'다. 그러나 샹폴리옹은 핫셉수트 신전에서 '왕'에 해당하는 단어 뒤에 여성 표지인 빵 조각 성체자(T 음을 나타낸다)가 있는 것을 보았다. 그 작은 변화로 '왕'과는 다른 '여왕'을 표현했고, 그것이 샹폴리옹을 놀라게 했다.[13] (왕실 필사공들은 핫셉수트를 지칭하는 일관된 방식을 정하지 않았다. 이집트학자 토비 윌킨슨에 따르면 필사공들은 하필이면 역사의 이 시기에 '파라오'라는 단어를 채택했다.[14] 바로 이를 통해 문제를 비켜 갈 수 있었기 때문이다. 이때 이후 '파라오'라는 단어는 언제나 그랬던 것처럼 왕궁을 가리키는 것이면서, 또한 그곳에 거주

하는 지배자라는 의미도 지니게 됐다.)

핫셉수트 이야기는 마침내 1920년대에 표면화됐다.[15] 룩소르 인근 데이르엘바하리에서 미국 메트로폴리탄 미술박물관 고고학자들이 수많은 깨진 조각상 파편이 가득한 구덩이 두 개를 발견했다. 원래 이 조각상들은 핫셉수트가 건설한 거대한 신전에서 화려하게 자리 잡고 있었다. 고대의 일꾼들이 그것들을 쓰러뜨려 구덩이 가로 끌고 갔다. 거기서 그들은 큰 망치와 돌로 조각상들을 부수었다. 그런 뒤에 깨진 조각들을 구덩이에 던져 넣었다.

일꾼들은 수많은 비문과 조각품 또한 파괴하고 핫셉수트의 이름과 모습을 깎아냈다. 그러나 그들은 일부를 놓쳤다. 그들의 테러는 핫셉수트의 이름과 얼굴에 집중되었던 듯하며, 그 치세 동안의 사건들을 묘사한 비문들에는 미치지 않았다.

이집트학자 로버트 브라이어는 이렇게 말한다.

그들은 핫셉수트에 대한 기억을 지웠습니다. 그것은 성공했어요. 정말로 성공했죠. 예를 들어 핫셉수트는 모든 파라오와 그 왕가에 관한 고대 기록인 왕명부 어디에도 나오지 않습니다. 클레오파트라에게 "핫셉수트가 누구인가?" 하고 물었다면 대답하지 못했을 겁니다. 그 이름을 들어본 적이 없었을 테니까요.

브라이어는 이렇게 이어간다.

그들은 우리가 이를 알아내리라고는 전혀 생각지 않았겠죠. 데이르엘

깨졌다가 복원된 여성 파라오 핫셉수트의 조각상.

바하리로 사람들을 보낼 때 이렇게 말했을 겁니다. "핫셉수트가 언급된 모든 것과 그 화상은 보는 대로 모두 없애버려라."[16]

이 역사 지우기는 총애를 잃은 정치적 인물을 사진에서 잘라낸 스탈린의 역사 다시 쓰기 수법의 옛 선구자 격이었다. 그러나 문맹률이 95~99퍼센트인 사회에서 핫셉수트의 언급 일부가 지워지지 않는 것은 불가피했다.[17] 브라이어는 이렇게 말한다.

핫셉수트의 이름을 깎아내기 위해 많은 조각가와 필사공이 신전에 파견됐는데, 이 하층민들은 게을렀고 열심히 찾아보려 하지 않았으며 그 모두를 없앨 의지가 없었습니다.[18]

살아남은 비문들은 놀라운 이야기를 들려준다. 핫셉수트는 서기전 1478년 무렵 즉위했다. 역사가들이 제18왕조라고 부르는 시기다(이 왕조에서 나중에 이집트 역사상 가장 유명한 사람들 일부가 나온다. '이단자' 아케나톤Akhenaten[아멘호테프 4세]과 그 아들 투탕카멘 등이다).

핫셉수트는 나무랄 데 없는 혈통이었다. 파라오의 딸이었고, 그 파라오 아들(자신의 이복 오라비)의 정처였다. 남편은 죽고 측실에게서 낳은 어린 아들을 남겼는데, 핫셉수트는 잠시 동안 그 아들과 공동섭정을 했다. 그러다가 자신이 직접 즉위했다.

핫셉수트는 거의 20년 동안 통치했다. 자신도 번영을 누리고 이집트도 번영했다. 핫셉수트는 먼 나라인 '푼트 왕국'(아마도 에티오피아인 듯한데, 확실한 것은 아무도 모른다)으로 대규모 무역 원정대를 보냈고,

그 배는 향료·몰약·상아·흑단·금·은·공작석·청금석·소·원숭이 등을 가득 싣고 돌아왔다.[19]

핫셉수트는 이집트 곳곳에 기념물을 건설했다. 가장 유명한 것이 룩소르의 것이다. 그곳에 오벨리스크와 조각상을 세우도록 명령했고, 자신의 걸작인 거대한 신전을 세웠다. 샹폴리옹이 찾았던 곳이다. 이 신전은 나일강의 절벽 위에 세워졌고, 서로 다른 세 층위의 열주가 특징적이다. 진입로의 마지막에는 모두 100여 개의 스핑크스가 줄지어 있는 거대한 거리가 500여 미터나 뻗쳐 있다.[20]

핫셉수트의 조각상들을 향해 퍼부어진 폭력을 어떻게 설명할 수 있을까? 그 존재의 모든 흔적을 지우라는 명령은 이어서 즉위한 의붓아들 토트메스 3세로부터 내려왔다. 핫셉수트의 카르투슈를 대신한 것은 토트메스 3세의 이름(또는 때로 그 아버지 토트메스 1세의 이름)이었다.

그러나 그 동기가 무엇이었느냐에 대해서는 전문가들이 두 진영으로 갈린다. 로버트 브라이어와 그의 지적 동맹자들은 여성 파라오라는 관념 자체가 자연 질서에 위배되는 것이어서 핫셉수트가 지워져야 했다고 본다.[21] 그러한 탈선은 마치 그것이 없었던 것처럼 부정되어야 했다.

다른 학자들은 그런 혐오감보다는 왕실 정치와 더 큰 관련이 있을 거라고 주장한다.[22] 그들은 토트메스 3세가 통치를 시작한 지 20년이 지나고 나서 핫셉수트의 흔적을 지우라는 명령을 내렸음을 지적한다. 20년은 복수를 유보하기에는 너무 긴 기간으로 보인다.

이들에 따르면 진짜 문제는 누가 다음 통치자가 되어야 하느냐였다. 일부 역사가들은 후보들이 경쟁하고 있었다고 보고 있다. 하나는 토트메스의 아들이었고, 그 경쟁자는 핫셉수트와 더 가깝게 연결되어 있고 따라서 더 나은 혈통을 자랑하는 사람들이었다. 토트메스로서는 자기 아들이 순조롭게 자신의 자리를 계승하도록 하는 방법으로, 어떤 경쟁자도 자기 권리를 주장하지 못하게 보장하는 것보다 더 나은 것이 있었을까?

핫셉수트의 조각상이 모두 온전하게 남아 있다 해도 우리는 핫셉수트의 실제 모습을 알 수 없을 것이다. 이집트 미술에서는 '초상'이라는 현대의 개념이 적용되지 않았다. 지배자는 개인을 그리기보다는 이상화된 유형으로 그렸다. 나이가 들고 허약한 왕도 젊고 당당하게 그렸다. 어려서 왕위를 계승하게 된 경우도 마찬가지다. 파라오의 모습을 들여다보며 그의 성격을 추측할 단서를 찾는 것은 "누군가가 체스판의 킹에게서 나이나 정서를 찾아내려는 것이나 마찬가지"라고 미술사가 E. H. 곰브리치는 말했다.[23]

그러나 고고학자들은 역사를 찾아, 파괴된 핫셉수트 조각상을 붙여보려 많은 시간을 들였다. 그들은 깨진 조각 수천 개를 가지고 조각상 수십 개를 복원(전체든 부분적으로든)했다.

핫셉수트는 때로는 남성으로, 때로는 여성으로 묘사됐다. 전통적인 남성 권력자의 차림을 한 여성으로 그려지기도 했다. 희극 배우의 그린 콧수염처럼 누구나 가짜임을 알아볼 수 있는 왕의 염소수염 같은 것이다('핫셉수트'라는 이름 자체가 '최초의 고귀한 여성'이라는 뜻이라 그 정체성을 숨겨봤자지만 말이다).[24]

핫셉수트 스핑크스.

최고의 조각상은 세계 미술의 보물이다. 아마도 모든 것들 가운데 가장 놀라운 것은 핫셉수트의 얼굴(왕관을 쓰고 수염이 나 있다)에 사자의 몸을 하고 있는 길이 3.4미터, 무게 7톤의 화강암 스핑크스일 것이다. 수많은 조각들을 다시 짜맞추어 이루어진 그것은 지금 뉴욕 메트로폴리탄 미술박물관 방문객들을 조용히 응시하고 있다.

이 숨이 멎을 듯한 조각상은 3500여 년 전에, 현재의 위치에서 거의 1만 킬로미터 떨어진 곳에서 만들어졌다. 그 사정의 상당 부분은 알 수 없는 영역에 남아 있다. 그러나 그나마 우리가 알고 있는 것들은 작은 글자 하나('T'에 해당하는)가 있을 자리가 아닌 곳에 있음을 샹폴리옹이 우연히 보게 된 덕분이다.

신의 기록

에필로그

샹폴리옹은 거대한 진보를 이루었지만, 방대하고 다양한 주제에 매달리다 보니 전체 분야를 모호하거나 오해되는 상태로 남겨두었다. 시간이 있었다면 틀림없이 이를 정리했을 테지만 시간이 없었다. 샹폴리옹은 서른한 살 때 그의 최초이자 가장 잘 알려진 저작 《다시에 씨에게 보내는 편지》를 출판했고, 그로부터 10년 뒤에 죽었다.

이 일은 몇몇 후진들에게 넘어갔다. 가장 유명한 사람이 리하르트 렙시우스다. 그는 스스로를 '독일의 샹폴리옹'이라 불렀다.[1] 샹폴리옹의 해독이 옳다는 완벽한 증거를 발견한 것이 렙시우스였다.

1866년 렙시우스는 이집트에서 작업하고 있던 고고학 팀의 일원이었다. 렙시우스는 알렉산드리아 부근 도시 타니스의 유적지에서 로제타석의 짝을 발견했다.

렙시우스가 그것을 발굴하기 전까지는 아무도 그것이 존재하리라 생각지 않았다. 이 새로운 돌은 그리스어로 긴 글이 쓰여 있고 같은 글이 속체자와 성체자로도 쓰여 있었다. 로제타석보다 수십 년 전에 쓰인 이 글의 내용은 특별할 것이 없었다. 파라오를 찬양하고 역법상의 작은 문제를 해결하는 이야기였다. 그러나 짐작할 수 있듯 내용이 중요한 것이 아니었다.

이 카노포스석(그것이 쓰인 도시의 이름을 따서 명명됐다)에서 중요한 것은 그 내용이 로제타석에 있는 것과 달랐다는 것이다. 왜 그것이 결정적이었을까?

카노포스석 발견 이전에는 샹폴리옹의 해독 작업을 정교한 자기기 만이라고 반박할 수 있었다. 물론 그러려면 상당히 비열하다는 비난을 감수해야 했다. 샹폴리옹의 해독은 영감보다는 규칙과 체계에 의존한 것이었기 때문이다. 그는 수정 구슬을 보며 점을 친 것이 아니라 입문서를 썼다. 하지만 그가 발견한 체계로 읽은 내용은 처음 그것을 쓴 이집트인들이 생각했던 것과 다를 가능성이 있었다. 어떻게 확신하지? 박식한 샹폴리옹의 선배들도 어쨌든 샹폴리옹의 것과는 전혀 일치하지 않는 이집트어 '번역'을 자신 있게 내놓지 않았는가?

한편으로 일부 학자들은 철학적인 견지에서 샹폴리옹의 작업을 부정했다. 그들에게 문제는 샹폴리옹의 번역이 이해가 되지 않는다는 것이 아니라 너무 잘 이해된다는 것이었다. 이 세속적인 이야기에 신비적 깊이가 어디 있나?

예를 들어 랠프 월도 에머슨은 샹폴리옹이 성체자의 본질을 놓쳤다고 확신했다. 그는 샹폴리옹의 성과에 박수를 보냈지만(실제로 그는 샹폴리옹이 아리스토텔레스, 라이프니츠, 괴테와 동급이라고 선언했다) 샹폴리옹의 위업을 큰 관점에서 봐야 한다는 의무감을 느꼈다. 틀림없이 샹폴리옹은 고대 이집트의 "모든 일꾼들의 이름과 모든 기와의 가격을 발견"했지만, 이집트인들의 진정한 지혜는 포착하지 못했다고 에머슨은 꾸짖었다.[2]

신의 기록

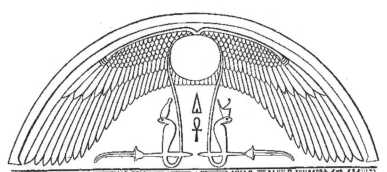

카노포스석의 성체자판 사본.

말하자면 샹폴리옹은 최초로 산술 이론을 발표한 일부 초기 천재와 같은 위치였다. 이 명석한 학자에게 숫자를 주어 더하고 곱하고 나누게 하면 그는 어떻게 계산하는지 설명할 수 있다. 그는 매번 자신이 맞다고 주장할 수 있다. 그러나 누가 알 수 있지? 이런 상황에서 발견된 카노포스석은 뒤에 해답의 열쇠를 붙인 산술 교과서와 같은 것이었다.

이제 샹폴리옹을 직접 검증할 수 있다. 전문가들은 성체자로 된 〈카노포스 칙령〉 내용을 샹폴리옹의 방식대로 번역하고, 그 결과를 카노포스석의 그리스어 번역본과 비교했다. 일치도는 거의 완벽했다. 당시 한 학자는 이렇게 찬탄했다.

마치 고대 이집트인 하나가 갑자기 붕대를 벗고 일어나 우리와 이야기하고, 우리가 자기네 말로 이야기하는 것을 지켜보는 듯했다.[3]

영이나 샹폴리옹 모두 〈카노포스 칙령〉을 알게 될 만큼 오래 살지 못했다. 영이 죽고 30여 년이 지나서야 렙시우스가 그것을 발견했다. 영은 만년에 침대에서 일어나지도 못할 정도로 쇠약했지만 여전히 일을 했고, 《이집트어 사전의 기초Rudiments of an Egyptian Dictionary》를 수정했다(그는 더 이상 잉크와 잉크병을 다룰 수 없을 때까지 펜으로 수정을 하다가 연필로 바꾸었다).[4]

영은 이 사전 서문에서 샹폴리옹의 발견을 상찬했다. 그러나 마지막까지 샹폴리옹의 가장 중요한 결론은 받아들이지 않았다. 샹폴리옹은 성체자가 외국 이름을 표기하는 경우뿐만 아니라 일반 단어에서도 소리를 나타낸다는 것을 보여주었다. 영은 생애 거의 마지막까지 이를 부정했다. 샹폴리옹의 '표음자'는 "기억을 돕기 위한" 일종의 간체자 노릇을 했을 뿐 그 이상은 아니라고 했다.[5]

그는 평생 친구 거니에게 자신이 "계속 살아 있을 수 있다면 이번 집필 작업을 마치고서 만족감을 가질" 거라고 말했다.[6] 그러나 그는 그러지 못할 것임을 알았다. 의사들은 별다른 도움을 줄 수 없었다. 진단조차도 "심장의 활동에 무언가 매우 잘못된 것"이 있다는 정도 외에는 하지 못했다.[7]

영은 사전의 96쪽까지 겨우 마치고서 영원히 연필을 놓았다. 언제나처럼 그는 자신의 감정을 억눌렀다. 마지막까지 의사였던 영은 자신이 "불만을 보다 급속하게 악화시키는 모습을 보인 적이 없음"에 가벼운 놀라움을 표하며 스스로에게 만족했다.[8] 그는 1829년 5월 쉰다섯의 나이로 죽었다.

샹폴리옹은 영보다 겨우 3년을 더 살았다. 그는 건강한 적이 없었고, 젊은 시절 자주 경험했던 졸도는 어른이 되어서도 계속됐다. 그로 하여금 열광과 낙담 사이를 오르내리게 한 감정의 기복 역시 마찬가지였다.

일부 전기 작가들은 육신의 증상을 감정적인 부분과 연결시켜, 샹폴리옹을 졸도 잘하기로 악명 높은 빅토리아풍 멜로드라마의 소녀들과 비슷한 것으로 그리고자 했다(영국 작가들은 특히 이 경박한 프랑스인들의 견해를 좋아했다). 그러나 샹폴리옹의 증상을 해석하고자 하는(가족은 부검을 선택하지 않았다) 의학사가들은 현실적인 진단을 내리는 경

향이 있다. 문제는 소란스러운 세계에 너무 상처받기 쉬운 기질보다는 어떤 종류의 혈관 질환인 듯했다.[9]

샹폴리옹은 이집트 여행을 마치고 1829년 말 프랑스로 돌아와 콜레주드프랑스CdF에서 이집트학(세계 최초다) 교수 자리를 얻었다. 그도 영과 마찬가지로 숨을 거두는 순간까지 이집트 기념물의 글들을 연구했다. 그는 1831년 11월, 형에게 이렇게 썼다.

> 딱 한 달만 더. 그러면 500쪽짜리가 완성될 텐데. 하지만 욕심 부리지 말고 할 수 있는 데까지 해봐야지.[10]

그는 대작 《이집트어 문법Grammaire égyptienne》을 마무리 짓지 못했고, 그의 사후에 형이 출판했다. 샹폴리옹은 1831년 12월 초 강의 도중 쓰러졌다. 일주일 뒤 그는 뇌졸중으로 반신불수가 됐다.

12월 23일은 그의 마흔한 번째 생일이었다. 그는 마자린 거리의 방을 가보고 싶다고 말했다. 10년 전 그가 '유레카!'의 순간을 맞은 곳이었다. 그는 감정을 담아 회상했다. "거기였지. 나의 과학이 태어난 곳이."[11]

마지막이 거의 다가왔다. 10년 전, 시인 존 키츠는 "나의 펜이 넘쳐나는 생각을 모으기 전에" 죽음이 자신을 너무 이르게 잡아챘다고 한탄했다. 이제 샹폴리옹이 같은 운명에 맞닥뜨렸다. "너무 빨라."

1832년 1월의 어느 날, 그는 이마에 손을 얹으며 이렇게 외쳤다. "이 안에는 아직 너무 많은 것이 있어!"[12] 그것은 예술을 하지 못해 슬픔이 터져 나온 키츠의 비통한 울부짖음과 같은 것이었다.

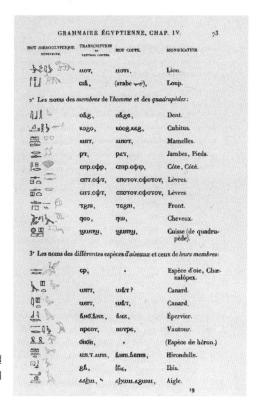

샹폴리옹이 생애 마지막까지 집필
에 매진했던 《이집트어 문법》의
일부.

　같은 달, 말은 할 수 있으나 거의 움직이지 못하는 샹폴리옹은 《이
집트어 문법》의 미완성 원고를 형에게 넘겨주려 애쓰고 있었다.

　이것이 그의 결산이었다. 미완성이지만 거의 마무리한, 평생의 발
견을 분명하고 우아하게 제시한 것이었다. 그는 최선을 다했다. 그는
말했다. "무슨 일이 있어도 나는 후세에 내 흔적을 남길 거야."[13]

　이집트는 이른 시기부터 '불사 不死'에 집착했다. 끊임없이 반복되
는 메시지는 죽음이 극복될 수 있고 생명이 다시 솟아날 수 있다는

것이었다. 파라오들을 보호하기 위해 돌덩이로 높게 쌓은 산들, 복잡한 미라 만들기 의례, 백과사전과도 같은 마법 책. 모든 것이 죽음은 끝이 아니라는 믿음을 바탕으로 하고 있다.

사제들은 길고 형식적인 기도문을 중얼거렸다. 영원으로 가는 암호를 발견한 그들의 어떤 지식에 따른 것이었다. 파라오들은 자기네 무덤을 체스판과 사냥용 창으로 가득 채웠다. 내세에서의 오락을 위해서였다. 고깃덩어리와 술병도 넣었다. 천국에서 잔치를 즐기기 위해서였다.

샹폴리옹 같은 불신자에게 그런 의례는 오래된 미신 이외에 아무것도 아니었다. 그는 이집트에 열렬하게 몰두했지만 혁명의 나라 프랑스의 진정한 아들로 남았다. 사후의 삶이라는 생각은 아무런 설득력이 없었다.

그럼에도 불구하고 샹폴리옹은 이집트인의 믿음을 영광스럽게 했다. 그의 작업은 깊숙하면서도 얽히고설킨 진실을 입증해냈다. 불멸해야만 모든 걸 이룰 수 있는 건 아니다. 너무도 짧은 생애 동안에 장프랑수아 샹폴리옹은 죽은 언어와 파묻힌 문화를 되살려냈다.

감사의 말

20년 동안 나는 작업실의 게시판에 로제타석 엽서를 올려놓았다. 그 것은 런던 여행의 기념품이자, 셜록 홈스의 사냥 모자 같은 탐정 천 재의 상징 역할을 했다. 나는 그것을 찬찬히 살펴본 적이 없었다. 그 돌에 관한 이야기를 알았지만 그저 모호한 개요뿐이었고, 정확히 누 가 어떻게 그 비밀스런 부호를 해독해냈는지를 알아보려는 생각은 전혀 하지 않았다.

계기는 브루클린 7번가의 타이 식당에서 찾아왔다. 메뉴판을 살펴 다가 문득, 영문으로 된 메뉴 '팟타이'와 '팟씨유' 옆에 병기된 예쁘 고 신비로운 타이 문자에서 어느 부분이 '팟'인지 찾을 수 있어야 한 다는 데 생각이 미쳤다. 그러려면 뭘 어떻게 해야 하지?

그렇게 지나간 시대의 천재들이 어떻게 로제타석을 해독했는지를 알기 위한 수년에 걸친 탐구가 시작되었다. 나는 이 이야기의 두 주 인공 토머스 영과 장프랑수아 샹폴리옹이 남긴 기록과 편지들, 그리 고 그 두 경쟁자의 공헌을 평가하는 데 진력한 여러 학자들의 안내에 의존했다.

나는 영국박물관, 메트로폴리탄 미술박물관, 브루클린 박물관, 뉴욕 공공도서관의 사서와 연구자 여러분에게 감사드린다.

　누구보다도 너그러운 두 학자께 큰 신세를 졌다. 한 분은 조지타운대학의 언어학자 아미어 젤데스다. 콥트어 동음이의어에 대한 낯선 사람의 부족한 질문에 너그럽게 대답해주셨고, 몇 달에 걸친 끝없는 추가 질문에 곤욕을 치르셨다. 또 한 분은 유명한 이집트학자 로버트 브라이어다. 고대 이집트에 관한 책을 많이 썼고, 이집트 역사와 문화의 모든 측면에 관해 매우 열정적이고 박식한 학자다. 그가 수집한 책과 인공품들은 그의 방을 넘어 집을 꽉 채우고 있다. 그는 초고를 읽고 모호한 전거를 찾아주었으며, 수많은 수수께끼들을 풀어주었다. 무엇보다도 처음 들으셨을 어리석은 질문들로 폐를 끼쳤다. 오류가 남아 있다면 모두 내 탓이고, 그분과는 상관이 없다.

　매리언 레이디어는 번역을 도와주었다. 애덤 오크라신스키는 성체자와 카르투슈를 그리고 또 그렸다. 칼 버크, 바버라 버크, 마이클 골든은 최고의 여행 동반자였다. 대니얼 로덜은 이 책의 초기 작업 때부터 열심히 지원해주었다. 콜린 해리슨과 새라 골드버그는 크고 작은 일에서 현명한 조언과 지도를 해주었다. 아야 폴릭은 꼼꼼하고 사려 깊은 눈으로 교열을 맡아주었다. 대리인이자 친구인 플립 브로피는 열 명에 맞먹는 열정과 아이디어를 지녔다.

　내 아들들도 작가여서 기회가 있을 때마다 그들에게 묻고 의지한다. 누구도 이렇게 든든한 협력자를 가질 수 없을 것이다.

　마지막으로 린Lynn에게 말로 다 표현할 수 없을 만큼 감사한 마음을 전한다.

옮긴이의 말

번역 관련된 얘기부터 해야겠다.

우리말 책에서 영문자(로마자)가 작게 병기되어 들어가지 않고 본문에 노출되는 경우가 간혹 있다(대체로 UN이나 NASA 같은 영문 약자가 그렇다). 이를 '유엔'이나 '나사'와 같이 표기하고 영문자는 괄호 안에 넣거나 병기하기도 한다. 그런데 이 책을 번역하면서 영문자들을 많이 노출시켰다. 영문 약자만이 아니라 영어 단어나 심지어 문장까지도 영문을 노출시켰다. 영어 이외의 다른 서양어들도 있다. 그리 바람직하지 않음은 당연하다.

그것은 이 책의 특성 때문이었다. 책이 언어와 문자에 관한 이야기이고 지은이는 영어로 썼다. 이집트어와 그 문자를 설명하면서 영어 자모, 영어 단어, 영어 문장을 동원했다. 그걸 몽땅 우리말로 번역해놓으면 지은이가 무슨 말을 했는지 알 수 없는 경우가 많았다. 특히 그 발음들을 비교해봐야 하기 때문이다. 그래서 부득이 영문자나 영문을 앞세우고 우리말 번역을 보충으로 달아놓은 부분들이 있다. 심지어 원서에 없는 영문을 찾아서 보충하기도 했다. 그렇게 해야만 이 한국어판을 읽는 독자가 이해할 수 있어서다.

그렇다고 이 한국어판을 읽는 데 영어를 잘 알아야 한다는 말은 아니다. 그냥 영문자 노출에 대한 의문(또는 거부감)만 접어두면 우리말로 내용을 이해하는 데는 별 문제가 없다.

또 하나는 특정 번역어다. 원서에서 이집트 문자를 지칭하려고 많이 나온 hieroglyph와 demotic을 보통은 '신성문자'와 '민중문자'로 번역하는 듯하다. 전자는 그런대로 무리가 없으나 후자는 '민중이 사용하던 문자'라는 의미로 전달될 수밖에 없다. 그러나 세계 어느 곳을 막론하고 문자 생활 초기에는(그리고 상당히 후대까지도) 문자가 특수 계층의 전유물이어서 민중과는 아무 관계가 없었다.

이 책에서도 약간 설명이 나오지만 demotic은 hieroglyph를 간략화·추상화한 것이다. 즉 hieroglyph와 demotic의 관계는 영문자의 인쇄체와 필기체, 현대 중국어의 번체자繁體字와 간체자簡體字(또는 한자의 해서체와 초서체)의 관계와 더 비슷한 것이지, 사용 계층과는 아무 관계가 없다. 따라서 이 책에서는 그릇된 인식을 피하고자 각각을 '성체자聖體字'와 '속체자俗體字'로 바꾸어 표현했다. 그것이 개념에 더 가깝다고 생각해서다. '성聖'과 '속俗'의 대비도 의미가 있다. 역시 염두에 두고 읽어주시면 좋겠다.

이 책을 보면서 이집트 문자와 한자의 유사성에 관심이 끌렸다. 당연히 속속들이 같을 수야 없지만, 인간이 문자를 만들면서 발상에 큰 차이는 없었구나 하는 생각을 하게 된다.

우선 둘 다 출발은 그림, 즉 한자에서 말하는 상형象形이었다. 눈에 보이는 것을 간략한 선으로 그려 그 대상을 표현하는 것은 의사소통 방법의 출발로서 당연한 것이었나 보다. 그러나 그림만 가지고는 한계가 있다. 그렇게 의사소통할 수 있는 개수가 얼마 되지 않고 동사를 비롯한 추상적인 것들을 표현하기 어려우니 새로운 돌파구를 찾아야 했다. 그 돌파구는 '소리'일 수밖에 없다. 글자가 만들어지기 이전에 말은 이미 상당한 정도로 발전했을 테니, 그 말을 소리에 따라 표현하면 되는 것이다.

이 책의 주제인 '해독'은 이집트인들이 '소리'를 이용했음을 깨달았기 때문에 가능해진 것이었고, 어떻게 이용했는지 하는 수수께끼를 푸는 것이 해독 과정이었다. 그 이전에는 이를 상형자로만 보았기 때문에 해독의 실마리가 풀리지 않은 것이었다.

이집트의 성체자는 ① 그림 자체가 나타내는 대상을 의미하기도 했고(얼굴에 있는 눈 그림은 그 '눈'을 나타낸다) ② 그림의 대상과 동음이의어인 대상을 나타내기도 했고(우리말로 빗대자면 그 눈 그림은 하늘에서 내리는 '눈'을 의미하기도 했다) ③ 그림이 나타내는 대상의 첫 음운을 나타내는 표음 요소로도 쓰였다(눈 그림은 'ㄴ' 음을 표현하기도 했다). 물론 ③뿐만 아니라 ②도 표음적 이용이다.

한자도 같은 길을 걸었다. 이집트 문자의 ①은 한자의 상형자에 해당하고, ②는 가차자假借字의 방식이다. 예컨대 莫(막)은 본래 '해가 저물다'의 뜻이었지만 발음이 같은 '없다'의 뜻으로도 쓰였다. ③은 한자에 없는 활용법이다.

또 하나 흥미로운 유사점이 '결정자'라는 것이다. ①～③의 방식으로 표현한 뒤에 그것이 어떤 부류에 속하는지를 나타내는 추가 부호를 붙인 것이다. '고양이'라고 자기네 방식대로 문자를 나열해 써

놓고, 뒤에 고양이 그림을 덧붙이는 것이다. 이는 한자의 형성자形聲字와 비슷한 발상이다. 同(동)이라는 같은 발음을 가지는 단어가 여럿 있는데 나무와 관련된 '오동나무'는 木(목)을 의미 요소로 붙여 桐(동)으로, 쇠와 관련된 '구리'는 金(금)을 붙여 銅(동)으로 표현했다. 다만 이집트 문자의 결정자는 중복과 강조의 의미가 강했다면, 한자의 의미 요소는 다른 동음이의어와 차별해주는 구별의 의미가 강했다.

결정자 이야기에서 '가르치다'와 '때리다'가 같은 결정자를 썼다는 재미있는 이야기도 나오는데, 이는 한자에서 '가르치다'인 敎(교)가 '때리다'인 攴 = 攵(복)을 의미 부호로 썼던 것과 일치한다. 이것은 문자의 문제 이전에 문화의 문제겠지만 말이다.

1799년 로제타석이 발견된 지 꼭 100년 뒤인 1899년 중국에서도 새로운 문자가 발견돼 엄청난 관심을 불러일으켰다. 거북 껍데기(甲)와 소뼈(骨) 등에 새겨진 것이어서 '갑골문甲骨文'으로 불렸다. 역시 현대의 한자와는 많이 다른 것이었기 때문에 '해독'이 필요했다. 이집트 문자는 이미 알고 있는 그리스어판과의 대역본對譯本이어서 그것이 힌트가 됐는데, 갑골문은 한자의 조상일 것이라는 짐작이 비빌 언덕이었다.

결국 이집트 문자는 다른 대역본들이 속속 발견되고 그리스어와 친연 관계가 있는 것으로 여겨졌던 콥트어가 사실은 고대 이집트어의 후예임이 드러나면서(그것을 알게 되는 과정 자체가 이 책에서 다루는 해독 과정의 일부다) 해독에 성공했고, 갑골문은 후대의 한자와 중국 고대 문헌을 바탕으로 해독되어나갔다.

이 책은 로제타석 해독의 두 주인공인 토머스 영과 장프랑수아 샹폴리옹의 지적인 경쟁이 뼈대를 이루지만, 지은이도 앞부분에서 이야기하듯이 이집트의 문화나 로제타석 발견 전후의 정치적 맥락과 학계 상황 등 수많은 이야기를 살로 붙여 흥미를 끌 요소가 많다. 나로서는 위에서 말한 한자와 대비되는 모습들도 지루하지 않게 번역할 수 있었던 한 요소였다.

이재황

주

인용 및 주장을 위한 전거 가운데 찾기 어려운 것들은 아래에서 볼 수 있다. 이 주석들을 넣으면서 나는 일반적인 자료에서 금세 확인할 수 있는 것들은 적지 않았다. 서지 정보는 참고문헌 목록에 없는 것에 대해서만 적었다.

내가 자주 인용한 책과 논문 가운데 일부는 인쇄본으로 구하기 어렵다(오래됐거나 불명확하거나 영어본이 아니기 때문이다). 이들은 온라인으로 전문을 확인할 수 있으며, 그것은 다음과 같은 것들이다.

Leon de la Briere, ed., *Champollion Inconnu* (Paris: Librarie Plon, 1897). https://tinyurl.com/y65ylw7s

Jean-Francois Champollion, *Letter to Monsieur Dacier* (Paris: Firmin Didot, Ather & Sons, 1822). In English and in French. https://tinyurl.com/y6mrk2my

Hermine Hartleben, ed., *Lettres et Journaux de Champollion le Jeune*, tome 1 (Paris: Ernest Leroux, 1909). https://tinyurl.com/y65hd5e8

Hermine Hartleben, ed., *Lettres et Journaux de Champollion le Jeune*, tome 2 (Paris: Ernest Leroux, 1909). https://tinyurl.com/y3bv9rlu

Thomas Young, *An Account of Some Recent Discoveries in Hieroglyphical Literature, and Egyptian Antiquities* (London: John Murray, 1823). https://tinyurl.com/y5tz6vsf

Thomas Young, "Egypt" (from the 1819 *Encyclopedia Britannica*) in *Miscellaneous Works of the Late Thomas Young, Volume 3: Hieroglyphical Essays and Correspondence* (London: John Murray, 1855). https://tinyurl.com/y68yvwmw

제사 題詞(5쪽)

플로베르가 28살 때 한 친구에게 보낸 편지에서. https://tinyurl.com/yykrlfks

1. 3천 년 동안 존속한 나라의 문자

1 Herodotus, *The Histories*, book 2, chapter 35. https://tinyurl.com/y4ftjero

2 이 구절은 투탕카멘의 할머니였던 티이 왕비에게 보낸 "Amarna Letter EA26"에 나온다. https://tinyurl.com/y4ehho3l

3 여행자는 Evliya Çelebi(1611~1682)였다. Hornung, *The Secret Lore of Egypt*, p.189에서 재인용.

4 Brier, *Egyptomania*, p. 63.

5 *The Obelisk and the Englishman*, p. 89.

6 이것은 프랑스인 Paul Lucas(1664~1737)의 말이다. Thompson, *Wonderful Things: A History of Egyptology*, vol. 1, Kindle location 1489에서 재인용.

7 Thompson, *Wonderful Things*, vol. 1, Kindle location 924.

8 Pope, *Decipherment*, 88.

9 Fox, *The Riddle of the Labyrinth*, p. 16.

10 Pope, *Decipherment*, p. 21.

11 Pharr et al., eds., *The Theodosian Codes*, p. 472.

12 Mertz, *Temples, Tombs and Hieroglyphs*, p. 304.

2. 로제타에서 발견된 돌

1 소설가이자 역사가인 Shannon Selin의 멋진 글 "Boney the Bogeyman: How Napoleon Scared Children"을 보라. https://tinyurl.com/y5wl7ayo. Selin은 Lucia Elizabeth Abell, *Recollections of the Emperor Napoleon, during the First Three Years of His Captivity on the Island of St. Helena* (London, 1844), 12 등 몇몇 회고록을 인용한다.

2 Solé and Valbelle, *Rosetta Stone*, p. 1.

3 내가 진행한 Robert Brier 인터뷰, April 8, 2019.

4 Pope, *Decipherment*, p. 62.

5 Young, *Recent Discoveries*, p. 277.

3. 미궁에 빠졌던 까닭

1 Caesar, *The Gallic War*, p. 78.

2 Schiff, *Cleopatra*, p. 67.

3 이것은 Ricardo Caminos의 "Peasants"라는 글에 나온다. *The Egyptians*, edited by Sergio Danadoni.

4 Manguel, *History of Reading*, p. 48.

4. 기록이라는 것의 의미

1 Baker, *The Anthologist*, p. 108.

2 Manguel, *History of Reading*, p. 6.

3 Eiseley, *The Star Thrower*, p. 41.

4 McWhorter, *The Power of Babel*, p. 254.

5 https://tinyurl.com/y67oarwq

6 Annie Dillard, *For the Time Being* (New York: Vintage, 2000), p. 98.

7 Whitehead, *Science and the Modern World*, p. 20.

8 Ray, *Rosetta Stone*, p. 122.

9 Petrie, *Pyramids and Temples*, p. 150.

10 이집트학자 Richard Parkinson의 글 "Egypt: A Life Before the Afterlife," *Guardian*, Nov. 5, 2010.

11 Parkinson, *Cracking Codes*, pp. 193–94.

12 이집트학자 Elizabeth Frood와의 인터뷰. https://tinyurl.com/y5576sxh

13 Romer, *Ancient Lives*, p. 33.

14 Cerny, "The Will of Naunakhte," *Journal of Egyptian Archeology*. 이 구절은 Mark Millmore가 멋지게 꾸며놓은 웹사이트 egyptianhieroglyphs.co.uk의 "Love, Marriage, and Family"라는 섹션에서 보다 쉽게 접할 수 있다.

15 옥스퍼드대학의 옥시링쿠스 온라인 사이트 https://tinyurl.com/yy9bw8dq

16 Parsons, *City of the Sharp-Nosed Fish*.

17 이 번역은 이집트학자 Barbara Mertz의 책 *Crocodile on the Sandbank*에서 가져왔다. 이 책은 머츠가 Elizabeth Peters라는 필명으로 쓴 이집트 배경의 소설이다(역사상 100대 추리소설 안에 꼽혔다!). Mertz는 다른 곳에서 이 시를 약간 다르게 번역하기도 했다. *Red Land, Black Land: Daily Life in Ancient Egypt*, p. 51.

18 Peet, *Literatures of Egypt, Palestine, and Mesopotamia*, p. 120. John Barth는 자신의 글에서 이 구절을 인용하고 호메로스에 관한 이야기를 했다. John Barth, "Do I Repeat Myself?", *Atlantic*, August 2011.

5. 아주 가깝고도 아주 먼

1 Green, "Tut-Tut-Tut," *New York Review of Books*, Oct. 11, 1979.

2 Brier, *Murder of Tutankhamen*, p. 28.

3 Ibid., p. 9.

4 Wilson, *Ancient Egypt*, p. 148.

5 Nightingale, *Once Out of Nature*, p. 51.

6 Romer, *Ancient Lives*, p. 75.

7 Parkinson, "Egypt," *Guardian*, Nov. 5, 2010.

8 David, *Religion and Magic*, p. 131.

9 대략 예수와 같은 시기에 살았던 그리스 철학자 스트라본은 그의 〈지리학〉 17권에서 이 이야기를 한다. https://tinyurl.com/y4a8t2ql

10 Mertz, *Red Land, Black Land*, p. 55.

11 이는 Robert K. Ritner가 필드(Field) 자연사박물관의 강연 "Tutankhamun for the Twenty-first Century: Modern Misreadings of an Ancient Culture"(Thursday, Oct. 26, 2006)에서 한 말이다.

12 이 저명한 역사가는 영국박물관의 이집트학자이자 *The Painted Tomb Chapel of Nebamun*의 저자인 Richard Parkinson이다.

13 Wilkinson, *Ancient Egypt*. Wilkinson은 4장 "Heaven on Earth"에서 피라미드 건설에 대해 논의한다.

14 Berman, "Was There an Exodus?", *Mosaic*, March 2, 2015. Berman은 바르일란(Bar-Ilan)대학의 성서학자다. https://tinyurl.com/yyj7slhs

15 Bulliett, *Wheel*, p. 41.

16 내가 진행한 Robert Brier 인터뷰, April 8, 2019.

17 Ikram, *Death and Burial*, p. 89.

18 Williams, "Animals Everlasting," *National Geographic*, Nov. 2009.

19 Frankfort, *Ancient Egyptian Religion*, p. 8.

20 Mary Renault, "Living for ever," *London Review of Books*, Sept. 18, 1980.

21 샤마는 트리벨리언(G. M. Trevelyan)의 말을 바꾸어 표현한 것이다. https://tinyurl.com/y3yytdyk

22 Parsons, *Sharp-Nosed Fish*.

23 "Fifty-one Years Later, Coded Message Attributed to Zodiac Killer Has Been Solved, FBI Says," *New York Times*, Dec. 11, 2020. 또한 암호를 푼 팀이 만든 유튜브 동영상을 보라. https://tinyurl.com/y2bymlp6

24 Ray, *Rosetta Stone*, p. 20.

25 Diffie and Fischer, "Decipherment versus Cryptanalysis," in Parkinson, *Cracking Codes*.

6. 이집트로 간 나폴레옹

1 Roberts, *Napoleon*, p. 158.

2 Ibid.

3 Strathern, *Napoleon in Egypt*, p. 3.

4 John Allegro, "The Discovery of the Dead Sea Scrolls," in Brian Fagan, ed., *Eyewitness to Discovery*, p. 151.

5 Fagan, *Lord and Pharaoh*, p. 57.

6 Ray, *Rosetta Stone*, p. 25.

7 Strathern, *Napoleon in Egypt*, p. 113. 피라미드 전투와 나일강 전투에 관한 나의 설명은 박진감 넘치고 세심하게 연구된 Strathern의 역사책에 크게 의존했다.

8 Roberts, *Napoleon*, p. 171.

9 Moorehead, *Blue Nile*, p. 89.

7. 프랑스군이 로제타석을 찾게 된 내막

1 Keegan, *Intelligence in War*.

2 Strathern, *Napoleon in Egypt*, p. 100.

3 Ibid., p. 165.

4 Warner, *Battle of the Nile*, p. 95.

5 Roberts, *Napoleon*, p. 178.

6 Strathern, *Napoleon in Egypt*, p. 174.

7 Gillispie and Dewachter, eds., *The Monuments of Egypt*, p. 5.

8 Roberts, *Napoleon*, p. 179.

9 Solé and Valbelle, *Rosetta Stone*, p. 5.

10 Strathern, *Napoleon in Egypt*, p. 335.

11 Roberts, *Napoleon*, p. 192.

12 Gillispie, *Science and Polity in France*, p. 372; Solé and Valbelle, *Rosetta Stone*, p. 3.

13 Parkinson, *Cracking Codes*, p. 20.

14 Ray, *Rosetta Stone*, p. 164.

신의 기록

15 Bevan, *The House of Ptolemy*. 이 부분은 7장 "Ptolemy IV, Philopator (221 – 203 BC)"에 나온다. https://tinyurl.com/yy7jsx49

16 이 번역은 Ray, *Rosetta Stone*, p. 164에서 가져왔다.

17 Urbanus, "In the Time of the Rosetta Stone," *Archaeology*, Nov./Dec. 2017.

18 Wilkinson, *Rise and Fall*, Kindle location 7493.

19 Brier, *Ancient Egypt*, p. 41.

20 Ray, *Rosetta Stone*, p. 137.

21 Wilkinson, *Rise and Fall*, Kindle location 7565.

22 Ray, *Rosetta Stone*, p. 164.

8. 고대 이집트를 베끼고 그리다

1 Herold, *Bonaparte in Egypt*, p. 191.

2 Gillispie, "Scientific Aspects of the French Egyptian Expedition," *Proceedings of the American Philosophical Society*, Dec. 1989.

3 Solé and Valbelle, *Rosetta Stone*, p. 7.

4 이 신문은 온라인으로 볼 수 있다. https://tinyurl.com/yyhzfuvk

5 *Courier de l'Égypte*, Sept. 15, 1799. https://tinyurl.com/yyhzfuvk

6 Burleigh, *Mirage*, p. 140.

7 White, *Atrocities*, p. 263.

8 Strathern, *Napoleon in Egypt*, p. 36.

9 Roberts, *Napoleon*, p. 201.

10 Burleigh, *Mirage*, p. 94.

11 Brier, *Egyptomania*, p. 60.

12 Roberts, *Napoleon*, p. 177.

13 Burleigh, *Mirage*, p. 181.

14 Ibid., p. 182.

15 Pierre Rosenberg, ed., "Napoleon's Eye." 이것은 1999년 10월부터 2000년 1월까지 루브르 박물관에서 열린 전람회 카탈로그다.

16 Thompson, *Wonderful Things*, vol. 1, Kindle location 1875.

17 Rosenberg, "Napoleon's Eye."

18 Gillispie and Dewatchter, eds., *The Monuments of Egypt*, p. 30.

19 Ibid., p. 39.

20 Thompson, *Wonderful Things*, vol. 1, Kindle location 1879.

9. 영국으로 간 로제타석

1 Solé and Valbelle, *Rosetta Stone*, p. 27.

2 Herold, *Bonaparte in Egypt*, p. 404; Strathern, *Napoleon in Egypt*, pp. 413–14.

3 Strathern, *Napoleon in Egypt*, p. 35.

4 Herold, *Bonaparte in Egypt*.

5 Strathern, *Napoleon in Egypt*, p. 414. 또 다른 역사가들은 메누가 로제타석을 창고에 숨겼다고 생각한다. Ray, *Rosetta Stone*, p. 35; Parkinson, *Cracking Codes*, p. 22를 보라.

6 Burleigh, *Mirage*, p. 216.

7 Ibid.

8 Solé and Valbelle, *Rosetta Stone*, p. 32.

9 John Howard, ed., *Letters and Documents of Napoleon*, Volume 1: The Rise to Power, p. 173. Shannon Selin, "Napoleon's Looted Art"에 인용되어 있다. https://tinyurl.com/y3a6nqls

10 Burleigh, *Mirage*, p. 213.

11 Ibid.

12 Solé and Valbelle, *Rosetta Stone*, p. 35.

13 *Gentleman's Magazine* 72, pt. 2 (1802), p. 726. https://tinyurl.com/y2gdpsoo

14 영국박물관의 설명을 보라. https://tinyurl.com/y4cplaws

15 Fagan, ed., *Eyewitness to Discovery*, p. 89.

16 Delbourgo, *Collecting the World*, p. 315.

17 Parkinson, *Cracking Codes*, p. 23.

18 로제타석에 관한 Richard Parkinson의 강연 7:30 부분. https://tinyurl.com/yytufuj8

19 Beard, "Souvenirs of Culture," *Art History* 13, no. 4 (Dec. 1992).

10. 전문가들의 첫 추측

1 Allen, "The Predecessors of Champollion," *Proceedings of the American Philosophical Society* 104, no. 5 (Oct. 17, 1960), p. 546.

2 Franzo Law II et al., "Vocabulary Size and Auditory Recognition in Preschool Children," *Applied Psycholinguistics* 38, no. 1 (Jan. 2017). https://tinyurl.

com/y2vf4hr4

3 Ray, *Rosetta Stone*, p. 24.

4 Picci, Ascani, and Buzi, eds., *The Forgotten Scholar*, p. 172.

5 White, *Atrocities*, p. 259.

6 Parkinson, *Cracking Codes*, p. 22.

7 Jacob Mikanowski, "Language at the End of the World," *Cabinet*, Summer 2017. https://tinyurl.com/y4k6c2h7

8 영은 윌리엄 뱅크스의 아버지에게 편지를 보내 그 아들에게 자신의 편지를 전해 달라고 청했다. 편지는 https://tinyurl.com/y5my4l78

9 Solé and Valbelle, *Rosetta Stone*, p. 49.

10 Thompson, *Wonderful Things*, vol. 1, Kindle location 2087.

11 불평한 작가는 Robert Southey다. Judith Pascoe, *The Hummingbird Cabinet: A Rare and Curious History of Romantic Collectors* (Ithaca, NY: Cornell University Press, 2006), p. 112에서 재인용.

12 Gillispie and Dewachter, eds., *Monuments of Ancient Egypt*, p. 1.

13 Solé and Valbelle, *Rosetta Stone*, p. 44.

14 Ibid.

15 Thomasson, *Life of J.D. Akerblad*, p. 249.

11. 두 천재 경쟁자

1 Glynn, *Elegance in Science*, p. 108.

2 Ibid., p. 42.

3 Hilts, "Autobiographical Sketch," p. 248. 영은 말년에 자신이 죽은 뒤 《브리태니커 백과사전》에 실리기를 희망하면서 자전적 에세이를 썼다. 이것은 거기에 실리지 않았지만, 1978년 Victor Hilts라는 과학사가가 약간의 해설을 붙인 영의 에세이를 출간했다.

4 Peacock, *Life of Thomas Young*, p. 124.

5 Ray, *Rosetta Stone*, p. 59.

6 Young, *Recent Discoveries*, p. 79.

7 Ray, *Rosetta Stone*, p. 56. 편지 전문(프랑스어)은 Hermine Hartleben, ed., *Lettres et Journaux de Champollion le Jeune*, tome 2, p. 161.

8 Herodotus, *The Histories*, book 2, chapter 36. https://tinyurl.com/y4ftjero

9 Ibid., chapter 66. https://tinyurl.com/y4aq6fat

10 Herodotus, *The Histories*, book 2, chapter 69. https://tinyurl.com/y4aq6fat

11 Aimé Champollion-Figeac, *Les Deux Champollion*, p. 90. 전체 책(프랑스어)
은 https://tinyurl.com/y4d6t4sg

12 Hilts, "Thomas Young's 'Autobiographical Sketch,'" p. 252.

13 Robinson, *Cracking the Egyptian Code*, p. 83.

14 Jean Lacouture, "Champollion, a Hero of the Enlightenment," *UNESCO Courier*, Oct. 1989. Jean Lacouture의 전기는 *Champollion: Une vie de lumières*.

15 Ray, *Rosetta Stone*, p. 51.

16 Lacouture, "Champollion," *UNESCO Courier*.

17 Thompson, *Wonderful Things*, vol. 1, Kindle location 2395.

18 Ibid., Kindle location 2130.

19 Pope, *Decipherment*, p. 37.

20 Johann Vansleb, *The Present State of Egypt: Or, A New Relation, or Journal, of the Travels of Father Vansleb Through Egypt*, pp. 49, 63. https://tinyurl.com/y6sqkdlz

21 Hamilton, *The Copts and the West*, p. 195.

22 Iversen, *The Myth of Egypt*, p. 91.

23 Kramer, *The Sumerians*, p. 7.

24 Iversen, *The Myth of Egypt*, p. 91.

25 Adkins and Adkins, *The Keys of Egypt*, p. 87.

26 Ibid.

27 Robinson, *Cracking the Egyptian Code*, p. 61.

28 Adkins and Adkins, *The Keys of Egypt*, p. 83.

29 Humphry Davy, "Characters, by Sir Humphry Davy," *The Gentleman's Magazine* (Oct. 1837), p. 367. https://tinyurl.com/y4fc9n8t

30 Hilts, "'Autobiographical Sketch,'" p. 250.

31 Peacock, *Life of Thomas Young*, p. 118.

32 Ray, *Rosetta Stone*, p. 41.

33 Wilson, *Signs and Wonders Upon Pharaoh*, p. 18.

34 James Gleick, *Genius: The Life and Science of Richard Feynman* (New York: Pantheon, 1992), p. 10.

12. 난생 처음 좌절감을 맛본 토머스 영

1 Baker, *The Anthologist*, p. 108.

2 Manguel, *History of Reading*, p. 6.

3 Eiseley, *The Star Thrower*, p. 41.

4 McWhorter, *The Power of Babel*, p. 254.

5 https://tinyurl.com/y67oarwq

6 Annie Dillard, *For the Time Being* (New York: Vintage, 2000), p. 98.

7 Whitehead, *Science and the Modern World*, p. 20.

8 Ray, *Rosetta Stone*, p. 122.

9 Petrie, *Pyramids and Temples*, p. 150.

10 Richard Parkinson, "Egypt: A Life Before the Afterlife," *Guardian*, Nov. 5, 2010에서 재인용.

11 Parkinson, *Cracking Codes*, pp. 193–94.

12 Ibid., p. 84. 영은 그 우연한 편지에 대해 그의 *Recent Discoveries*, 40에서 이야기하고 있다. https://tinyurl.com/y6p2q8t4

13 Peacock, *Life of Thomas Young*, p. 262.

14 Ibid., p. 264.

15 Chadwick, *Decipherment of Linear B*, p. 4.

16 Charlotte Higgins, "How to Decode an Ancient Roman's Handwriting," *New Yorker*, May 1, 2017.

17 Tyndall, *Thomas Young*, p. 23. 이것은 1886년 영국 왕립학회에서 행한 물리학자 John Tyndall의 강연이다. https://tinyurl.com/y2rhqkmz

18 Robinson, *Cracking the Egyptian Code*, p. 86.

19 Mertz, *Red Land, Black Land*, p. 132.

20 이 언급은 영이 1819년 《브리태니커 백과사전》에 기고한 "Egypt" 항목(135쪽)에 나온다. https://tinyurl.com/y3h7o7bv

21 Robinson, *Cracking the Egyptian Code*, p. 89.

13. 실마리를 찾아내다

1 Kevin Brown, *Penicillin Man: Alexander Fleming and the Antibiotic Revolution* (Stroud, Gloucestershire, UK: The History Press, 2017), p. 2.

2 Nicholas Wroe, "Jonathan Miller: A Man of Many Talents," *Guardian*, Jan. 9, 2009.

3 Peacock, *Life of Thomas Young*, p. 272fn.

4 Fleming은 *Barrow's Boys*에서 이 중국 방문을 간략하게 논의한다. Alain Peyrefitte는 *The Immobile Empire* (New York: Vintage, 2013)에서 영국과 중국의 문화 충돌의 전모를 멋지게 그려냈다.

5 Fleming, *Barrow's Boys*, p. 4.

6 Adkins and Adkins, *Keys of Egypt*, p. 294.

7 두 전기는 Andrew Robinson, *The Last Man Who Knew Everything: Thomas Young, the Anonymous Polymath Who Proved Newton Wrong, Cured the Sick and Deciphered the Rosetta Stone* 및 Mike Hockney, *The Last Man Who Knew Everything*. Robinson은 뛰어난 작가이며, 나는 이 전기와 로제타석·언어·문자에 관한 그의 다른 훌륭한 책들에 관해 여러 차례 이야기했다.

8 Matthew Stewart, *The Courtier and the Heretic: Leibniz, Spinoza, and the Fate of God in the Modern World* (New York: Norton, 2007), p. 12.

14. 독보적인 선두

1 Adkins and Adkins, *Keys of Egypt*, p. 109.

2 Ibid., p. 134. 이 인용은 Aimé Champollion-Figeac, *Les Deux Champollion*, p. 88에 처음 나왔다. 전체 책(프랑스어)은 https://tinyurl.com/y4d6t4sg

3 Ceram, *Gods, Graves, and Scholars*, p. 115.

4 Young, "Egypt," in *Miscellaneous Works of the Late Thomas Young*, vol. 3, p. 159. https://tinyurl.com/y68yvwmw

5 Peacock, *Life of Thomas Young*, p. 314.

6 Ibid., p. 254.

7 Adkins and Adkins, *Keys of Egypt*, p. 154.

15. 해독자의 자질

1 Peacock, *Life of Thomas Young*, p. 119.

2 Ibid., p. 486.

3 Solé and Valbelle, *Rosetta Stone*, p. 56.

4 Fox, *Riddle of the Labyrinth*, p. 218. 이 이야기는 Leonard Cottrell, "Michael Ventris and his Achievement," *Antioch Review* 25, no. 1, Special Greek Issue (Spring 1965)에서 가져왔다.

5 이것은 벤트리스에 관한 BBC 다큐멘터리 "A Very English Genius"에 나온다.

https://tinyurl.com/y2ymnykv

6 BBC, *A Very English Genius*, part 5. https://tinyurl.com/y4w9qdvh

7 Thompson, *Wonderful Things*, vol. 1, Kindle location 1653.

8 Robinson, *Cracking the Egyptian Code*, p. 67.

9 Ibid., p. 76.

10 아인슈타인의 말은 그가 1933년 글래스고대학에서 한 "About the Origins of the Theory of General Relativity"라는 강연에서 나온 것이다.

11 Budiansky, *Battle of Wits*, p. 136.

12 이것은 "An Introduction to Methods for the Solution of Ciphers"라는 글에 나온다. 이 글은 William F. Friedman이 단독 저자로 올라 있으나 Elizebeth Friedman과 함께 쓴 것이다.

13 Budiansky, *Battle of Wits*, p. 136.

14 Robinson, *Cracking the Egyptian Code*, p. 33.

15 Andrew Robinson은 이 이야기를 특유의 분명하고 꼼꼼한 방식으로 검토해 이것이 "거의 확실하게 거짓"임을 입증했다. *Cracking the Egyptian Code*, pp. 49-53.

16 Hilts, "Autobiographical Sketch," p. 249.

17 Ibid., p. 250.

18 Ibid.

19 Young, "On the Mechanism of the Eye."

20 Budiansky, *Battle of Wits*, p. 137.

21 Kahn, *Codebreakers*, p. 241.

22 Beard, "What was Greek to Them?"

23 Richard Westfall, *Never at Rest: A Biography of Isaac Newton* (New York: Cambridge University Press, 1983), p. 105.

24 Ibid., p. 192.

25 John Maynard Keynes, "Newton, the Man." https://tinyurl.com/y9lmmwj3

26 이것은 Sapolsky가 "The Uniqueness of Humans"라는 제목으로 한 TED 강연에서 나온 것이다. 체스 경기자에 관한 언급은 10분 무렵에 나온다. https://tinyurl.com/y53vj2ua

27 Adkins, *Empires of the Plain*, p. 61.

28 Fox, *Riddle of the Labyrinth*, p. 207.

29 Chadwick, *Linear B*, p. 2.

30 E. A. Wallis Budge, *The Rise and Progress of Assyriology* (London: Clay & Sons, 1925), p. 153. 전체 책은 https://tinyurl.com/ollt3vt

31 Fagone, *The Woman Who Smashed Codes*, p. 75.

16. 헛다리 짚기

1 Robinson, *Cracking the Egyptian Code*, p. 121.

2 Oliver Wendell Holmes Sr., *The Poet at the Breakfast Table*. https://tinyurl.com/yyzmhfrx

3 Dieckmann, "Renaissance Hieroglyphics."

4 Iversen, *The Myth of Egypt*, p. 49.

5 Alexander Turner Cory (translator), *Hieroglyphics of Horapollon* VI: "What They Signify by Delineating a Hawk," p. 13. https://tinyurl.com/y48afn26; ibid., XI: "What They Imply By Depicting a Vulture," p. 23; ibid., LIII: "How They Represent A Son," p. 73; ibid., XXVI: "How An Opening," p. 48.

6 Pope, *Decipherment*, p. 18. (Pope의 번역은 Cory의 것과 약간 차이가 있다.)

7 Cory (translator), *Hieroglyphics of Horapollon*, LXVIII: "How an Impossibility," p. 79.

8 Ibid., XI: "What They Imply by Depicting a Vulture," p. 23.

9 이집트학자 John Ray는 '히스토리 채널(History Channel)'의 다큐멘터리 "The Rosetta Stone"에 참여했다. Ray는 22분 무렵에 호라폴로에 대해 이야기한다. https://tinyurl.com/yxwucubh

10 Pope, *Decipherment*, p. 17.

11 Ibid., p. 25.

12 Iversen, *The Myth of Egypt*, p. 45.

13 Ibid.

14 Glassie, *Man of Misconceptions*, p. 46.

15 Pope, *Decipherment*, p. 31.

16 Ray, *Rosetta Stone*, p. 20.

17 Glassie, *Man of Misconceptions*, p. 135.

18 Bauer, *Unsolved*, p. 35.

19 Iversen, *The Myth of Egypt*, p. 92.

20 Ibid., p. 96.

21 Ucko and Champion, eds., *The Wisdom of Egypt.*

22 Iversen, *The Myth of Egypt*, p. 49.

23 Coe, *Breaking the Maya Code*, Kindle location 2527.

17. 이집트에 대한 경외감

1 Dirk J. Struik, *A Concise History of Mathematics* (New York: Dover, 1967), p. 26.

2 Brier, *Ancient Egypt*, p. 61.

3 Ray, *Rosetta Stone*, p. 19.

4 Haycock, *Science, Religion, and Archaeology in Eighteenth Century England*, 특히 4장 "The Macrocosm." 이는 웹사이트 'The Newton Project' 에서 볼 수 있다. https://tinyurl.com/y37nbd92.

5 Westfall, *Never at Rest*, p. 434.

6 Yates, *Giordano Bruno and the Hermetic Tradition*, pp. 1, 5.

7 Ibid.

8 McMahon, *Divine Fury*, p. 4.

9 John Aubrey, *The Natural History of Wiltshire* (London: Nichols, 1847). 본래 1685년에 출판된 것이다. Aubrey의 언급은 그 서문에 나온다.

10 Toby Wilkinson, "The Tradition of the Pharaohs Lives On," *Wall Street Journal*, Feb. 5, 2011.

11 Brier, *Murder of Tutankhamen*, p. 6.

12 Vivant Denon, *Travels in Upper and Lower Egypt*, vol. 2 (London: Longman, 1803), p. 84.

13 Geoffrey Wall, *Flaubert: A Life* (New York: Farrar, Straus and Giroux, 2007), p. 176.

14 William P. Dunn, *Sir Thomas Browne: A Study in Religious Philosophy* (Minneapolis: University of Minnesota Press, 1950), p. 95.

15 Steven Levy, *Crypto: How the Code Rebels Beat the Government—Saving Privacy in the Digital Age* (New York: Penguin, 2002), p. 7.

16 Holly Haworth, "The Fading Stars: A Constellation," *Lapham's Quarterly* (Winter 2019). https://tinyurl.com/y7t9tw7a

17 Hugh Blair, *Lectures on Rhetoric and Belles Lettres* (London: Lockwood and Son, 1857), Lecture 7: "Rise of Progress of Language, and of Writing,"

p. 57. 본래 1783년에 출간됐던 책 전체는 https://tinyurl.com/yxogepvm.

18. 두 번째 실마리

1 Sebba, *Exiled Collector*, p. 17.

2 Ibid., p. 114.

3 Ibid., p. 115.

4 이것은 1820년에 쓴 편지에 나온다. George Gordon Byron, *Byron's Letters and Journals: The Complete and Unexpurgated Text*, vol. 1 (Cambridge, MA: Harvard University Press, 1973), p. 110fn9.

5 Finati, *Life and Adventures*, vol. 2, p. 78.

6 Ibid., p. 99. Finati는 자신의 이 회고록에서 뱀 부리는 사람 이야기를 한다.

7 뱅크스와 함께 4년 동안 여행한 목격자들의 회고록이 두 권 있다. 하나는 벨초니 등의 것이고, 하나는 Giovanni Finati의 것이다.

8 Ibid., p. 308.

9 Belzoni, *Travels in Egypt and Nubia*, p. 295.

10 Ibid., p. 296.

11 Ibid., p. 299.

12 Finati, *Life and Adventures*, vol. 2, p. 309.

13 Sebba, *Exiled Collector*, p. 174.

14 Patricia Usick, "William John Bankes' Collection of Drawings and Manuscripts Relating to Ancient Nubia," p. 40. 이것은 1998년 런던대학 박사학위 논문이다. https://tinyurl.com/y6hhdqrq

15 Morrison, *The Regency Years*, p. 161.

16 A. D. Harvey, "Prosecutions for Sodomy in England at the Beginning of the Nineteenth Century," *Historical Journal* 21, no. 4 (1978)

17 Sebba, *Exiled Collector*, p. 157.

18 Morrison은 *The Regency Years*, pp. 161–62에서 이 이야기를 간단하게 들려주며, Lilian Faderman은 *Scotch Verdict: The Real-Life Story that Inspired "The Children's Hour"* (New York: Columbia University Press, 1983)에서 전편에 걸쳐 이를 검토한다. '물리적 불가능성'과 영국 국가 이야기는 p. 233에 나온다.

19 Sebba, *Exiled Collector*, p. 177.

20 Ibid., p. 188.

21 Anne Sebba는 뱅크스의 두 차례 체포와 망명에 대한 이야기를 뱅크스 전기 7~8장에서 매우 상세하게 전한다.

22 Sebba, *Exiled Collector*, p. 231.

19. 샹폴리옹이 납신다

1 LaBrière, ed., *Champollion Inconnu*, p. 65. 전체 책은 https://tinyurl.com/y65ylw7s

2 Young, "Discoveries in Hierographical Literature," in *Miscellaneous Works of the Late Thomas Young*, vol. 3, p. 292. https://tinyurl.com/y68yvwmw

3 Champollion, *Letter to Monsieur Dacier*, p. 4. https://tinyurl.com/y6mrk2my

4 Ibid., pp. 4-5.

5 Ibid., p. 30fn22.

6 Young, *Recent Discoveries*, p. 49.

7 Thomas Huxley, *Collected Essays*, vol. 8, p. 229. https://tinyurl.com/y9mcunw7

8 *New York Times*, Dec. 29, 1960.

20. 필사의 어려움

1 Manlio Simonetti, ed., *Ancient Christian Commentary on Scripture: Matthew 14–28* (Westmont, IL: InterVarsity Press, 2002), p. 102.

2 내가 진행한 국립인간게놈연구소(NHGRI) Benjamin Solomon 박사 인터뷰, Feb. 24, 2020.

3 Daniel Luckenbill, *Ancient Records of Assyria and Babylonia*, vol. 2 (Chicago: University of Chicago Press, 1927), p. 319.

4 Greenblatt, *Adam and Eve*, p. 42.

5 Hansen, *Arabia Felix*, p. 114; Guichard, Jr., *Niebuhr in Egypt*, p. 1.

6 Wilson, *Signs and Wonders*, p. 31.

7 Hilts, "Autobiographical Sketch," p. 254.

8 Peacock, *Life of Thomas Young*, p. 356.

9 Hilts, "Autobiographical Sketch," p. 253.

10 Daniel Mendelsohn, "Arms and the Man," *New Yorker*, April 28, 2008.

11 Pope, *Deciphering*, p. 74.

12 Ibid.

13 Champollion, *Precis du Systeme Hieroglyphique*, p. 255. (Pope는 이 구절을 번역해 *Deciphering*, p. 75에 실었다.)

14 Ibid.

21. 글쓰기의 탄생

1 Man, *Alpha Beta*, p. 19.

2 이런 나의 생각은 Michael Cook의 영향을 받았다. 그의 *Brief History of the Human Race* (New York: Norton, 2005), p. 45를 보라.

3 Tim Harford, "50 Things That Made the Modern Economy," BBC World Service, "Cuneiform" episode, broadcast April 30, 2017.

4 Schmandt-Besserat, "The Evolution of Writing," p. 9. https://tinyurl.com/y72ynmqz

5 Schmandt-Besserat, *How Writing Came About*, p. 9.

6 Ludwig Morenz, "The Origins of Egyptian Literature" in Manley, ed., *Seventy Great Mysteries*, p. 211.

7 James B. Pritchard, *Ancient Near Eastern Texts Relating to the Old Testament with Supplement* (Princeton, NJ: Princeton University Press, 2016), pp. 245, 245fn12.

8 Ian Shaw, ed., *The Oxford History of Ancient Egypt* (Oxford, UK: Oxford University Press, 2003), pp. 118 – 20.

9 Erika Belibtreu, "Grisly Assyrian Record of Torture and Death," *Biblical Archeological Society*, Jan./Feb. 1991.

22. 천천히, 그러다 갑자기

1 Jean-François Champollion, *De l'écriture hiératique des anciens Égyptiens*, p. 2. 이것은 샹폴리옹이 발견한 주요 사항 가운데 네 번째이자 마지막 것이었다(첫 번째는 성체자가 "자모 형태가 전혀 아니"라는 것이었다). https://tinyurl.com/y5p2ek2w

2 Champollion, *Precis du systeme hieroglyphique des anciens Egyptien*, p. 266. https://tinyurl.com/y2cbjcqz

3 Francois Pouillion, ed. *Dictionaire des Orientalistes de langue Francaise* (Paris: IISMM, 2008), "Remusat," p. 810.

4 Ibid.

5 Pope, *Deciphering*, p. 76.

6 Ibid.

7 Jill Sullivan, *Popular Exhibitions, Science and Showmanship, 1840–1910* (Abingdon-on-Thames, Oxfordshire, UK: Taylor & Francis: 2015), p. 202.

8 Mayes, *Belzoni*, p. 20.

9 Belzoni, *Travels in Egypt and Nubia*, p. 132.

10 Guy Davenport, "Ozymandias," *New York Times*, May 28, 1978; John Rodenbeck, "Travelers from an Ancient Land: Shelley's Inspiration for 'Ozymandias,'" *Alif: Journal of Comparative Poetics* 24 (2004), pp. 124–25.

11 Mertz, *Temples, Tombs, and Hieroglyphs*, p. 72.

23. 아부심벨 신전

1 Moorehead, *Blue Nile*, p. 145.

2 Burckhardt, *Travels in Nubia*, p. 91. 전체 책은 https://tinyurl.com/y5l5tkso

3 Wilson, *Ancient Egypt*, p. 252.

4 발가락은 폭이 38센티미터다. Flinders Petrie, *Tanis*, Part I, 1883–4 (London: Trübner, 1889), p. 22.

5 '왕(작고)' 이야기는 이집트학자 Rosalie David가 한 것이다. 맨체스터대학의 2010년 뉴스레터 인터뷰를 보라. https://tinyurl.com/y6l7jo5z. 이 이야기는 시간이 지나면서 부풀려졌을 것이다. David은 그 10년 전인 2000년 출판된 자신의 책 *Conversations with Mummies: New Light on the Lives of Ancient Egyptians*, p. 108에서, 람세스가 '왕(작고)' 여권을 지녔다는 "소문이 있었다" 라고 썼다.

6 '내셔널 지오그래픽'에서 만든 DVD "Engineering Egypt", 멤피스대학의 이집트학자 Peter Brand가 77분 무렵에 나온다.

7 Brier, *Ancient Egypt*, p. 37.

8 Belzoni, *Travels in Egypt and Nubia*, p. 167.

9 Petrie, *The Pyramids and Temples of Gizeh*, p. 151.

10 Petrie, *Seventy Years in Archeology*, p. 21.

11 Drower, *Petrie*, p. 319.

12 Stiebing, *Uncovering the Past*, p. 80.

13 Adams, *Millionaire and the Mummies*, pp. 97 –8.

14 Belzoni, *Travels in Egypt and Nubia*, p. 68.

15 Thompson, *Wonderful Things*, vol. 1, Kindle location 2565.

16 Sebba, *Exiled Collector*, p. 99.

24. 유레카!

1 Ray, *Rosetta Stone*, p. 88.

2 이 구절은 "Phaedrus"에 나온다. https://tinyurl.com/yxafzdpj

3 Budge, *The Gods of the Egyptians*, vol. 1, p. 414.

4 Darnell and Manassa, *Tutankhamun's Armies*, p. 18.

5 Adkins and Adkins, *Keys of Egypt*, p. 87.

25. 첫 브리핑

1 Aime Champollion Figeac, *Les Deux Champollion*, p. 41.

2 Ibid., p. 57.

3 Hartleben, *Champollion: Sein Leben und Sein Werk*, p. 422.

4 Young, *Recent Discoveries*, p. 38.

5 Ibid., p. 39.

6 Champollion, *Letter to Monsieur Dacier*, p. 7.

7 Ibid., p. 12.

8 Ibid., pp. 12 –13.

9 Ibid., p. 15.

10 Ibid., p. 16.

11 LaBriere, ed., *Champollion Inconnu*, p. 71.

12 Hartleben, ed., *Lettres de Champollion le Jeune*, tome 1, p. iv.

13 Peacock, *Life of Thomas* Young, p. 322.

14 Young, *Miscellaneous Works*, vol. 3, p. 222.

15 Ibid., p. 220.

16 Ibid.

17 Champollion, *Letter to Monsieur Dacier*, p. 15.

18 Ibid.

26. 소리와 의미를 표현하는 방식

1 Young, *Miscellaneous Works*, vol. 3, p. 77.

2 Ibid.

3 Pope, *Decipherment*, p. 82.

4 James Geary, *Wit's End: What Wit Is, How it Works, and Why* (New York: Norton, 2018), p. 5.

5 Fallows, *Dreaming in Chinese*, p. 44.

6 Gardiner, *Egyptian Grammar*, p. 7.

7 Helen Keller, *The Story of My Life* (New York: Dover, 2012), p. 12.

8 Parkinson, *Cracking Codes*, p. 63.

9 Champollion, *Precis du Systeme Hieroglyphique*, p. 327. (Robinson은 이 구절을 번역해 *Cracking the Egyptian Code*, p. 15에 실었다.)

27. 3천 년 전의 소리를 듣기 위한 노력

1 Young, *Recent Discoveries*, p. 39.

2 Ibid.

3 Ibid., p. 42.

4 LaBriere, ed., *Champollion Inconnu*, p. 66.

5 Ibid.

6 Ibid.

7 Ibid., p. 65.

8 Champollion, *Letter to Monsieur Dacier*, p. 30fn22.

9 Ibid.

10 Baruch A. Levin, "Notes on an Aramaic Dream Text from Egypt," *Journal of the American Oriental Society* 84, no. 1 (Jan.–Mar. 1964).

11 내가 진행한 Amir Zeldes 인터뷰, Oct. 20, 2018.

12 이 말은 Thomas Browne, *Vulgar Errors* 1852년판 편집자 Simon Wilken의 주석에 나온다. "Of the Hieroglyphical Pictures of the Egyptians," book V, chapter XX를 보라. https://tinyurl.com/y6dgljst

13 Jeffrey Bloomer, "Why Everyone Thought *Aladdin* Had a Secret Sex Message," *Slate*, May 24, 2019. https://tinyurl.com/yxu3jgdo

14 Dave Tompkins, *How to Wreck a Nice Beach: The Vocoder from World War II to Hip Hop, The Machine Speaks* (Chicago: Stop Smiling Books, 2010).

15 Fallows, *Dreaming in Chinese*, p. 40.

16 Everett, *Don't Sleep, There Are Snakes*, p. 185. 두 단어 모두 3음절이지만 '친구'는 두 음절의 어조가 높고 '적'은 한 음절만 높다.

17 Gleick, *The Information*, p. 23.

18 '결코'는 너무 강한 듯하다. 2020년 1월 《뉴욕타임스》는 미라가 된 네시아문이라는 이집트 사제의 목소리를 복원하고자 한 과학자 팀에 관해 보도했다. 네시아문은 3천여 년 전인 서기전 1100년 무렵에 죽었고, 그 미라는 지난 200년 동안 영국 리즈시립박물관에 있었다(그의 관에는 '네시아문, 목소리'라는 글이 있었다). 미라의 입과 목구멍은 상당 부분 온전했는데, 최근 네시아문의 후두를 3D 프린터로 복사해 그의 말소리를 재생하려는 실험을 했다. 현재까지 과학자들은 '아'와 비슷한 단음을 합성하는 데 성공했다. 이것은 어려운 과제이고 이에 대한 평가 또한 어렵다. 이것은 그저 허공에 뛰어오르는 것일까, 아니면 달나라 여행의 첫 단계일까? (Nicholas St. Fleur, "The Mummy Speaks: Hear Sounds from the Voice of an Ancient Egyptian Priest," *New York Times*, Jan. 23, 2020을 보라.)

19 Richard Osborne, *Vinyl: A History of the Analogue Record* (Abingdon, UK: Routledge, 2012), p. 23.

20 https://tinyurl.com/y5trmalz

21 일부 과학자들은 옛날의 대화가 우연히 녹음됐을 것이라는 희망을 놓지 않고 있지만, 이 재생은 아마도 일반적이지 않은 일일 것이다. 그 낙관적인 과학자들의 시나리오는 옛날 도공이 녹로를 돌리면서 항아리에 무늬를 넣으려 했다는 것으로부터 출발한다. 그가 자신도 모르게 공간 안에 소리를 기록했을까? 적어도 한 고고학자는 그런 방향으로 유망한 실험을 했다고 주장한다. 미국 철학자 Charles S. Peirce는 그런 사후 엿듣기를 상상한 첫 인물이었던 것으로 보인다. 그는 1902년 무렵에 이렇게 썼다. "과학에 기하학 발전을 증진할 시간을 1만 년만 더 주면 아리스토텔레스의 목소리 음파가 기록된 것을 발견한다는 기대를 가질 수 있을 것이다."

22 Parkinson, *Cracking Codes*, p. 42에서 재인용.

23 Gerald Davis, *Beowulf: The New Translation* (Bridgeport, CT: Insignia, 2013), p. 13.

24 Josephine Livingstone, "Old English," *New York Times Magazine*, Jan. 6, 2019.

25 John McWhorter, "Don't Use the Word 'Emolument,'" *Atlantic*, Oct. 24,

2019. https://tinyurl.com/y3rkm8c8

28. 많이 나오는 단어를 찾아라

1 내가 진행한 Robert Brier 인터뷰, April 8, 2019.

2 Budge, *Rosetta Stone*, p. 14. 이것은 1913년 영국박물관이 발행한 소책자다.
https://tinyurl.com/y6s92hbr

3 내가 진행한 Amir Zeldes 인터뷰, 2018. 10. 20. 이 장에 있는 Zeldes 인용은 모
두 이 인터뷰에서 나왔다. Zeldes는 조지타운대학 컴퓨터언어학 부교수이자 한
콥트어 사전의 공동 편집자다.

4 John Hennig, "Our Daily Bread," *Theological Studies* 4, no. 3 (Sept. 1,
1943).

5 이 구절은 *Henry IV* 제1부에 나온다.

6 "The Awful German Language"에 나오며, 이 글은 *A Tramp Abroad*의 부록
이다.

7 다음 온라인 어원 사전을 보라. https://www.etymonline.com/word/alligator

8 Ray, *Rosetta Stone*, p. 90.

29. 결정적 발견

1 샹폴리옹이 밝혀낸 첫 결정자는 시간 구분을 표시하는 별 부호였다. Hartleben,
ed., *Lettres et Journaux de Champollion*, tome 2, p. 117을 보라.

2 Parkinson, *Cracking Codes*, p. 65.

3 Ibid., p. 62.

4 Darnell, *Tutankhamen's Armies*, p. 59.

5 Breasted, *History of Egypt*, p. 99.

6 Kahn, *The Codebreakers*, p. 290.

7 Chadwick, *Linear B*, p. 32.

8 Parkinson, *Cracking Codes*, p. 59.

9 Ebers, *Egypt: Historical, Descriptive, and Picturesque*, p. 8. 이 말은 이집트
학자 Samuel Birch가 쓴 서문에 나온다.

30. 성체자의 독특함

1 John Noble Wilford, "Discovery of Egyptian Inscriptions Indicates an
Earlier Date for Origin of the Alphabet," *New York Times*, Nov. 13, 1999.

2 Gnanadesikan, *Writing Revolution*, p. 145.

3 Ibid.

4 Battiscombe Gunn, "Notes on the Naukratis Stela," *Journal of Egyptian Archaeology* 29 (Dec. 1943), p. 56.

5 Ibid.

6 내가 진행한 Amir Zeldes 인터뷰, Jan. 22, 2019.

7 Cook, *A Brief History of the Human Race*, p. 45.

8 Bill Manley, *Egyptian Hieroglyphs for Complete Beginners* (London: Thames & Hudson, 2012), p. 21. 독학으로 성체자를 익히기는 엄청나게 어렵지만, 시도해보려면 가장 좋은 입문서로 이 Manley의 책과 Bridget McDermott, *Decoding Egyptian Hieroglyphs: How to Read the Secret Language of the Pharaohs* (New York: Chartwell, 2016)가 있다. 〔한국어로 된 입문서로는 강주현, 《이집트 상형문자 배우기》(정인, 2021)가 있다.〕

9 Manguel, *History of Reading*, p. 43.

10 Lynch, *You Could Look It Up*.

11 역사가 Joel Mokyr는 이 사례를 James Fallows, "The Fifty Greatest Inventions Since the Wheel," *Atlantic*, Nov. 2013에서 인용했다. https://tinyurl.com/ybnnnzp6

12 전문은 https://tinyurl.com/y5gz3tef

13 Mertz, *Red Land, Black Land*, p. 127.

14 Romer, *History of Ancient Egypt*, vol. 2, p. 34.

15 LaBrière, ed., *Champollion Inconnu*, p. 83. 이 번역은 Romer, History of Ancient Egypt, vol. 2, p. 36에서 볼 수 있다.

31. 두 경쟁자의 업적을 어떻게 봐야 할까

1 Renouf, "Young and Champollion," p. 189. Renouf는 영의 *Miscellaneous Works*의 편집자 John Leitch를 인용했다.

2 Pope, *Deciphering*, p. 67.

3 Ray, *Rosetta Stone*, p. 45.

4 Renouf, "Young and Champollion," p. 189.

5 Ray, *Rosetta Stone*, p. 54.

6 Ray는 '히스토리 채널'의 다큐멘터리 "Secrets of the Rosetta Stone"에 해설자로 출연했다. 이 언급은 29분 무렵에 나온다.

7 Peacock, *Life of Thomas Young*, p. 450.

8 Ibid., p. 253.

9 Young, *Rudiments of an Ancient Egyptian Dictionary*, p. v. https:// tinyurl.com/yyqqvcpb

10 Wood, *Thomas Young*, p. 247. Andrew Robinson은 *The Last Man Who Knew Everything*에서, 영의 첫 전기를 쓴 George Peacock이 같은 편지를 인용하면서 무슨 이유에선가 "내가 어떤 살아 있는 존재에게 보여주었거나 보여줄 수 있는 관심보다 훨씬 큰 관심을 내게 보여주었네"라는 구절을 생략했다고 지적했다. Robinson은 Peacock이 영의 아내에게 상처를 주지 않으려고 이 구절을 뺀 거라고 주장했다.

11 Champollion, *Precis du Systeme Hieroglyphique*, p. 252.

32. 이집트의 문을 열다

1 Peacock, *Thomas Young*, p. 477.

2 Hartleben, ed., *Lettres et Journaux de Champollion*, v. 2, 34.

3 Ibid., p. 39.

4 Ibid., p. 123.

5 Ibid., pp. 120, 123.

6 Ibid., p. 27.

7 Ibid., p. 150.

8 Ibid., p. 181.

9 Ibid., pp. 329–30. 이 번역은 Joyce Tyldesley, *Hatchepsut: The Female Pharaoh*에서 가져왔다.

10 Wilkinson, *Rise and Fall*, Kindle location 3610.

11 Ian Shaw, ed., *The Oxford History of Ancient Egypt* (Oxford, UK: Oxford University Press, 2000), p. 233.

12 Breasted, *A History of Egypt*, p. 271.

13 내가 진행한 Robert Brier 인터뷰, 2019. 3. 4.

14 Wilkinson, *Rise and Fall*, Kindle location 3588.

15 Arnold, "The Destruction of the Statues of Hatshepsut," pp. 270, 273.

16 내가 진행한 Robert Brier 인터뷰, 2019. 3. 4.

17 Wilkinson, *Rise and Fall*, Kindle location 749.

18 내가 진행한 Robert Brier 인터뷰, 2019. 3. 4.

19 Tyldesley, *Hatchepsut*, p. 153.

20 Arnold, "The Temple of Hatshepsut."

21 Brier, *Ancient Egypt*, p. 331.

22 Dorman, "The Proscription of Hatshepsut," p. 267.

23 E. H. Gombrich, *Art and Illusion* (New York: Phaidon, 1977), p. 114.

24 Roth, "Models of Authority," p. 9.

에필로그

1 Romer, *History of Ancient Egypt*, vol. 2, p. 52.

2 이 구절은 Emerson이 1841년에 쓴 글 "History"에서 가져왔다. https://tinyurl. com/yxjv3krx

3 François Chambas, *Voyage d'un Egyptien: en Syrie, en Phenicie, En Palestine* (originally published in Paris: Dejussieu, 1866. Reprinted Whitefish, MT: Kessinger, 2010), p. viii. 이 번역은 Solé and Valbelle, *Rosetta Stone*, p. 107에서 가져왔다.

4 Gurney, "Memoir," included in Young's *Rudiments of an Egyptian Dictionary*, p. 41.

5 Ibid., p. vi.

6 Gurney, "Memoir," p. 42.

7 Ibid., p. 41.

8 Robinson, *Last Man*, p. 235.

9 Nadim Nasser and David Savitzki, "What Caused Jean-Francois Champollion's Premature Death?", *Medical Case Reports*, Dec. 21, 2015.

10 Robinson, *Cracking the Egyptian Code*, p. 235.

11 Hartleben, *Champollion*, p. 522.

12 Ibid.

13 Ibid., p. 516.

A'Beckett, G. A. "Bonaparte at Miss Frounce's School." *The Illuminated Magazine* 1 (May to October 1843).

Adams, John M. *The Millionaire and the Mummies: Theodore Davis's Gilded Age in the Valley of the Kings.* New York: St. Martin's, 2013.

Adkins, Lesley. *Empires of the Plain: Henry Rawlinson and the Lost Languages of Babylon.* New York: Thomas Dunne, 2004.

Adkins, Lesley, and Roy Adkins. *The Keys of Egypt: The Race to Crack the Hieroglyph Code.* New York: HarperCollins, 2000.

Allegro, John. "The Discovery of the Dead Sea Scrolls." In Brian M. Fagan, ed., *Eyewitness to Discovery: First-person Accounts of More Than Fifty of the World's Greatest Archeological Discoveries.* New York: Oxford University Press, 1996.

Allen, Don Cameron. "The Predecessors of Champollion." *Proceedings of the American Philosophical Society* 104, no. 5 (Oct. 17, 1960).

Arnold, Dieter. "The Temple of Hatshepsut at Deir el-Bahri." In Catherine H. Roehrig, ed., *Hatshepsut: From Queen to Pharaoh.* New York: Metropolitan Museum of Art, 2005.

Arnold, Dorothea. "The Destruction of the Statues of Hatshepsut from Deir el-Bahri." In Catherine H. Roehrig, ed., *Hatshepsut: From Queen to Pharaoh.* New York: Metropolitan Museum of Art, 2005.

Baker, Nicholson. *The Anthologist.* New York: Simon & Schuster, 2009.

Bauer, Craig P. *Unsolved: The History and Mystery of the World's Great Ciphers from Ancient Egypt to Online Secret Societies.* Princeton, NJ: Princeton University Press, 2017.

BBC documentary about Michael Ventris, "A Very English Genius." 2006.

Online in seven parts at https://tinyurl.com/y2ymnykv.

Beard, Mary. "Souvenirs of Culture: Deciphering in the Museum." *Art History* 13, no. 4 (Dec. 1992).

_____. "What Was Greek to Them?" *New York Review of Books*, Dec. 5, 2013.

Belzoni, Giovanni. *Travels in Egypt and Nubia.* London: J. Murray, 1822.

Berman, Joshua. "Was There an Exodus?" *Mosaic*, March 2, 2015.

Bevan, Edwin. *The House of Ptolemy.* London: Methuen, 1927.

Blair, Hugh. *Lectures on Rhetoric and Belles Lettres.* Dublin, 1783.

Breasted, James Henry. *A History of Egypt from the Earliest Times to the Persian Conquest.* New York: Scribner's, 1912.

Brier, Bob. *Ancient Egyptian Magic.* New York: Quill, 1981.

_____. *Egyptomania: Our Three Thousand Year Obsession with the Land of the Pharaohs.* New York: Palgrave Macmillan, 2013.

_____. *The Murder of Tutankhamen: A 3,000-Year-Old Murder Mystery.* New York: Putnam's, 1998.

Brier, Bob, and Hoyt Hobbs. *Ancient Egypt: Everyday Life in the Land of the Nile.* New York: Sterling, 2013.

Brooks, Peter. "Napoleon's Eye." *New York Review of Books*, Nov. 19, 2009.

Budge, E. A. Wallis. *The Gods of the Egyptians: Or, Studies in Egyptian Mythology*, vol. I. London: Methuen, 1904.

_____. *The Rise and Progress of Assyriology.* London: Clay & Sons, 1925.

_____. *The Rosetta Stone.* London: British Museum, 1913.

Budiansky, Stephen. *Battle of Wits: The Complete Story of Codebreaking in World War II.* New York: Simon & Schuster, 2002.

Bulliet, Richard. *The Wheel: Inventions and Reinventions.* New York: Columbia University Press, 2016.

Burckhardt, John Lewis. *Travels in Nubia.* London: J. Murray, 1819.

Burleigh, Nina. *Mirage: Napoleon's Scientists and the Unveiling of Egypt.* New York: Harper Perennial, 2008.

Camino, Ricardo. "Peasants." In Sergio Danadoni, ed., *The Egyptians.* Chicago: University of Chicago Press, 1997.

Ceram, C. W. *Gods, Graves, and Scholars: The Story of Archaeology.* New York: Knopf, 1951.

Cerny, Jaroslav. "The Will of Naunakhte and the Related Documents." *Journal of Egyptian Archeology* 31 (1945).

Chadwick, John. *The Decipherment of Linear B.* Cambridge, UK: Cambridge University Press, 2014.

Champollion, Jean-François, *Grammaire Égyptienne.* Paris: Fermin-Didot Frères, 1836.

_____. *Lettre à M. Dacier. (Letter to Monsieur Dacier.)* Paris: Firmin Didot, Ather & Sons, 1822.

_____. *Précis du Système Hiéroglyphique des Anciens Égyptiens.* Paris: Treuttel et Würtz, 1824.

Champollion-Figeac, Aimé, *Les Deux Champollion: Leur Vie et Leurs Oeuvres.* Grenoble, France: Drevet, 1887.

Coe, Michael D. *Breaking the Maya Code.* New York: Thames & Hudson, 1992.

Damrosch, David. *The Buried Book: The Loss and Rediscovery of the Great Epic of Gilgamesh.* New York: Henry Holt, 2006.

Darnell, John Coleman, and Colleen Manassa. *Tutankhamun's Armies: Battle and Conquest during Ancient Egypt's Late 18th Dynasty.* Hoboken, NJ: John Wiley & Sons, 2007.

David, Rosalie. *Conversations with Mummies: New Light on the Lives of Ancient Egyptians.* New York: Morrow, 2000.

_____. *Religion and Magic in Ancient Egypt.* New York: Penguin, 2003.

Delbourgo, James. *Collecting the World: Hans Sloane and the Origins of the British Museum.* Cambridge, MA: Harvard University Press, 2019.

Dieckmann, Liselotte. "Renaissance Hieroglyphics." *Comparative Literature* 9, no. 4 (Autumn 1957).

Diffie, Whitfield, and Mary Fischer. "Decipherment versus Cryptanalysis." In Richard Parkinson, *Cracking Codes: The Rosetta Stone and Decipherment.* Berkeley: University of California Press, 1999.

Dorman, Peter F. "The Proscription of Hatshepsut." In Catherine H. Roehrig, ed., *Hatshepsut: From Queen to Pharaoh.* New York: Metropolitan Museum of Art, 2005.

Drower, Margaret. *Flinders Petrie: A Life in Archeology.* Madison: University of Wisconsin Press, 1995.

Ebers, George. *Egypt: Historical, Descriptive, and Picturesque.* Jazzybee Verlag: 2017. (Originally published 1886.)

Eiseley, Loren. *The Star Thrower.* New York: Random House, 1979.

Everett, Daniel. *Don't Sleep, There Are Snakes: Life and Language in the Amazonian Jungle.* New York: Vintage, 2009.

Fagan, Brian. *Lord and Pharaoh: Carnarvon and the Search for Tutankhamun.* London: Routledge, 2016.

_____. *The Rape of the Nile: Tomb Robbers, Tourists, and Archeologists in Egypt.* New York: Basic Books, 2004.

Fagone, Jason. *The Woman Who Smashed Codes: A True Story of Love, Spies, and the Unlikely Heroine Who Outwitted America's Enemies.* New York: HarperCollins, 2017.

Fallows, Deborah. *Dreaming in Chinese: Mandarin Lessons in Life, Love, and Language.* New York: Walker, 2010.

Finati, Giovanni. *Narrative of the Life and Adventures of Giovanni Finati,* vol. 2. Edited by William Bankes. London: J. Murray, 1830.

Findlen, Paula. *Athanasius Kircher: The Last Man Who Knew Everything.* New York: Routledge, 2004.

Fleming, Fergus. *Barrow's Boys.* Boston: Atlantic Monthly Press, 2000.

Fox, Margalit. *The Riddle of the Labyrinth: The Quest to Crack an Ancient Code.* New York: Ecco, 2013.

Frankfort, Henri. *Ancient Egyptian Religion: An Interpretation.* New York: Columbia University Press, 1948.

Friedman, William. "An Introduction to Methods for the Solution of Ciphers." In *Publication No. 17.* Geneva, IL: Riverbank Laboratories, Dept. of Ciphers, 1918.

Gardiner, Alan. *Egyptian Grammar.* Oxford, UK: Griffith Institute, 1927.

George, Andrew, ed. *The Epic of Gilgamesh.* New York: Penguin, 2003.

Gillispie, Charles C. *Science and Polity in France: The Revolutionary and Napoleonic Years.* Princeton, NJ: Princeton University Press, 2004.

_____. "Scientific Aspects of the French Egyptian Expedition 1798–1801." *Proceedings of the American Philosophical Society* 133, no. 4 (Dec. 1989).

Gillispie, Charles C., and Michel Dewachter, eds. *The Monuments of Egypt: The Complete Archeological Plates from* La Description de l'Égypte. Princeton, NJ: Princeton Architectural Press, 1987.

Glassie, John. *A Man of Misconceptions: The Life of an Eccentric in an Age of Change.* New York: Penguin, 2012.

Gleick, James. *The Information: A History, A Theory, A Flood.* New York: Vintage, 2012.

Glynn, Ian. *Elegance in Science: The Beauty of Simplicity.* New York: Oxford University Press, 2010.

Gnanadesikan, Amalia. *The Writing Revolution: Cuneiform to the Internet.* Hoboken, NJ: Wiley-Blackwell, 2009.

Gordon, John Steele. *Washington's Monument: And the Fascinating History of the Obelisk.* New York: Bloomsbury, 2016.

Green, Peter. "Tut-Tut-Tut." *New York Review of Books*, Oct. 11, 1979.

Greenblatt, Stephen. *Swerve: How the World Became Modern.* New York: Norton, 2012.

_____. *The Rise and Fall of Adam and Eve.* New York: Norton, 2017.

Guichard Jr., Roger H. *Niebuhr in Egypt: European Science in a Biblical World.* Cambridge, UK: Lutterworth Press, 2014.

Gunn, Battiscombe. "Notes on the Naukratis Stela." *Journal of Egyptian Archaeology* 29 (Dec. 1943).

Gurney, Hudson, "Memoir." In Thomas Young. *Rudiments of an Ancient Egyptian Dictionary in the Ancient Enchorial Character.* London: J. & A. Arch, 1831.

Hansen, Thorkild. *Arabia Felix: The Danish Expedition of 1761–1767.* New York: Harper & Row, 1962.

Harrison, Simon. *Hunting and the Enemy Body in Modern War.* New York: Berghahn, 2012.

Hartleben, Hermine, ed. *Lettres et Journaux de Champollion le Jeune*, 1, 2. Paris: Leroux, 1909.

_____. *Champollion: Sein Leben und Sein Werk.* Weidmannsche Buchhandlung: Berlin, 1906.

Haycock, David Boyd. *William Stukeley: Science, Religion and Archaeology in Eighteenth-Century England*. Woodbridge, Suffolk, UK: Boydell Press, 2002.

Herodotus. *The Histories*. London: Penguin, 1954.

Herold, J. Christopher. *The Age of Napoleon*. New York: Mariner Books, 2002.

_____. *Bonaparte in Egypt*. Tucson, AZ: Fireship Press, 2009.

Higgins, Charlotte. "How to Decode an Ancient Roman's Handwriting." *New Yorker*, May 1, 2017.

Hilts, Victor L. "Thomas Young's 'Autobiographical Sketch.'" *Proceedings of the American Philosophical Society* 122, no. 4 (Aug. 18, 1978).

Horapollo. *The Hieroglyphics of Horapollo Nilous*. London: W. Pickering, 1840.

Hornung, Erik. *The Secret Lore of Egypt: Its Impact on the West*. Ithaca, NY: Cornell University Press, 2001.

Hume, Ivor. *Belzoni: The Giant Archeologists Love to Hate*. Charlottesville: University of Virginia Press, 2011.

Ikram, Salima. *Death and Burial in Ancient Egypt*. Cairo: American University in Cairo Press, 2015.

Iversen, Erik. *The Myth of Egypt and its Hieroglyphs*. Princeton, NJ: Princeton University Press, 1961.

Kahn, David. *The Codebreakers: The Story of Secret Writing*. London: Sphere Books, 1973.

Keegan, John. *Intelligence in War: Knowledge of the Enemy from Napoleon to al-Qaeda*. New York: Knopf Doubleday, 2003.

Kember, Joe, John Plunkett, and Jill Sullivan, eds. *Popular Exhibitions, Science and Showmanship, 1840–1910*. New York: Routledge, 2012.

Kramer, Samuel Noah. *The Sumerians: Their History, Culture, and Character*. Chicago: University of Chicago Press, 1971.

LaBriere, Leon de la. *Champollion Inconnu: Lettres Inedites*. Paris: Plan, 1897

Leal, Pedro Germano. "Reassessing Horapollon: A Contemporary View on *Hieroglyphica*." *Emblematic* 21 (2014).

Livingstone, Josephine. "Old English." *New York Times Magazine*, Jan. 6,

2019.

Luckenbill, Daniel. *Ancient Records of Assyria and Babylonia*, vol. 2. Chicago: University of Chicago Press, 1927.

Lynch, Jack. *You Could Look It Up: The Reference Shelf from Ancient Babylon to Wikipedia*. New York: Bloomsbury, 2016.

Man, John. *Alpha Beta: How 26 Letters Shaped the Western World*. New York: Barnes & Noble, 2005.

Manetho. *History of Egypt*. Translated by W. G. Waddell. Cambridge, MA: Harvard University Press, 1940.

Manguel, Alberto. *A History of Reading*. New York: Penguin, 2014.

Mayes, Stanley. *The Great Belzoni: The Circus Strongman Who Discovered Egypt's Ancient Treasure*. London: Tauris Parke, 2006.

McDowell, Andrea. *Village Life in Ancient Egypt: Laundry Lists and Love Songs*. New York: Oxford University Press, 1999.

McMahon, Darrin. *Divine Fury: A History of Genius*. New York: Basic Books, 2013.

McWhorter, John. *The Language Hoax: Why the World Looks the Same in any Language*. New York: Oxford University Press, 2014.

_____. *The Power of Babel: A Natural History of Language*. New York: Henry Holt, 2001.

Mertz, Barbara. *Red Land, Black Land: Daily Life in Ancient Egypt*. New York: William Morrow, 2008.

_____. *Temples, Tombs and Hieroglyphs: A Popular History of Ancient Egypt*. New York: Morrow, 2009.

Moorehead, Alan. *The Blue Nile*. New York: Harper Perennial, 2000.

Morenz, Ludwig. "The Origins of Egyptian Literature." In Bill Manley, ed., *The Seventy Great Mysteries of Ancient Egypt*. London: Thames & Hudson, 2003.

Morrison, Robert. *The Regency Years: During Which Jane Austen Writes, Napoleon Fights, Byron Makes Love, and Britain Becomes Modern*. New York: Norton, 2019.

Nightingale, Andrea. *Once Out of Nature: Augustine on Time and the Body*. Chicago: University of Chicago Press, 2011.

Parkinson, Richard. "Egypt: A Life Before the Afterlife." *Guardian*, Nov. 5, 2010.

_____. *Cracking Codes: The Rosetta Stone and Decipherment*. Berkeley: University of California Press, 1999.

_____. *The Painted Tomb Chapel of Nebamun*. London: British Museum Press, 2008.

Parsons, Peter. *City of the Sharp-Nosed Fish: The Lives of the Greeks in Roman Egypt*. London: Orion, 2012.

Peacock, George. *Life of Thomas Young, M.D., F.R.S. , & C*. London: J. Murray, 1855.

Peet, T. Eric. *A Comparative Study of the Literatures of Egypt, Palestine, and Mesopotamia: Egypt's Contribution to the Literatures of the Ancient World*. Eugene, OR: Wipf and Stock, 1997.

Petrie, Flinders. *Seventy Years in Archeology*. London: Low, Marston, 1931.

_____. *The Pyramids and Temples of Gizeh*. London: Field & Tuer, 1883.

Pharr, Clyde, Theresa Sherrer Davidson, and Mary Brown Pharr, eds. *The Theodosian Codes and Novels and the Sirmondian Constitutions*. Princeton, NJ: Princeton University Press, 1952.

Picchi, Daniela, Karen Ascani, and Paola Buzi, eds. *The Forgotten Scholar: Georg Zoëga (1755–1809): At the Dawn of Egyptology and Coptic Studies*. Leiden, Netherlands: Brill, 2015.

Pope, Maurice. *The Story of Decipherment: From Egyptian Hieroglyphs to Maya Script*. London: Thames and Hudson, 1975.

Ray, John. *The Rosetta Stone and the Rebirth of Ancient Egypt*. Cambridge, MA: Harvard University Press, 2007.

Reid, Donald Malcolm. *Whose Pharaohs?: Archeology, Museums, and Egyptian National Identity from Napoleon to World War I*. Berkeley: University of California Press, 2003.

Renouf, Peter Le Page. "Young and Champollion." *Proceedings of the Society of Biblical Archeology* 19 (May 4, 1897).

Ritner, Robert K. "Tutankhamun for the Twenty-first Century: Modern Misreadings of an Ancient Culture." Talk delivered at the Field Museum of Natural History, Chicago, on Oct. 26, 2006. tinyurl.com/4z6vh60h.

Roberts, Andrew. *Napoleon: A Life*. New York: Penguin, 2015.

Robinson, Andrew. *Cracking the Egyptian Code: The Revolutionary Life of Jean-Francois Champollion*. New York: Oxford University Press, 2012.

_____. *Lost Languages: The Enigma of the World's Undeciphered Scripts*. New York: McGraw-Hill, 2002.

_____. *Sudden Genius?: The Gradual Path to Creative Breakthroughs*. New York: Oxford University Press, 2010.

_____. *The Last Man Who Knew Everything: Thomas Young, the Anonymous Genius Who Proved Newton Wrong and Deciphered the Rosetta Stone, Among Other Surprising Feats*. New York: Plume, 2007.

_____. *The Man Who Deciphered Linear B: The Story of Michael Ventris*. London: Thames & Hudson, 2012.

_____. *The Story of Writing: Alphabets, Hieroglyphs, and Pictograms*. London: Thames & Hudson, 1995.

Roehrig, Catharine H., ed., *Hatshepsut: From Queen to Pharaoh*. New York: Metropolitan Museum of Art, 2005.

Romer, John. *A History of Ancient Egypt, Volume 2: From the Great Pyramid to the Fall of the Middle Kingdom*. New York: Thomas Dunne, 2017.

_____. *Ancient Lives: Daily Life in Egypt of the Pharaohs*. New York: Holt, Rinehart and Winston, 1984.

Roth, Ann Macy. "Models of Authority: Hatshepsut's Predecessors in Power." In Catharine H. Roehrig, ed., *Hatshepsut: From Queen to Pharaoh*. New York: Metropolitan Museum of Art, 2005.

Salt, Henry. *Essay on Dr. Young's and M. Champollion's Phonetic System of Hieroglyphics*. Cambridge, UK: Cambridge University Press, 2014. (Originally published 1823.)

Schiff, Stacy. *Cleopatra: A Life*. Boston: Little, Brown, 2010.

Schmandt-Besserat, Denise. "The Evolution of Writing." https://tinyurl.com/y72ynmqz.

_____. *How Writing Came About*. Austin: University of Texas Press, 1992.

Sebba, Anne. *The Exiled Collector: William Bankes and the Making of an English Country House*. Dovecote, UK: Dovecote Press, 2009.

Selin, Shannon. "Boney the Bogeyman: How Napoleon Scared Children."

https://tinyurl.com/y5wl7ayo.

Seyler, Dorothy U. *The Obelisk and the Englishman: The Pioneering Discoveries of Egyptologist William Bankes.* Amherst, NY: Prometheus Books, 2015.

Shaw, Ian, ed. *The Oxford History of Ancient Egypt.* New York: Oxford University Press, 2003.

Solé, Robert, and Dominque Valbelle. *The Rosetta Stone: The Story of the Decoding of Hieroglyphics.* New York: Four Walls Eight Windows, 2002.

Stiebing Jr., William H. *Uncovering the Past: A History of Archeology.* New York: Oxford University Press, 1993.

Strabo. *Geography.* Cambridge, MA: Harvard University Press, 1932.

Strathern, Paul. *Napoleon in Egypt.* New York: Bantam, 2009.

Thomasson, Fredrik. *The Life of J. D. Åkerblad: Egyptian Decipherment and Orientalism in Revolutionary Times.* Leiden, Netherlands: Brill, 2013.

Thompson, Jason. *Wonderful Things: A History of Egyptology, Volume 1: From Antiquity to 1881.* Cairo: American University in Cairo Press, 2015.

_____. *Wonderful Things: A History of Egyptology, Volume 2: The Golden Age: 1881–1914.* Cairo: American University in Cairo Press, 2016.

_____. *Wonderful Things: A History of Egyptology, Volume 3: From 1914 to the Twenty-first Century.* Cairo: American University in Cairo Press, 2018.

Tyldesley, Joyce. *Hatchepsut: The Female Pharaoh.* London: Penguin, 2008.

_____. *Myths and Legends of Ancient Egypt.* New York: Viking, 2010.

Tyndall, John. "Thomas Young. A Discourse." Lecture delivered at the Royal Institution in London on Jan. 22, 1886. https://tinyurl.com/y2rhqkmz.

Ucko, Peter, and Timothy Champion, eds. *The Wisdom of Egypt: Changing Visions Through the Ages.* Abingdon, UK: Routledge, 2003.

Urbanus, Jason. "In the Time of the Rosetta Stone." *Archaeology,* Nov./Dec. 2017.

Usick, Patricia. *William John Bankes' Collection of Drawings and Manuscripts Relating to Ancient Nubia.* University of London PhD thesis from 1998. https://tinyurl.com/y6hhdqrq.

Walker, C. B., and James Chadwick. *Reading the Past: Ancient Writing from Cuneiform to the Alphabet.* Berkeley: University of California Press, 1990.

신의 기록

Warner, Oliver. *The Battle of the Nile.* New York: Macmillan, 1960.

White, Matthew. *Atrocities: The 100 Deadliest Episodes in Human History.* New York: Norton, 2012.

Wilkinson, Toby. *The Rise and Fall of Ancient Egypt.* New York: Random House, 2010.

_____. *Writings from Ancient Egypt.* New York: Penguin, 2017.

Williams, Ann. "Animals Everlasting." *National Geographic,* Nov. 2009.

Wilson, John A. *Signs and Wonders Upon Pharaoh: A History of American Egyptology.* Chicago: University of Chicago Press, 1964.

Wood, Alexander. *Thomas Young: Natural Philosopher.* Cambridge, UK: Cambridge University Press, 1954.

Yates, Frances. *Giordano Bruno and the Hermetic Tradition.* Abingdon, UK: Routledge, 1999.

Young, Thomas. "Egypt." *Encyclopedia Britannica,* supplement vol. 4, 1819. In John Leitch, ed., *Miscellaneous Works of the Late Thomas Young.* London: J. Murray, 1855.

_____. "On the mechanism of the eye." *Philosophical Transactions of the Royal Society of London* 91 (Part I, 1801).

_____. *An Account of Some Recent Discoveries in Hieroglyphical Literature and Egyptian Antiquities including the Author's Original Alphabet as Extended by Mr. Champollion with a Translation of Five Unpublished Greek and Egyptian Manuscripts.* London: J. Murray, 1823.

_____. *Rudiments of an Ancient Egyptian Dictionary in the Ancient Enchorial Character.* London: J. & A. Arch, 1831.

도판 출처

* 출처가 없는 도판은 원서에서 밝히지 않은 것이다.

16쪽 왼쪽 위 North Wind Picture Archives/Alamy Stock Photo

16쪽 오른쪽 위 저자 촬영

16쪽 아래 Jan Wlodarczyk/Alamy Stock Photo

18쪽 Nikreates/Alamy Stock Photo

25쪽 © Trustees of the British Museum

26쪽(모두) SuperStock/Alamy Stock Photo

46쪽 Evren Kalinbacak/Alamy Stock Photo

49쪽 Smith Archive/Alamy Stock Photo

51쪽 Wikimedia Commons

58쪽 Wikimedia Commons

63쪽 오른쪽 위 Cairo Egyptian Museum

63쪽 아래 Metropolitan Museum of Art, Gift of Darius Ogden Mills, 1904

68쪽 Wikimedia Commons

97쪽 Wikimedia Commons

99쪽 The Print Collector/Alamy Stock Photo

113쪽 A. Astes/Alamy Stock Photo

115쪽 Wikimedia Commons

125쪽 왼쪽 Wikimedia Commons

125쪽 오른쪽 Hi-Story/Alamy Stock Photo

157쪽 SuperStock/Alamy Stock Photo

183쪽 Matt Neale/Wikimedia Commons

197쪽 Wikimedia Commons

216쪽 Adrian Farwell/Wikimedia Commons

신의 기록

신의 기록

로제타석 해독에 도전한 천재들의 분투기

1판 1쇄 2022년 12월 19일
1판 2쇄 2023년 6월 20일

지은이 | 에드워드 돌닉
옮긴이 | 이재황

펴낸이 | 류종필
편집 | 이정우, 이은진, 권준
마케팅 | 이건호
경영지원 | 김유리
표지 디자인 | 석운디자인
본문 디자인 | 이미연
교정교열 | 김현대

펴낸곳 | (주) 도서출판 책과함께
　　　주소 (04022) 서울시 마포구 동교로 70 소와소빌딩 2층
　　　전화 (02) 335-1982
　　　팩스 (02) 335-1316
　　　전자우편 prpub@daum.net
　　　블로그 blog.naver.com/prpub
　　　등록 2003년 4월 3일 제2003-000392호

ISBN 979-11-91432-94-7 03900